更生支援計画をつくる

罪に問われた障害のある人への支援

第2版

編者
一般社団法人東京TSネット
監修
水藤昌彦

現代人文社

はじめに

刑事司法手続の中には、多くの障害のある人がいる——。このことは2000年半ばから社会問題として取り上げられるようになりました。刑事司法手続が、それまで社会の中で「見えない」状態になっていた多くの障害のある人たちの、いわば「受け皿」となっていることが露わとなったのです。

私たち東京TSネットは、このような問題をきっかけとして、ソーシャルワーカー、弁護士、医師などが集まり、2013年に立ち上げました。そこから現在まで、障害のある人が、とくに刑事事件における被疑者・被告人となった場合、つまり「罪に問われた障害のある人」への支援（更生支援コーディネート）に取り組んできました。

更生支援コーディネートにおいては、弁護人からの依頼に基づき、東京TSネットに所属するソーシャルワーカー（更生支援コーディネーター）が、警察署・拘置所などで本人と面会します。そして、面会やさまざまな情報を通してアセスメントを行い、本人と一緒に、今後の生活や必要となる支援を考えます。そのうえで、受入先を調整し、その結果を支援の計画としてまとめます。これが「更生支援計画」です。更生支援コーディネーターは、場合によって、その内容を裁判で証言します。そのうえで、実際に本人が社会に戻ってきたら、更生支援計画の内容を実現するように動いていきます。

このような活動を続けるなかで、私たちは、あらためて、罪に問われた人の中に、福祉的支援を必要としている人が非常に多いということに気づかされています。一方で、このようなニーズの高さに対し、更生支援計画の作成を担うことのできるソーシャルワーカーは圧倒的に不足しています。前記のように社会問題化して以降、社会福祉士や精神保健福祉士の養成課程に「刑事司法と福祉」が創設され、更生支援計画についても徐々に認知度は高まっています。しかし、担い手の増加は、未だニーズの高さに追いついていません。その理由の１つは、刑事司法手続に対する敷居の高さにあるのではないでしょうか。更生支援計画の作成は、本人が刑事司法手続にいる中で行っていくものであり、その手続のことを一定程度理解しておく必要があります。しかし、ソーシャルワーカーが刑事司法手続のことを知る機会はほとんどありません。そこで、刑事司法手続のこと、そしてその中でどう更生支援計画を作成するのかをわかりやすく知ることのできる書籍が必要だと考えました。

また刑事司法手続の中でのソーシャルワークは、刑事司法という他の専門性・文化にいる人たちとの関係性の中で行われます。その結果、「再犯防止」などの社会的要請に気をとられてしまい、ソーシャルワークの本来の価値である「自己決定」などが後退してしまうことがあります。刑事司法手続におけるソーシャルワークが展開されて以降、この問題は常に指摘されていますが、未だ根深く残っています。更生支援計画の作成については、公的資格などがあるわけでもなく、それぞれ手探りで取り組んでいるために、このような事態が起こりやすい状況にあります。そこで、更生支援計画の作成にあたってどのような価値が重要になるのか、刑事司法手続の中でソーシャルワーカーがどのような視点を持つべきか、一定の指針を示すことのできる書籍があったほうがよいと考えました。

本書は、この２つの要請に応えるものとして、2016年に出版されました。この分野に取り組むソーシャルワーカーのみなさんに、ぜひ最初に手に取っていただきたい一冊となっています。

そのうえで、今回の第２版においては、初版から内容を大幅に改訂しました。初版に引き続いて山口県立大学の水藤昌彦氏に監修いただき、この間の社会制度の変化を踏まえつつ、どんな人でも読みやすい、理解しやすい内容へと加筆修正しています。各章の構成自体を入れ替え、新たな章も多く新設し、実際の活動にあわせて一つひとつ丁寧な解説が入るようにしました。また、第２部第５章「アセスメント」については、東京TSネットの支援検討委員会委員である、よこはま発達クリニックの宇野洋太氏、佐々木康栄氏に執筆をいただきました。これによって、「アセスメント」がより実践的で充実した内容となりました。さらに、第３部「実際の更生支援計画」も、初版から大幅に事例を増加しました。ぜひみなさまの実践の参考にしていただければと思います。

本書によって、一人でも多くのソーシャルワーカーの方が、この分野に興味を持ってくださることを願っています。

最後に、初版の監修者であり第２版の出版に際してもご助言いただいた堀江まゆみ氏、初版に引き続き編集に尽力いただいた現代人文社の西村吉世江氏、その他日頃から東京TSネットの活動にご協力いただいているすべてのみなさまに、心から感謝申し上げます。

2024年１月

一般社団法人東京TSネット
共同代表理事　山田恵太

目次

第2部　実践編

第3部　実際の更生支援計画

序章　更生支援の必要性とその目的

本書は、障害があって罪に問われた人の更生を支援しようとする対人援助専門職[1]のために、支援の目的、アセスメント・支援方針の決定・支援体制の構築・計画作成などに関する方法、支援の各段階における留意点などについて、実際的かつ具体的な情報を提供する目的で書かれました。基本的な刑事司法制度の内容も解説されています。刑事司法手続は、はじまりから順に「捜査」「裁判」「矯正」「更生保護」という段階に分かれていますが、本書はとくに捜査・裁判段階での支援を中心に取り扱っています。

そもそも、なぜ犯罪をした人に対して、捜査・裁判段階で支援が求められるのか、その必要性に疑問を持つ読者もいるかもしれません。そこで、本章では具体的な内容に入る前の総論として、更生支援が必要とされる理由について考えてみます。そのうえで、更生に関わる近年の動き、そして支援にあたっての原則を確認します。

I　更生支援とは何か

1　本書における「更生支援」の意味

近年、高齢や障害があって罪に問われた人の更生を、社会福祉や医療との連携によって支援する必要性が徐々に認識されるようになり、そのような支援をとくに「更生支援」と呼ぶことが定着してきています。本書の初版も、更生支援が活発化する動きのなかで刊行されたものです。更生支援は、社会福祉法や更生保護法といった法律に基づいた言葉ではなく、次項で述べるように、高齢や障害があって犯罪をした人に対して十分な対応がそれまでなされておらず、刑務所への出入りを繰り返す人が一定数いるということが認識されてくるなかで、実践を通じて登場してきました。その概念については、統一された定義は今のところ存在

1　ここでいう対人援助専門職とは、社会福祉、心理、医療、教育などの領域で人に対して援助的な関わりをする職種を広く想定しています。

しません。

そもそも更生が何を意味するのかには、論者によって意見の違いがみられます。人によっては、更生という言葉には、反省し、二度と犯罪行為をしないと誓う、「真人間に生まれ変わる」ことであるかのようなイメージがあるかもしれません。しかし、社会福祉学研究者である加藤博史さんは、「更生はリハビリテーションの訳語として用いられてきた。ただし、更生の原意は“生まれ変わる”という点にあり、リハビリテーションの原意は“全人間的な権利の回復”にある」と指摘し、後者の意味に重点を置く重要性を主張しています。社会福祉による更生の支援という本書のテーマとの適合性が高いことから、ここでは全人間的な権利の回復としての更生を考えることにします。

犯罪をした人が全人間的な権利を回復するとは、どういうことでしょうか。実際に犯罪行為をした人に出会って話を聴くと、暴力・虐待・ネグレクト・貧困・関係性の狭さや欠如といった過酷な環境で育ってきた人がかなりの数で存在していることに気づきます。障害がある人の場合は、こうした社会経済的に不利な状況が、障害の存在によってより先鋭化・複雑化していることが珍しくありません。犯罪行為に至った要因としては、このような環境因子に加えて、感情統制の難しさ、衝動性の高さ、問題解決方法の不適切さ、認知の歪みなどといった、その人自身の個人内因子の影響もみられます。更生を支援するにあたっては、このような本人にとって不利な環境と関係を変え、本人の個人内因子に働きかけることが求められます。そのうえで、信頼できる人間関係を築いていくこと、意義ある役割を見出すことを通じて、犯罪行為者としてではなく、まっとうに生きる人としてのアイデンティティを獲得していくこと、それが全人間的な権利の回復につながるのです。

日本における更生支援は、まず矯正施設からの釈放段階で開始され、その後に捜査や裁判段階へと広がりました。法的に定義づけられていないこともあり、更生支援の意味はきわめて広くなっており、この言葉を使う人によって何を意味しているのかには違いがあります。本書では、対人援助専門職が弁護士と個別の事件を通じて協力し、被疑者・被告人段階にある人の更生のための支援を進めていくという場面をとくに取り上げています。具体的には、弁護士からの依頼によって対人援助専門職が本人と出会い、情報を収集してアセスメントし、支援方針を決定したのちに支援体制を検討して計画としてまとめ、裁判で証人として更生支援計画書の立証に協力するという一連の過程を説明するとともに、各段階での注意点を示しています。また、障害や疾患、社会福祉サービスに関する基礎的な情報、本人とのコミュニケーションや関係者との連携にあたっての留意点も説明しています。

2 「出口支援」のはじまりと「入口支援」への広がり

先に述べたとおり、日本における更生支援はまず矯正施設からの釈放段階で開始され、その後に被疑者・被告人段階へと広がってきました。

2003年に元国会議員の山本譲司さんが『獄窓記』という手記を発表し、自身の受刑体験をもとに刑務所には障害のある人や高齢者が多く収容されている事実を明らかにしました。刑務所の中に、他者との集団生活が難しい人を集めた養護工場と呼ばれる場所が設けられており、そこで山本さんは他の被収容者をケアする仕事を担っていました。なかには自分が刑務所にいることすら認識できていない人たちもおり、多くは刑務所に収容される前に社会福祉による支援を受けてきておらず、釈放されることに大きな不安を抱えた人もいることを山本さんは指摘したのです。

その後、2006年から３年間にわたって、社会福祉法人南高愛隣会理事長であった田島良昭さんが代表となり、厚生労働科学研究として「罪を犯した障がい者の地域生活支援に関する研究」が実施されました。この研究によって、山本さんが指摘した問題がより詳細、かつ系統立てて明らかにされました。この時期に実施された法務省による特別調査では、矯正施設の被収容者のなかに一定数の知的障害者（その疑いのある者も含む）が収容されているが、療育手帳を所持している人はごく限られていることが報告されています。そして、この人たちの多くは窃盗などの比較的軽微な犯罪で収容されており、収容前には十分な支援を受けておらず、また、釈放後の支援も乏しいことから短期間のうちに再犯に至り、受刑を繰り返している人もいました。

上記の研究が行われた頃から、高齢や障害があって矯正施設から出る人を対象として、司法と福祉の連携による政策的対応が始まりました。これらの施策がめざしたのは、社会福祉サービスを活用することで刑務所からの釈放時支援を充実させるという方向性でした。具体的には、①指定された更生保護施設への福祉スタッフの配置、②刑務所などへの社会福祉士などの配置、③保護観察所への調整担当官の配置、④各都道府県への「地域生活定着支援センター」（以下、定着支援センターといいます）の設置が実現しました。これによって、住居や身寄りがないために帰住地調整が困難で福祉サービスを必要としていると思われる人を釈放前の段階で発見し、適切なサービス利用へと仲介することが進められるようになりました。矯正施設を出る段階、つまり刑事司法による処遇の終了段階における支援という意味で、これらは「出口支援」と呼ばれています。

出口支援が開始された当初から、「入口支援」の必要性が指摘されていました。ここでいう入口とは、先の出口支援との対比で、刑事司法手続のはじまりの段階を意味しています。障害や高齢などといった特別なニーズのある犯罪行為者については、刑務所からの釈放時の支援にとどまらず、刑務所に入らないようにするために社会内で支援することが必要です。具体的には、捜査段階にある被疑者や裁判段階にある被告人も支援していくべきであると考えられるようになり、徐々にその活動が広がっていきました。本書を編集している東京TSネットも、そのような動きのなかで入口支援の推進を目的として活動を始めました。

入口支援に関しては、支援の目的や内容のあり方、担い手などについての試行錯誤が続いています。たとえば、検察庁が適当だと認めた勾留中の被疑者を対象として保護観察所を通じて釈放後に福祉サービスへの導入を仲介する試み、弁護士による実質的なソーシャルワークの活動を推進する動き、弁護士会と社会福祉士会の組織レベルでの連携の動きなどがあり、弁護士会と定着支援センターによる協力関係の構築も各地で進められています。また、2021年度からは、定着支援センターによる業務のひとつとして被疑者等支援業務が開始されました。これによって、それまで主に出口支援に特化していた定着支援センターが、高齢または障害により自立した生活が困難な被疑者や被告人に対しても福祉サービス等の利用調整や釈放後の継続的な援助などを行うようになりました。

II　更生支援が必要とされる理由

1　生きづらさ・社会的孤立と犯罪――ある事例から

人が犯罪行為を繰り返さないようにするためには刑罰による対応だけでは限界がある、という考え方が本書の根底にはあります。なぜなら、多くの場合、犯罪行為の背景には本人の生きづらさや社会的孤立の問題が存在しており、刑罰を科すだけではこうした問題は改善や解消しないからです。

犯罪行為の背景にある生きづらさや社会的孤立の問題を示す象徴的な事例とし

て、ここではJR下関駅放火事件を紹介します。

2006年1月に山口県にあるJR下関駅が放火され、全焼するという事件がありました。加害者は刑務所から出たばかりでホームレスの状態にあった当時74歳の男性でした。この男性には知的障害があり、父親から虐待を受けて育ちました。彼は家出をして働きますが長くは続かず、ホームレスの状態などを経験しながら22歳のときから犯罪行為をするようになります。今回の事件で逮捕されるまで放火などを繰り返し、刑務所で合計50年近い時間を過ごしています。この間に両親は亡くなり、兄弟とも絶縁状態になります。毎回、刑期の満了まで刑務所で過ごしていたので保護観察を受けることもなく、男性が刑務所を出るときに誰かが迎えに来たことは一度もありませんでした。また、裁判でこの男性には知的障害があると指摘されたこともありましたが、療育手帳の取得にはつながっていませんでした。この事件が発生したのは、男性が刑務所から釈放されて8日目のことでした。刑務所は出たものの住む場所や仕事もなく、生活保護の申請などを試みてもうまくいかず、結局「刑務所に戻りたくて」放火したとこの男性は述べています。その後、2008年に懲役10年の刑が確定しました。2016年に釈放され、この事件をきっかけにしてつながった社会福祉団体のもとに帰住し、安定した生活を送る様子が報道されました。

この事例をみると、男性には知的障害や被虐待体験という生きづらさがあり、また、家族との関係が断絶して友人もおらず、無職の状況にあるなどの社会的に孤立した状態にありました。もともと仕事もうまくいっておらず、受刑の繰り返しによって家族を含めて他者との関わりは失われ、刑務所から釈放されても戻る場所がありませんでした。社会の中に居場所がなく、生きていくために刑務所に行かざるをえなかったようにも見受けられます。何度も受刑していますが、どうすれば犯罪をせずに適応的に生きていけるのかを刑務所の中で知る機会があったとは思われません。刑の執行が終われば刑務所からは出なければならず、それまで切断されていた社会に突然に戻されることになります。このような状態に置かれた人が、釈放後に自力で生活を立て直すのはきわめて厳しいでしょう。ましてや、この男性には知的障害があり、状況はいっそう困難であったはずです。

この事例をみると、犯罪行為の背景に本人の生きづらさや社会的孤立の問題がある場合があり、そのような状況にある人たちを刑務所に収容しても生きづらさや社会的孤立の改善や解消につながらないため、犯罪の再発予防になっていないことがわかります。したがって、更生支援が必要とされるのです。

2 刑罰だけによる対応の限界

犯罪をした人には刑罰を科し、そのような行為を繰り返さないようにさせることが必要だと一般的には考えられています。法によって禁止された行為をした者に対しては、その責任に応じて刑罰が科されます。刑罰は、法で禁じられた行為をしたことに対する社会からの非難であるとも説明されます。刑罰は、その行為をした人の法によって保護される社会生活上の利益をあえて奪うことです。現代日本の刑罰では、奪われる利益は生命・自由・財産です。本来、生命・自由・財産は法によって守られています。しかし、犯罪をして刑罰を科されると、これらの利益を強制的に奪われるのです。

法で禁じられたことをする＝悪いことをする、と言い換えるならば、悪いことをすれば罰を受けるというのは、私たちが子どもの頃から慣れ親しんできた枠組みです。つまり、法制度としても、社会通念としても、法で禁じられたことをすれば刑罰を受けるというのは自明のこととされています。この考え方は、刑罰を受けた人は、それによって生じる不利益を経験することによって反省し、懲りて、もう犯罪行為をしないようになるはずだということを前提にしています。ここで想定されているのは、常に合理的に思考し判断する、いわば強い個人です。

しかし、実際には刑罰による犯罪抑止の力は限定的だと言わざるをえません。実際に刑罰を受けた人のかなり多くは、その後も犯罪行為を繰り返しています。犯罪白書によれば、2021年に刑法犯として検挙された人のなかに占める再犯者の割合は48.6％でした。この比率は上昇傾向にあります。また、同時期に起訴された人のうち43.8％には前科がありました。そして、刑務所に入所していた人の57.0％は再入者、つまり刑務所に来るのが２度目あるいはそれ以上であり、このなかには刑務所に入るのが５度目以上の人も約２割いました。

それでは、これらの人たちは犯罪傾向が進んでいて、懲りることなく、悪質であるから、刑罰を受けても犯罪を繰り返しているのでしょうか。筆者らは、必ずしもそうとばかりは言えないと考えています。人が犯罪行為を止めるためには、生きづらさや社会的孤立の改善や解消をめざすことが必要であるが、刑罰はそれにつながらないという問題はすでに述べましたが、それに加えて刑罰だけによる対応の限界として、刑務所における処遇の課題、刑務所からの釈放時援助の課題という２つがあります。これらを順に考えてみます。

3　刑務所における処遇の課題

刑務所における処遇の課題のひとつは、受刑生活が犯罪をせずに生きていく方法を学ぶ機会に必ずしもなっていないという点です。刑務所は自由を奪う刑罰である自由刑を執行する施設です。伝統的に日本の刑務所では、規則正しい生活習慣、労働習慣を身につけさせることに力を入れてきました。それによって、社会の中で適応的に生きていくことができるようになると考えられたのです。しかし、生活習慣と労働習慣を身につけるだけでは、なぜ自分が犯罪をするに至ったのかを知り、犯罪をせずに生活するためにどうすればいいかを学ぶことにはつながりません。

また、刑務所内の生活では、自分で考え、自ら判断して自発的に行動する機会が著しく制限されていることも問題です。生活習慣や労働習慣は、あくまでも厳格なルールと刑務官の監督によって他律的に身につけるものとなっています。施設内では日課に基づき、集団で一斉に行動することが求められます。軍隊式の行進を含め、さまざまな行動の制限があり、施設内の秩序と規律を維持するために厳格な規則が設けられています。刑務所という施設の性質を考えると、これらの制限や規則が一定程度は必要とされることは理解できますが、あまりにも細部にわたって制限や規則がある環境で生活をすると、自分の力で考えたり、自ら判断して行動したりする能力は損なわれます。そして、障害のある人の場合は、その傾向がより著しくなりえます。

刑務所にいる人の多くには、場面に応じた適切な考え方や判断の方法を学ぶことが必要とされていますが、現在の刑務所における処遇はこれらのニーズを十分に満たしていません。刑務所に収容される人たちの多くは、それまでの生活の中で困ったときに他人に相談できず、そのためにさまざまな問題に巻き込まれたり、問題を深刻化させてしまったりしてきています。しかし、刑務所での生活を通じて適切な形で他人に何かを相談したり、他人の相談に応じたりすることを学ぶことは難しい状況にあります。一例を挙げると、施設内では作業中に許可なく話すことが禁止されているため、何か困ったことがあっても自発的に助けを求めたり、逆に困った人を見かけても率先して声をかけたりすることを自由な意思のもとでするという経験ができません。これでは、一般の職場で自然に行われている、必要に応じて人に助けを求めたり、人を助けたりするという行動は学習されづらいでしょう。

労働を中心とする定型化された刑務所での規則正しい生活だけでは、犯罪に至った原因を自分なりに考え、適切な問題解決や判断のやり方を知り、再び犯罪をしないように生きていくための具体的な方法を学ぶことはできません。近年の法改正によって、この点を改善しようという動きはあります。一般改善指導として、講話・体育・行事・面接・相談助言などが行われ、特別改善指導として薬物依存離脱指導・暴力団離脱指導・性犯罪再犯防止指導・就労支援などが実施されるようになりました。しかし、一部の施設を除いて、これらの改善指導は知的障害のある人が理解できる内容には必ずしもなっていません。また、特別改善指導は必要と考えられる人すべてに実施されているわけでもありません。

社会生活での問題、本人の生きづらさの問題が表出した結果として犯罪が生じていると考えると、刑務所による処遇だけでは、これらの問題を改善・解決することはできていないのです。

ただし、このような刑務所内における処遇の問題を改善するための動きも見られます。2022年の刑法改正により、これまでの懲役刑と禁錮刑を廃止し、新たに拘禁刑が設けられました。これにより、処遇の個別化が進められ、改善更生や社会復帰支援に向けた取組みが積極化する可能性があります。この点については、次節で詳しく述べます。

4　刑務所からの釈放時援助の課題

刑務所からの釈放時援助の課題としては、行き場や頼る先がないにもかかわらず、十分な支援がなされない状況で釈放される人が多く存在しているという点が挙げられます。先に紹介したJR下関駅放火事件は、この問題を端的に示したものであったといえます。

刑務所に収容された人が釈放されるには、刑期を満了する場合と刑期の途中で仮に釈放を許される場合の２つがあります。前者は満期釈放、後者は仮釈放と呼ばれ、近年では仮釈放される人の割合が高めになってきています。

満期釈放者と仮釈放者の間には、釈放時の援助に大きな差が存在しています。仮釈放者に対しては、刑期が終わるまでの間は保護観察所による保護観察を受けることが義務づけられます。保護観察は国家による仮釈放者への監視監督という側面がありますが、それに加えて対象者への支援としての働きもあります。困ったときには、保護観察官、民間のボランティアである保護司に相談することができるのです。仮釈放を許可する要件は法令に定められていますが、実質的には身元引受人と帰住地が確定していることが必要ですので、仮釈放される人は刑務所を出てからどこに住むかが決まっており、まずは相談できる相手がいます。

しかし、満期釈放者には、住居や身元引受人が必ずしも確保されているとは限りません。これらが確定していなくても、刑期が終われば釈放されますので、帰住先がなく身元引受人がいない可能性も十分に考えられます。刑務所を出ても、社会の中に戻る場所がないかもしれないのです。刑務所を出る時点で刑の執行が終わっていますので、その後は公的機関のほうから積極的に関わることはありません。このように、住む場所と頼る人がいることが確認されている仮釈放者には保護観察を通じた支援があり、その一方で、住む場所も決まっておらず、頼る人もいないかもしれない満期釈放者については十分な支援がなされていないという状況があります。

拘禁されると仕事を失い、家族関係・友人関係が希薄化あるいは消滅することが研究によって見出されています。ある人が逮捕・勾留されると、その時点でその人は通常の社会生活から切断されます。その後、釈放されるまで隔離された状態に置かれ、刑務所に収容された場合には、隔離の期間は年単位に及びます。受刑者の収容先を決定する際には、その人の逮捕時の住所地は考慮されません。そして、近年少しずつ変化してきているとはいえ、刑務所は地域社会とのつながりが薄い施設です。このため、刑務所へ収容されると、それまで生活してきた社会とのつながりが切れることになるのです。

しかし、人が犯罪行為をせずに生活するには、仕事や社会生活における役割、頼ることのできる人間関係が有効であることが国内外の研究でわかってきています。つまり、社会から切断された状態のままでは、犯罪をせずに生活するのは難しく、社会での適応的な生活に戻るためには、一定の支援が必要とされるということです。犯罪学研究者の浜井浩一さんは、この点を指して「反省は一人でもできるが、更生は一人ではできない」と述べています。とくに障害がある人はもともと社会的に孤立しやすいため、釈放時に社会的なつながりを築くための支援の必要性はいっそう高いのです。

5　支援を必要とする人たちの数的状況

刑事司法の対象となる人のなかで、障害を理由として対人援助専門職等による支援を必要としている可能性がある人はどのくらいの数いるのでしょうか。ここでは、成人について、その数的現状を統計資料から確認してみます。刑事司法手

図１　新受刑者の精神診断

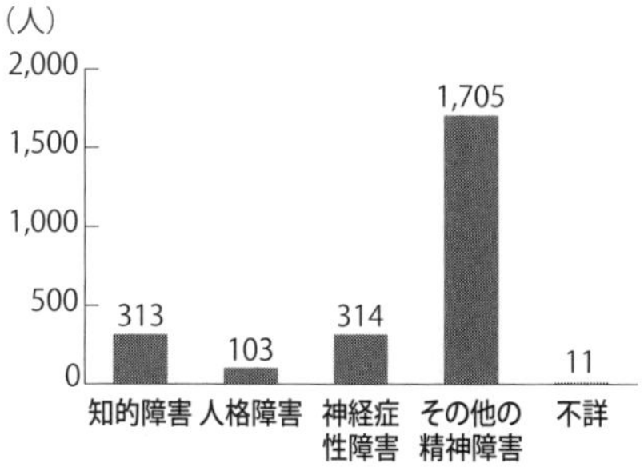

出典：2022年矯正統計をもとに筆者作成。

図２　新受刑者の能力検査値分布

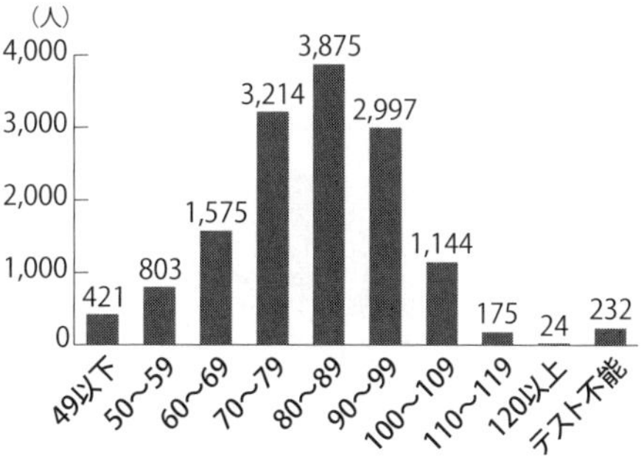

出典：2022年矯正統計をもとに筆者作成。

続の各段階において、障害の有無は必ず確認されるわけではありません。重大事件などを除いては、被疑者・被告人に障害があることが疑われたとしても捜査・裁判段階で精神鑑定が実施されないことも多くあります。そのため、捜査と裁判段階にある人のなかにどのくらいの障害者がいるのかはわかりません。これに対して、矯正施設に収容されると、精神診断の有無が調査されますし、毎回の入所時に全員に対して能力検査が実施されますので、刑務所の中にいる障害者の数は把握が可能です[2]。そこで、ここでは矯正段階における統計を利用して、精神障害と知的障害のある受刑者の数的状況を見ていきます[3]。また、参考として、刑事司法手続における高齢者の状況もご紹介します。

まず、精神障害のある人の状況です。**図１**は2022年に新たに刑務所に収容された新受刑者の精神診断の結果を示したグラフです。

この年の新受刑者14,460人のうち、何らかの精神診断を受けた人は2,446人、割合にして約17％でした。その内訳はグラフにあるとおりで、最も多いのは「その他の精神障害」、次いで「神経症性障害」と「知的障害」がほぼ同数となっています。なお、これらはあくまでも確定診断を受けた人の数であり、受刑者のなかで何らかの精神症状を示す人はさらに多いと考えられます。

次に知的障害のある人の状況を見てみます。**図２**は、同じく2022年の新受刑

2　もちろん、調査や検査の漏れはありますし、入所時の能力検査は今のところ主に受刑中に割り振られる作業の内容を決める際の参考として実施されており、障害の有無を判定することが目的ではありませんので、対人援助領域でいうところの障害判定とは異なります。

3　刑事司法手続の対象となった人のなかで刑務所に収容される人はごく一部です。検挙された人の数を母数としてみると、刑務所まで行く人の割合は２％弱となっています。そのため、ここで紹介する数字はあくまでも実態の一部を示しているに過ぎません。

図3　刑法犯検挙人員（年齢層別）・高齢者率の推移

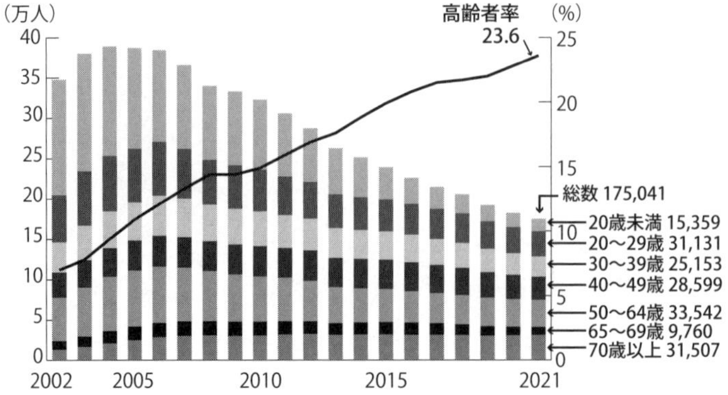

注1：警察庁の統計および警察庁交通局の資料による。
注2：犯行時の年齢による。
注3：2002年から2014年は危険運転致死傷を含む。
注4：「高齢者率」は、刑法犯検挙人員の総数に占める高齢者（65歳以上）の比率をいう。
出典：令和4年版犯罪白書の4-8-1-1図をもとに作成。

者に対して実施された能力検査[4]の結果の分布を示したグラフです。

この分布には２つの特徴があります。第１は、検査値80〜89であった人が最多だということです。第２は、検査値は正規分布しておらず、低い側に偏っているということです。検査は100を頂点として正規分布を示すように設計されていますので、新受刑者には平均よりも検査値が低めの人が多くなっており、平均的な能力のある人が受刑者のなかに少ないという点が指摘できます。

最後に高齢者の状況を紹介します[5]。**図3**は2002年から2021年にかけて、刑法犯として検挙された人の年齢層別の状況と高齢者が占める割合の推移を示したグラフです。

これによれば、刑法犯として検挙される人に占める高齢者の割合は一貫して増加しており、2021年には65歳以上が41,267人で全年齢層を通じて最多となっています。これは、そのほかの年齢層の人の数が大幅に減ってきているのとは対照

4　刑務所内でする作業の種類を決定し、また、その他の処遇上の参考とするため、刑務所に収容された人に対してはCAPAS（Correctional Association Psychological Assessment Seriesの略。キャパスと発音する）という集団式の能力検査を実施します。これは療育手帳の判定の際などに用いられる、個別化された心理検査とは異なりますが、IQに類似する能力検査値が統計的に算出されます。

5　本書は障害のある人の更生支援をテーマとしていますが、支援を必要としているという点では、高齢者にも類似のニーズがあると考えられることから、ここに取り上げます。

的です。また、近年、受刑者の数自体が減少しているにもかかわらず、高齢の受刑者の数が大きく増えてきており、2002年から2021年の20年間で２倍になっています。このため、受刑者のなかに占める高齢者の割合は上昇してきており、2022年には入所受刑者の13.8%を占めるまでになっています。高齢受刑者には、累犯者が多くなっているのが特徴的です。

これらのデータに示されているように、刑務所に収容される人のなかには、精神障害、知的障害のある人、あるいはその疑いがある人がかなりの数を占めています。また、犯罪行為に至る高齢者も増加傾向にあります。そして、これらの人たちの多くは比較的軽微な罪に問われ、累犯によって刑務所を出たり入ったりすることを繰り返す「回転ドア現象」に陥っています。このような数的状況をみると、対人援助専門職による支援を必要としている可能性がある人は、刑務所入所者だけでもかなりの数になるであろうことが見込まれます。

Ⅲ 更生支援に関わる近年の動き

本書の初版が刊行されて以来、更生支援に関係する法整備や法改正が行われてきました。ここでは、それらについて確認しておきます。

1 再犯防止推進法

2016年に再犯等の防止に関する法律（再犯防止推進法）が成立し、施行されました。この法律の目的は、「国民の理解と協力を得つつ、犯罪をした者等の円滑な社会復帰を促進すること等による再犯の防止等が犯罪対策において重要であることに鑑み、再犯の防止等に関する施策に関し、基本理念を定め、国及び地方公共団体の責務を明らかにするとともに、再犯の防止等に関する施策の基本となる事項を定めることにより、再犯の防止等に関する施策を総合的かつ計画的に推進し、もって国民が犯罪による被害を受けることを防止し、安全で安心して暮らせる社会の実現に寄与すること」であるとされています（同法１条）。

同法に基づき、政府は再犯の防止等に関する施策の総合的かつ計画的な推進を図るため、再犯等の防止に関する施策の推進に関する計画である、再犯防止推進計画を策定しなければならないとされています（同法７条）。また、都道府県および市町村に対しては、国の定める再犯防止推進計画を勘案して、それぞれの都道府県や市町村における地方再犯防止推進計画を策定する努力義務が課されました(同法8条)。

2017年に最初の再犯防止推進計画が策定され、2023年3月には第二次再犯防止推進計画が閣議決定されています。直近の第二次計画における7つの重点課題は、①就労・住居の確保、②保健医療・福祉サービスの利用の促進、③学校等と連携した修学支援の実施、④犯罪をした者等の特性に応じた効果的な指導の実施、⑤民間協力者の活動の促進、⑥地域による包摂の推進、⑦再犯防止に向けた基盤の整備、となっています。

都道府県および市町村による地方再犯防止推進計画の策定状況は、地域によってかなりのばらつきがありますが、地域福祉計画の中に組み込む形で策定している自治体も一定数あり、犯罪行為者に対する支援を地域福祉の課題として捉える傾向があることがうかがえます。

再犯防止推進法については、本人の犯罪からの離脱よりも社会の安全が優先されているのではないか、犯罪からの離脱をめざす本人の視点に立った法律となっていないのではないかといった批判があります。これらの批判には合理性があると思いますが、都道府県・市町村に対して、犯罪からの離脱をめざす人についてもその他の住民と同様にサービスを提供し、市民として支援する責務があることを明らかにしたという点で、この法律ができたことには一定の意義もあるといえるでしょう。更生支援の活動においても、この法律を根拠として都道府県や市町村に協力を求めることや、地方再犯防止推進計画が策定されている地域であれば、支援方針の検討にあたってその内容を参照することが可能です。

2 刑法の改正と拘禁刑の創設

2022年に刑法等の一部を改正する法律が公布されました。ここでいう刑法等とは関係する複数の法律のことを指しており、更生支援と関係が深いのは、刑法、刑事収容施設及び被収容者等の処遇に関する法律(以下、刑事収容施設法といいます)、更生保護法です。この法律は、公布の日から起算して3年以内、つまり2025年6月までに施行されることになっていますので、本稿を書いている時点(2023年8月)ではまだ施行されていません。以下では、本書のテーマと関わりが大きいと思われる点について紹介します。

刑法との関係では、とくに拘禁刑の創設が重要です。これは、これまで用いられてきた懲役と禁錮を廃止し、これに代えて「拘禁刑」という新たな刑罰を設けるというものです。懲役と禁錮はいずれも刑務所に拘置し自由を奪う自由刑であるという点は同じですが、前者には作業が義務づけられているのに対して、後者には作業の義務づけがないという違いがあります[6]。この区別をなくして一本化したうえで、拘禁刑に処せられた者には改善更生を図るために必要な作業を行わせ、または必要な指導を行うことができることになりました。

拘禁刑の導入によって、刑の内容が作業と指導に拡大されたことになります。作業中心の懲役刑に比べると、改善更生のために必要な指導もできるとなったことから、法務省関係者によれば「懲らしめ」から「改善更生」へ刑の目的が転換されると説明されており、処遇の個別化が可能となるとの評価もあります。一方、「犯罪予防」の理念のもとに過剰な「改善」が図られたり、処遇担当者側の特定の理念に基づく「正義」や「善」といったものを強制・強要するのではないかという懸念も示されています。こうした評価や懸念を踏まえて施行後の実際の運用を注視していく必要がありますが、拘禁刑の導入によって刑務所における処遇に一定の変化が生じていくことは間違いないと思われます。2023年6月に公表された、名古屋刑務所職員による暴行・不適正処遇事案に関する第三者委員会提言の副題が「拘禁刑時代における新たな処遇の実現に向けて」であり、主な再発防止策としての提言の第一に処遇体制の充実が示されていたことは象徴的だといえるでしょう。

3　矯正施設による社会復帰支援

刑事収容施設法に関する改正の内容は、①拘禁刑受刑者等に対する矯正処遇に係る規定の整備、②被害者等の心情等の考慮に係る規定の整備、③社会復帰支援の充実、となっています。

①については、刑事施設の長が、それぞれの受刑者に対して資質や環境の調査を行って処遇要領を定め、それに基づいて矯正処遇として作業や必要な指導を行うという点に関係します。この処遇要領を入所後できる限り速やかに定め、矯正処遇の目標、作業・指導ごとの内容と方法をできるだけ具体的に記載することが求められることになりました。改正の趣旨を踏まえて運用されれば、処遇の個別

6　禁錮刑に処された人の多くも願い出るという形で作業に従事しているので、実質的には刑務所に収容されている人のほとんどが何らかの作業をしています。懲役と禁錮では、前者が選択されることが圧倒的に多く、また禁錮刑は全部執行猶予となる率が95%を超えているので、実際に禁錮刑を受けて刑務所に収容される人は少数です。

化を進める方向に作用すると思われます。

②は、施設内処遇・社会内処遇において被害者等の心情を伝達したり、被害の回復や軽減に誠実に努めるように働きかけることを含んでいます。

更生支援との関係では、とくに③が重要になるでしょう。ここでいう社会復帰支援の充実とは、刑事施設の長が、受刑者の円滑な社会復帰を図るため、釈放後に自立した生活を営むうえでの困難を有する受刑者に対しては、その意向を尊重しつつ、適切な住居その他の宿泊場所を得ることおよび当該宿泊場所に帰住することなどの支援を行うことを意味します。これによって、受刑者の社会復帰や自立生活に向けた援助が矯正施設の責務であることが示されたといえます。少年院については、先の少年院法の改正によって社会復帰支援が正式な任務に位置づけられていましたので、社会復帰支援が成人の受刑者にも広がる方向に向けての改正だと評価できるでしょう。

このように、施設内処遇の充実をめざそうとする法改正に関連して、本書の主題である被疑者・被告人段階で作成される更生支援計画について、2023年３月に法務省矯正局長から各刑事施設の長に対して、「刑事施設における更生支援計画書の活用について（通知）」（法務省矯成第474号）が発出されました。この通知では、「更生支援計画書は、障害等を有する者に対する福祉的支援の必要性や具体的な支援方策が記載されているなど、当該者が受刑者となった場合においても、社会復帰支援等を実施する上で有益な資料となり得るもの」であるとして、作成にあたっての面会における配慮、手続書類の差入れおよび他の者への交付等における配慮などをすること、ならびに支援対象者が実刑となった場合に計画書を移送先の刑事施設間で引き継ぎ、処遇調査や社会復帰支援を行う際の参考にするよう留意することを刑事施設の長に求めています。とくに更生支援コーディネーターとして活動するみなさんにとっては、アセスメント・支援方針策定の段階での面会や資料のやりとりの際に役立つ内容が含まれている通知ですので、確認するようにしてください。

Ⅳ 更生支援にあたっての要点

1　犯罪行為からの離脱を支援する

近年、犯罪学や犯罪社会学などの領域では、「犯罪行為からの離脱」という考え方が注目されるようになってきています。離脱とは、かつて犯罪に持続的に関わっていた人が、犯罪を長期間自制することと定義されます。この考え方では、ある場面で犯罪をしない、つまり1回限りで思いとどまることよりも、やめ続けていくことに注意が向けられます。やめ続けるためには、人生を送るうえでの意味ある目標、職業的成功、そして守りたいと思っている自己イメージなどが大きな影響を与えるとされています。罰を受けて懲りたからではなく、一見すると犯罪に直接には関係していないように見える要素こそが実は重要であるということです。したがって、更生支援にあたっては、これらにどう働きかけるかが重要なポイントとなります。

ただし、障害がある人の場合、人生を送るうえでの意味ある目標などというのではあまりに抽象的過ぎますから、実際の支援では、安心して生活できる場所を確保する、本人がこれまで大切にしてきたことを知る、体とこころの健康を育む機会を保障する、やりがいのある日中活動とは何かを本人とともに考えながら探ってみる、感情統制や新たな考え方を学習する、それらの試みを支えるために困ったときに相談できる対等な人間関係をつくるといった方法で具体化していく必要があります。

その際に、これまでの人生の中で比較的穏やかに生活できていた時期のことを知ろうとすることは、大いに参考になると思われます。仮に犯罪を繰り返しているように見える人でも、これまで犯罪だけをして生きてきているはずはありません。その人なりのやり方でトラブルなく過ごした時期が短くともあるはずです。そのような時期に本人が何をしていたのか、周囲の状況や人間関係がどうであったのかが少しでもわかれば、再びそのような生活を送るための手がかりになる可能性があります。しかし、支援の対象者は過酷な生活をしたり、トラブルを重ねてきたりしていることも珍しくないため、問題とされる出来事や行動に関することばかりが記録されがちで、平穏に過ぎていったときのことは知られていないことも多いでしょう。そのため、本人の話に十分耳を傾けることが重要になります。こうした過程を通じて、犯罪行為から離脱する機会を増やすように働きかけていくことが更生支援の本質です。

2 「法的思考」と「対人援助的思考」の違いを意識する

本書が取り扱っている更生支援の場面では、支援の対象者は被疑者・被告人として刑事司法手続の対象となっています。そのため、更生支援にあたる対人援助

表1　法的思考と対人援助的思考の違い

	準拠の基準	事実の捉え方	時間軸	境界の設定	思考のプロセス	認識の方法
法的思考	法的基準	法的構成	過去志向性	二分法的	論理的整合性	直線的因果論
対人援助的思考	個別的基準	多面的把握	未来志向性	未分割的	螺旋的思考	システム的認識論

出典：廣井亮一『司法臨床の方法』(金剛出版、2007年)25頁をもとに一部語句を変更。

専門職は、依頼の端緒となる弁護士をはじめ、警察官、検察官、裁判官、場合によっては刑務官や保護観察官といった刑事司法機関の関係者と接触することになります。刑事司法関係者と対人援助専門職では、用いている思考に違いがあることが指摘されています。**表1**は、その違いを示したものです。

更生支援では、刑事司法関係者と対人援助専門職が連携することの重要性が強調されていますが、連携にあたってはお互いの思考に違いがあることを知り、それぞれが相手の思考を理解しようとすることが欠かせません。

この表にあるとおり、法的思考は、法的基準に準拠して、法的構成に当てはまるかどうかをもとに事実を捉えます。また、過去志向性の時間軸を用いて、過去の出来事である犯罪行為の内容とそれが及ぼした結果や過去の処分歴・処遇歴などに注目します。境界設定の仕方は二分法的なので、存在したか否か、該当するかしないかといった、いわば白黒をはっきりさせようとする考え方です。思考のプロセスでは論理的整合性が保たれているかどうかが重視され、原因があって結果があるという直線的因果論でものごとが認識されます。

これに対して、対人援助的思考が準拠する基準は個別的です。実際の支援の場や対人援助職の養成教育の場では、支援対象者を個別的に理解し、その人の状況に応じた支援をすることが推奨されていることに、この点はよく表れています。ものごとにはさまざまな側面があり、人によってその見え方は異なるというように、事実の捉え方は多面的です。これからどうしていくか、どうしたいかを本人と一緒に考えていくというのが支援の基本ですので、時間軸はおのずと未来志向性となります。境界設定の仕方は未分割的で、ものごとは簡単に白黒はつけられず、時間や状況によって境界は変化していくと捉えています。いわばグレーな部分を多く持つ、無理に白黒をはっきりさせない考え方です。そして、思考のプロセスでは螺旋的に連続してものごとの連なりを捉えることが重視され、複数の要素が集まり影響し合うことによってひとつのシステムが構成されているというシステム的認識論に立ちます。たとえば、アセスメントで用いられるエコマップなどはこうした認識論に立っているといえます。

このように刑事司法関係者と対人援助専門職の思考には違いがありますが、当然、いずれかがより優れているというわけではありません。それぞれの専門性の見地からの必要に応じて形成されてきたものであり、両者が専門職となるための教育を受けるなかで教えられ、実務や実践を通じて身につけてきています。そのため、それぞれにとって自らの思考が自明のものとなっている可能性があるので注意が必要です。

なお、対人援助的思考において未来志向性が高いからといっても、過去のことも目を向ける必要はあります。アセスメントでは、過去の情報からその人の状況やこれまでの経過について見立てることが求められますので、そのためにはこれまでの経緯や出来事などを知ることは重要だからです。

連携にあたっては、思考のほかにも知っておくべき両者の間の違いがあります。ひとつは交渉や議論にあたっての行動様式の違いです。刑事司法専門職、とくに法曹として訓練を受けた人は、それぞれの意見を主張し議論することによって結論に達することが規範的な行動様式となっています。これに対して、対人援助専門職はお互いの立場を考慮し、折り合おうとすることを規範的な行動様式とする傾向があります。このような両者の違いは、交渉や議論の際に、争点を明確化し、論争すること自体を厭わないか、あるいは争点をあえてあからさまにせず、折り合うことを考慮するかという行動の違いになって表れます。この違いを踏まえておかなければ、相手に対して攻撃的であるとか、消極的で主張が不明確であるといった一面的な評価をしてしまう危険性があります。

もうひとつは、事件単位の考え方と人単位の考え方の違いです。刑事司法関係者は、犯罪の発生を起点として、事件の処理を経て、処分の決定と執行を終点とする事件単位の考え方をすることが多いといえます。これに対して、その人のこれからの生活を本人と一緒に考えていくことが求められる対人援助専門職にとっては、犯罪はその人のライフイベントのひとつであって、犯罪の前後にもその人の生活は連続しているという捉え方がされやすいといえます。これは、いわば人単位の考え方です。事件単位と人単位の考え方の違いは、それぞれが関与するにあたって想定する時間の長さや、犯罪と成育歴の関係を考える際の違いともなりえますので、これを認識しておくことは有益です。

3 「リスクへの対応」と「生活の質の向上」の双方を意識する

更生支援では、再び犯罪をせずに生活することをめざします。そのために本人のこれまでの生活、周囲の人との関係、その人のものごとの認知の仕方やこれまで使ってきた問題解決の方法などを知り、どこを強化したり変えたりするのかを考えます。その際には、リスクへの対応と生活の質の向上の双方に注意を向けることが求められます。リスクへの対応のためには回避目標を探し、生活の質の向上のためには接近目標を探します。

回避目標とは、再び犯罪をするリスクにつながるような行動、状況、人間関係などを避けるための目標です。パチンコ屋などの特定の場所は避ける、飲酒しない、特定の人と付き合わないといった内容です。一方、接近目標とは、新たに何かを獲得することにつながる目標であり、一般的な支援でよく取り上げられるものです。やりたかった活動に参加する、これまで以上に賃金を得る、新しく物を手に入れる、新しい住居に転居するといった、その人の生活の質を向上させるような内容です

支援者が本人と常時一緒にいることができない以上、回避目標を守って生活するかどうかは最終的には本人の選択にかかっています。しかし、回避目標ばかりが強調されてしまうと、本人の生活への制約や禁止事項ばかりが増えていくことになり、そうなれば回避目標を守るための動機づけが弱くなります。犯罪の再発防止に支援者が注目しすぎてリスクへの対応に意識が偏り、気がつくと回避目標ばかりが増えていくということがないように注意が必要です。支援にあたっては、回避目標を回避し続けるための動機づけとして接近目標を使い、接近目標に近づくために回避目標を意識するというように、リスクへの対応と生活の質の向上はお互いに補い合う関係にあることを意識しましょう。これによって、本人が満足できる地域生活をめざせる可能性が高まります。

4 意思疎通と意思決定を支援する

アセスメントや支援方針の決定の際に重要になるのが、本人の障害特性や認知特性に配慮した意思疎通と意思決定を支援することです。とくに意思疎通については、弁護士と本人のやりとりにあたって、本人の理解を深めるためのサポートが求められる場合もありえます。

本人には何らかの認知機能の制約がありますので、その点を把握し、それに応

じたやり方で、できるだけその人の立場から見てわかりやすい意思疎通を試みることが求められます。この点は一般的な支援場面と同じですが、刑事司法の対象となっているために課されているさまざまな制約がありますので、これらに配慮することが求められます。ここでは要点を２つ示します。第１は、時間的制約の問題です。起訴・不起訴の処分決定までの期限や公判期日がありますので、それに合わせて意思決定をしなければなりません。第２は拘禁されていることによる制約の問題です。面会の時間には制限がありますし、サービスの利用について検討するにしても実際に見学することはできません。そして、拘禁というのは日常生活から切断され、生活空間も接する人も極端に制限された非日常的状況です。そのため、本人はこの先の処分のことが気になって、視野狭窄に陥ったり、同じことを考え続けたり、他者からの意見に強く影響されたりして、接見のたびに意見を変えるといった独特の状態になることが珍しくありません。

また、今後の生活に向けての意思決定にあたっても、これまでの生活経験の幅の狭さ、虐待などの被害体験などによって自分の意見を表明することが難しかったり、これまで自分が経験してきた以外の生活をイメージすることが難しいといったことが起こりえます。そのために、支援者が問いかけても自分から積極的な発言がなく、働きかけても決めることが難しい人も珍しくありません。そのような人と上記のような制約のあるなかで意思決定をしていくためには、支援者から仮に選択肢を示して、いったん決めてもらうというアプローチが必要になることもあります。その場合は、保釈や処分決定後の釈放によって地域生活に戻った際、もう一度意思確認の機会を設けることが求められます。そして、再確認すれば意見が変わるのは当然にありうることを前提としましょう。

本人との意思疎通と意思決定の支援については、第１部「基礎編」に詳しい説明がありますので参照してください。

5　支援者に対する支援をする

更生支援では、本人の支援ニーズや状態、本人との関わりにあたっての制約や各種活動にまつわる時間制限、活用できる資源の制約などの理由によって、計画を立案する対人援助専門職に負荷がかかる場面があります。さらに本人には多様で複雑化した支援ニーズがあって、社会的に孤立した状態にあることがほとんどです。

刑事司法の対象となるまでにも、さまざまな被害経験をした結果として他者との関係を構築したり、維持したりすることが難しくなっている人も珍しくありません。そのような人と、支援依頼をきっかけとして突然に出会います。しかも、本人が拘禁されていれば、前述のようなさまざまな制約があるなかで関わることになります。

また、刑事司法手続の対象となっていることから、厳格な時間制限があるなかで一定の支援方針を決め、支援体制をつくっていくことが求められます。その際に活用できる社会資源も、地域や状況によってはかなり限られたものになることもありえますし、犯罪行為歴がある人への支援に消極的な機関や事業所もまだまだ存在します。

そのため、支援者に対して支援をしていくこと、また支援者自身もセルフケアを意識することが大切になります。ここでは主に３点について取り上げます。

第１は、支援者がスーパービジョンを受けたり、ケース検討をしたりする機会を意識的に設けることです。更生支援の過程では、アセスメントや支援のコーディネートにあたる対人援助専門職は単独で活動する場合が多く、独立型社会福祉士等として活動しているなど、特定の組織に属していない、あるいは通常は組織に所属しているが更生支援の活動は個人として行っているといったこともあります。そのため、どうしても対人援助専門職が孤立しがちになります。自らのアセスメントや支援方針の策定に関するアプローチや考え方を客観視し、別な解釈や方法の可能性を検討してみるという意味で、スーパービジョンやケース検討の場を積極的に活用することは有効です。

第２は、陰性感情を適切に取り扱うことです。先述のとおり、支援の対象者となる人のなかには関係の構築や維持が難しくなりがちな人が一定数含まれています。場合によっては、障害特性などによって、たいへん直裁な物言いをされたり、社会的には失礼だと思われるような言葉を投げかけられることもあります。また、本人以外の関係者に対しても、さまざまな理由によって時には相手への否定的な感情が湧くことがありえます。このようなときに相手に対する感情を無視して、何事もなかったかのように振る舞うことはお勧めできません。なぜなら、否定的な感情を適切に扱わずに放置すると、自分の中でその感情がさらに深まり、場合によっては不適切な言動を自分がとることにもなりかねないからです。相手に対する否定的な感情が湧いたときには、陰性感情の存在を認めて、守秘義務に十分配慮しながら信頼できる第三者にそのことを話すことが有効です。感情を言葉にして自分の外にいったん出すことによって、自らの感情を客観視し、相手との心理的距離感をとることにつながります。
第３は、セルフケアを意識することです。支援に関する業務や思考を遮断して、自分自身のこころや体をケアする時間を意識的につくることは、燃え尽きを防ぐために有効だとされています。軽いものでもいいので体を動かす機会をつくると、気分転換や変化に向けてのモチベーション向上に役立つことも指摘されています。最近では、呼吸法やヨガ、エクササイズなどに自分で取り組むことをサポートするアプリなども多く出ていますので、そのような仕組みを活用することも考えられます。自分自身の調子が良くない、逆に気分が高揚しているなど、こころや体の状態を自己モニタリングするようにして、それを言葉にして確認するように意識化することもセルフケアにつながります。

Ⅴ　おわりに

更生のための支援は、これまで主に刑事司法関係者が携わってきた領域でした。たとえば弁護士、刑務所などの矯正施設の職員、保護観察官・保護司や更生保護施設職員などによる関わりがまず思い浮かびます。また、警察官・検察官・裁判官なども、犯罪をした人が更生につながるきっかけをつくっているという意味においては、更生を支援する者といえるかもしれません。
近年の日本では、これらの刑事司法関係者に加えて、対人援助専門職が果たす役割が注目されてきています。刑事司法関係者と対人援助専門職が連携しながら関わることが、更生支援の特徴ともいえるでしょう。このように対人援助による支援が求められるようになってきた理由は、犯罪に対する伝統的な対処方法である刑罰のみでは抑止に限界があることが認識されてきたからです。犯罪行為に至った人が再び罪を犯さずに生活するようになる、つまり犯罪から離脱するためには、刑事司法によるこれまでの対応だけでは十分ではなく、犯罪行為の背景にある多様で複雑化した支援ニーズや社会的孤立を改善・解消するための支援が求められています。本書を読み進めることで、更生支援の目的や具体的な方法、留意点を知っていただきたいと思います。

水藤昌彦（山口県立大学）

［参考文献］

浜井浩一『罪を犯した人を排除しないイタリアの挑戦――隔離から地域での自立支援へ』（現代人文社、2013年）

廣井亮一『司法臨床の方法』（金剛出版、2007年）

金子宏・新堂幸司・平井宣雄編『法律学小辞典〔第４版補訂版〕』（有斐閣、2008年）

加藤博史・水藤昌彦編著『司法福祉を学ぶ――総合的支援による人間回復への途』（ミネルヴァ書房、2013年）

加藤幸雄・前田忠弘監修／藤原正範・古川隆司編『司法福祉〔第２版〕――罪を犯した人への支援の理論と実践』（法律文化社、2017年）

Maruna, Shadd (2001) Making Good: How Ex-Convicts Reform and Rebuild Their Lives, The American Psychological Association（津富宏・河野荘子監訳）『犯罪からの離脱と「人生のやり直し」――元犯罪者のナラティヴから学ぶ』（明石書店、2013年）

中島学「矯正実務からみた自由刑・施設内処遇改革の意義と課題」法律時報93巻４号（2021年）27～33頁

奥田知志「第三の困窮と犯罪――ホームレス支援の現場から下関放火事件を考える」犯罪社会学研究35号（2010年）21～37頁

第１部

基礎編

更生支援計画を作成するにあたっては、障害や福祉制度についてはもちろん、それとともに、刑事司法手続に関する理解も必要となります。
第１部では、更生支援計画や刑事司法手続の基本的な内容を説明していきます。

第1章 更生支援計画の意義

罪に問われた人（被疑者・被告人）のなかには、障害、高齢などの理由で福祉的な支援を必要とする人が一定数存在します。「更生支援計画」は、このような福祉的支援を必要とする被疑者・被告人に対し、その人の障害や疾病を踏まえたうえで、同じ行為を繰り返さないで生活するために望ましいと考えられる生活環境や関係性、支援内容について具体的に提案するものです。

では、刑事司法手続において「更生支援計画」を作成する必要性はどこにあるのでしょうか。この章では、更生支援計画とは何か、刑事司法手続における更生支援計画の位置づけなどについて説明します。

I 更生支援計画の概要と目的

1 更生支援計画とは

更生支援の目的は、本人にとって必要な支援体制を構築し、その人が望むその人らしい生活を送ることで、結果として犯罪に関わらないで済むような、安心できる生活を実現することにあります。更生支援計画の作成を通して、私たちは、本来あるべき生活環境や支援体制のあり方を確認し、それを実現するために、本人の「生き直し」に向けた支援を考えることになります。

更生支援計画は、ソーシャルワーカー[7]が、「支援方針」「居住・生活、経済、日中活動面（就労など）、医療などの具体的内容」「支援関係者の連携」などを検討し、当面の支援目標（短・中期的支援）と将来的な支援目標（長期的支援）を立て、地域に点在するフォーマル・インフォーマルな社会資源（福祉サービスを含む）の活用をめざすものです。

更生支援計画は、刑事司法手続において作成されます。そのため、①書面とし

7 ソーシャルワークを実践する人のこと。さまざまな定義がありますが、本書では、ある人が抱える課題に向き合い、よりよい生活に向けた支援を行う人のことを指します。関連する国家資格としては、社会福祉士、精神保健福祉士があります。

て検察庁・裁判所に提出されることが多い、②刑事司法手続にまつわる時間制限の影響を受けるため支援を構築するまでの期間が短い（支援依頼から更生支援計画書の提出まで概ね１～２カ月のことが多い）、③本人が逮捕・勾留されている場合には身体拘束下という環境の中で本人の意思決定を支援していく必要がある、などといった特殊性があります。また、更生支援計画の実施状況などを測るモニタリングやアフターフォローの実施に関して体制整備が行き届いていないことなど、新しい取組みゆえの課題も残っています。

2　個別支援計画・サービス等利用計画との違い

更生支援計画は、個別支援計画やサービス等利用計画とは異なるものです。

個別支援計画とは、福祉サービスにおける居住施設や就労支援施設などで作成される計画です。「利用者が施設利用を希望し、市町村から支給決定され契約を行う場合、施設は利用者の自立支援のために利用者の意思や希望を尊重し、利用者との同意のうえで『その人の希望や生活ニーズに対して目標を設定し、その人が望む生活を支援するサービス提供計画』を作成する。このサービス提供計画のことを『個別支援計画』という」[8]と定義されているように、「本人の望む生活が実現できるような支援の計画」となります。本人の能力を評価するのではなく、「どのような支援があれば、どのようなことができるのか」ということに焦点を当て、本人の望む生活を実現する、つまり「本人中心（person-centered）」の計画であることが、個別支援計画において大切であるとされています。

また、サービス等利用計画は、ケアマネジメント手法を活用し、障害のある人のニーズや置かれている状況を勘案して、福祉、医療、就労、住宅などの総合的な視点から、地域での自立した生活を支えるために作成されます。本人の意向を受け、その実現に向けたさまざまな公的なサービスや社会資源（インフォーマルな支援も含む）が調整された、総合的な計画として作成されることが求められています。障害者総合支援法の施行により、障害福祉サービスを利用するすべての障害のある人は、原則として計画相談支援・障害児相談支援を受けサービス等利用計画を作成することとなりました。

これらの計画と更生支援計画は、本人を中心として立案されるという点では差

8　全国社会福祉協議会・全国社会就労センター協議会編『社会就労センターのモデル個別支援計画――障害者自立支援法対応版』（2002年）13～15頁より引用。

異はありません。とりわけ、サービス等利用計画と更生支援計画は、複数の福祉サービスを活用した包括的な支援計画が求められるという点で類似しています。

しかし、更生支援計画においては、とりわけ、障害の有無が不明瞭な状況の人も対象となることや、限られた期間での計画作成が求められること、犯罪行為にまつわる情報が含まれることがある点などから、作成にあたって従来の支援計画とは異なる技能が求められます。そして、障害特性や成育歴、事件当時の状況などの情報から、なぜ事件に至ってしまったのかを見立て（アセスメント）、生活の安定などの本人の生き直しに向けた支援計画を立てることが必要となります。そのため、社会福祉の知見に優れ、なおかつ刑事司法の知識も有しているソーシャルワーカーの存在が必要不可欠なのです（**図4**参照）。

3　更生支援計画作成の目的

更生支援計画作成の目的は、本人のレジリエンス（回復力）[9]が正常に機能するような支援を行い、本人が同じような行為に及ばずに、安心して、その人らしい生活ができることをめざすことにあります。そのため、単に「逮捕されている」「裁判になっている」との現状だけを見るのではなく、長期的な視点で、本人の人生を、本人と一緒に考えていく必要があります。更生支援計画の作成の目的は、「再犯の防止」ではありません。

しかし、犯罪行為や、そこに至った状況について、その事情をまったく無視して支援のことを考えればよい、というわけではありません。その人がその人らしい生活を送ることができるための支援体制を構築することによって、結果的には犯罪に至らずに生活をすることができるようになると考えます。このように、本人の生活を支援することによって結果的に再犯可能性が低下することを「反射的効果」といいます。この考え方は、更生支援においては非常に大切なものです。なぜならば、再犯防止を第一に考えると、行動を監視・制限するなどして、本人をコントロールしようとする方向に向かっていくからです。このような支援は、本人の権利や尊厳を損なうものであり、そもそもソーシャルワークの価値に反し

9　レジリエンス：自己の置かれた困難な状況にさらされ、ネガティブな心理状態に陥っても、それに対して自分自身を修復し、回復できる個人の心理面での回復力、弾力性のこと。①内面共有性（悩みを人に話すなど）、②活動実効性（失敗してもあきらめずにもう一度挑戦すること）、③楽観性（困ったことが起きても良い方向に持っていくこと）、④周囲から援助されている状況、の４つが柱となります。

図4　サービス等利用計画・個別支援計画と更生支援計画の対比

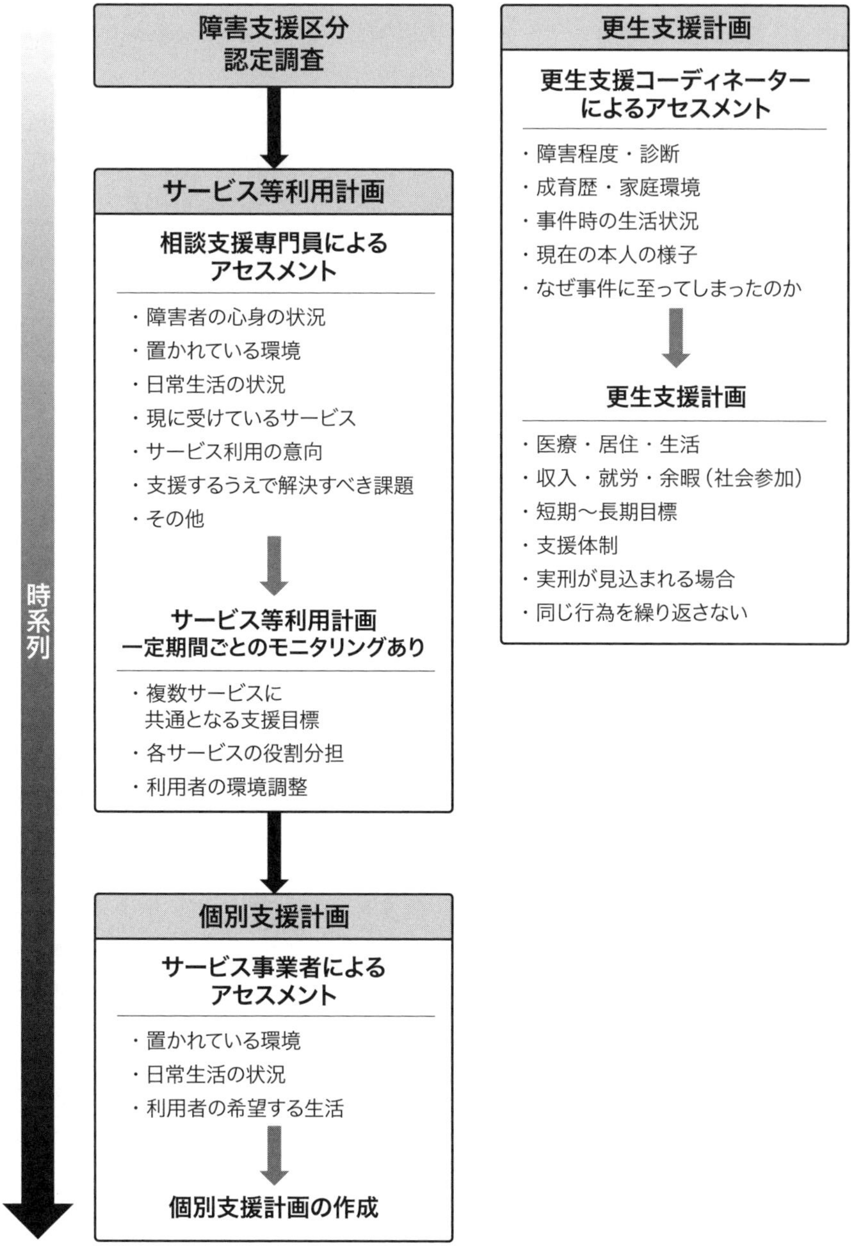

ます。また、このように本人をコントロールするような支援は、本人の生きづらさを深刻化させ、むしろ再犯可能性を高めることにもつながります。更生支援の目的は、「再犯防止」ではなく、本人を中心とした支援を行う結果として再犯が防止されるものである、ということが重要です。

刑事司法関係者（裁判官、検察官、弁護士など）は、本人が同じような行為に再度及ぶか否か（再犯可能性）という点に着目しています（本章Ⅲ参照）。更生支援計画は、刑事司法手続の過程において作成され、刑事司法関係者が計画の内容を目にすることになります。そのため、弁護士は、更生支援計画を通じて、「適切な支援を行うことで、再度同じようなトラブルが起きる可能性が低いのだ」ということを明らかにして、「本人に適切な刑はより軽いものである」との判断を導こうとします。すなわち、刑事司法手続において、適切な支援が用意されていることを立証することで、本人が同じような行為に及ぶ可能性が低くなることを伝えることが、弁護士が更生支援計画の作成を求める目的となります。

このように更生支援計画の作成の目的は、刑事司法関係者とソーシャルワーカーで異なる面があります。しかし、前記のように、その人らしい生活を考えることが、結果的には再犯可能性の低下につながるのであり、両者の目的が必ずしも矛盾するわけではありません。ソーシャルワーカーとしては、刑事司法関係者との視点の違いを踏まえつつ、自らの職責を果たしていくことが重要です。

Ⅱ 刑事司法手続における更生支援計画の位置づけ

1 日本の刑事司法手続

日本の刑事司法手続[10]の流れは、概ね、**図5**のとおりとなっています。 捜査（逮捕・勾留されてしまう事件もあります）、公判（いわゆる刑事裁判のことです）、矯正施設（刑務所などのことです）、社会復帰、と移行していきます。詳しくは、第２章を参照してください。

場合によっては、捜査の対象となっても、微罪処分・不起訴などとなり、公判

10 本書では、「刑事司法手続」を捜査から裁判、刑の執行や更生保護までの刑事司法に関わる一連の手続全体を示す言葉として使用します。一方、捜査の開始から判決までの手続のみを示す「刑事手続」という言葉もあります。混乱を避けるため、本書では本来「刑事手続」を使用すべき箇所についても「刑事司法手続」の用語を統一して使用します。

図5　刑事司法手続と支援

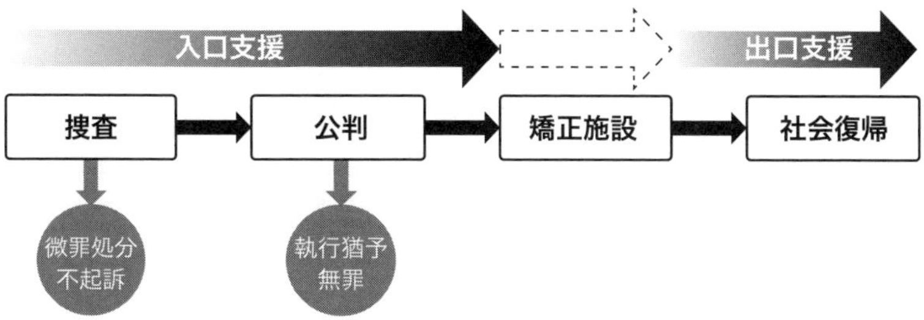

へ移行しないこともあります。また、公判の結果、無罪判決や執行猶予判決となった場合には、矯正施設には入らずに社会に戻ることになります。

2　出口支援

刑事司法手続に置かれた障害のある人の支援として、最初に注目されたのは「出口支援」です。「出口支援」とは、障害や高齢などの理由により福祉的な支援を必要とする人が矯正施設を出所するにあたり、出所後に福祉サービスなどにつなげられるよう支援することをいいます。**図5**のとおり、矯正施設を出て、社会復帰する際の支援です。

具体的には、矯正施設や更生保護施設[11]に社会福祉士や福祉スタッフを配置したり、「地域生活定着支援センター」を各都道府県に設置したりするなどの取組みが行われています（地域生活定着支援センターおよび地域生活定着促進事業については、後記**5**で詳しく説明します）。

3　出口支援で解決できない問題

「出口支援」の取組みが進められていくなかで、そもそも、①捜査の段階や②公判の段階で適切な支援をしていれば、矯正施設に入る必要のなかった人たちも多いのではないかとの指摘がなされるようになりました。本来は福祉的な支援を受けることが望まれる状態であるのに、①や②の段階でそのことを看過された結果、有責性や再犯可能性（本章Ⅲ参照）について十分な主張がなされず、そのために矯正施設に入れられてしまっている人が多数いるということです。

11　更生保護施設：刑務所や少年院を出た人、執行猶予中の人などのうち、家族や公的機関などからの援助を受けられない人に対し、一定期間宿泊場所や食事を提供するなどして保護する施設。

また、刑務所に入ることになるのは、警察に検挙された人のうち、ほんの一部だけです。たとえば、2021年度の検察庁の新規受理人員（検察庁が事件として受理した被疑者の数）は766,449人であるのに対し、公判請求（正式な刑事裁判の請求がなされること）された人は76,548人、そして、実刑判決を受けて刑務所への新規入所した人は16,152人となっています（法務省法務総合研究所編『令和４年版犯罪白書』より引用）。このように、多くの人は、そもそも裁判を受けることがなく、仮に裁判を受けたとしても、刑務所に行くことはありません。しかし、当然のことながら、このような刑務所に行かなかった人のなかにも、福祉的な支援を受けるべき人が含まれています。そうなると、出口支援をしているだけでは、ほんの一部の人の支援しかできないこととなります。

さらに、矯正施設内における処遇は、これら高齢者や障害のある人に対応しきれていません。現在、障害がある程度重い人については、「養護工場」と呼ばれる刑務所内の特別な工場に配役されるなどして、一定の場所にただ集められて処遇されています。また、処遇が困難で、医療を主として行う必要がある一部の人に限り、医療刑務所[12]に収容されます。

近年では、喜連川、播磨、島根あさひ、美祢の各社会復帰促進センター[13]など、一部の刑務所においては、障害のある人に対する専門的処遇が開始されました。しかし、社会復帰促進センターに収容されるのは初犯の人が中心であり、刑期も長期ではなく、集団生活に適応できる人など、一定の条件を満たす人に限られています。それ以外の多くの障害のある受刑者は、一般の刑務所で処遇されているのが現状です。そして、一般の刑務所においては、従来と変わらず、障害がある人であっても、専門的な処遇がなされることは今のところほとんどありません。

このことへの問題意識は、徐々に広まっています。たとえば、多摩川連続ホームレス襲撃事件[14]の第一審判決（東京地裁立川支部平成23年５月30日判決）においては、自閉スペクトラム症を抱える被告人について、「当裁判所としては、矯正機

---

12 医療刑務所：精神上または身体上に何らかの疾病・障害がある受刑者を収容し、治療することを目的とした刑務所。

13 社会復帰促進センター：民間会社が処遇の一部を担う、PFI（プライベート・ファイナンス・イニシアチブ）刑務所。

14 多摩川連続ホームレス襲撃事件：グループホームに暮らす自閉スペクトラム症の男性が、多摩川に暮らすホームレス３名を鉄パイプで殴るなどして、傷害を負わせたり、死亡させたりしたなどとして、殺人未遂２件、殺人１件で起訴された事件。第一審判決は、殺意を認定しなかったうえ、心神耗弱を認め、被告人を懲役12年としました。

関に対し、被告人の社会適応能力と精神的安定の向上がなければ、服役が何らの効果もなく、刑期を終了しても依然社会にとり危険な存在となりかねないとの意識をもって、可能な限り被告人の障害に留意した処遇（H医師のいう発達障害を熟知した専門家による処遇方法の検討、T医師のいう治療教育的プログラム、適応支援プログラム等）を工夫して実施されるよう要望する。加えて、釈放時には、地域生活定着支援事業の活用等を考慮されたい」などと、処遇についての要望がなされました。

このように、現在の刑務所における処遇は、障害のある受刑者に対応できるようなものとはなっていません。そして、そのような刑務所で過ごしても、障害のある人が、社会に戻った後に安心した生活を送るような準備はできないのです。その結果、事件のときと同じような環境に戻り、結局また同じような行為に及んでしまう、ということがありえます。

こうして出口支援の取組みが進められるなかで、それだけでは解決できない問題があることがわかってきました。そこで注目されるようになったのが、「入口支援」です。

4 入口支援

「入口支援」とは、矯正施設に至る前の段階、すなわち、捜査段階や、公判の段階において、被疑者・被告人となった高齢の人・障害のある人に対して、司法と福祉が連携して支援を行うことをいいます（**図5**参照）。たとえば、不起訴になる可能性のある人にソーシャルワーカーが関わることで、釈放時にスムーズに福祉サービスにつなげることなどが考えられます。

この入口支援は、さまざまな形式で広がりをみせています。

まず、ひとつのモデルとして、検察庁が主体となって取り組む入口支援があります。たとえば、東京地方検察庁では、2013年から「社会復帰支援室」が設けられ、ここに社会福祉士が「社会福祉アドバイザー」として採用されています。検察官が不起訴処分にすることを予定している被疑者などを対象として、釈放後の生活について助言をしたり、生活保護の申請に同行するなどの支援を行っています。このように、検察庁では、内部に福祉専門職を採用したり、職能団体（社会福祉士会等）と連携するなどの取組みが広まりました。あわせて、検察庁が、保護観察所と連携し、不起訴処分が見込まれる人について、処分に先立ち、釈放後の生活のために必要な福祉サービスの受給や住居確保などのために福祉機関などと調整を図る「起訴猶予者に係る更生緊急保護[15]の重点実施等の試行」も実施されています。さらに、2021年度からは、この重点実施と連携する形で、入口支援の段階で地域生活定着支援センターが福祉的支援へつなぐという「被疑者等支援業務」が開始されています。ただし、現時点においては、被疑者等支援業務のなかで、更生支援計画を作成したり、法廷で支援の内容を証言することなどは予定されていません。

また、これと並行して広まっているのが、弁護士とソーシャルワーカーの連携モデルです。弁護士が、被疑者・被告人に障害がある（または疑われる）と気づいたことをきっかけに、ソーシャルワーカーに支援を依頼し、協働しながら本人の支援を考える、という形です。たとえば、弁護士会と職能団体（社会福祉士会等）が連携し、弁護士からの相談に対してソーシャルワーカーを派遣したり、地域生活定着支援センターが相談を受け付けていたりします。また、民間の団体で入口支援に取り組んでいるところも複数存在します。私たち一般社団法人東京TSネットも、そのような団体のひとつです。

このように、入口支援には多様な形があります。しかし、検察庁内部における入口支援や、地域生活定着支援センターの被疑者等支援業務には、現状いくつかの限界があります。まず、すべての人が対象となるわけではなく、あくまでも検察官がその対象者を選定するということです。検察官が起訴相当と判断した人や、執行猶予が見込まれないと考える人については、その対象となりません。また、刑事司法において、検察官は、被疑者・被告人に対して、捜査・訴追をする立場となっています。制度上、被疑者・被告人となった人とは、対立関係にあるということです。このような立場の人が支援を考えたりすることには、おのずと限界があります。「再犯防止」を重視した支援になってしまうこともあるでしょうし、「提案された支援を受けなければ起訴されてしまうかもしれない」というおそれを本人が抱くことによって、支援が事実上強制されてしまうこともあるでしょう。このような限界を踏まえると、被疑者・被告人の権利を守る立場である弁護士とソーシャルワーカーが連携するということには、重要な価値があると考えます。

---

15 更生緊急保護：更生保護の制度のなかのひとつ。刑務所を出所する人や、執行猶予判決を受けた人など、刑事施設から釈放される人が、親族からの援助が受けられないなどの事情がある場合に、保護観察所に申し出ることによって、金品の給付・貸与、宿泊場所の供与、宿泊場所への帰住の援助などを受けることができます。

更生支援計画は、主に、弁護士とソーシャルワーカーの連携モデルにおいて作成されます。被疑者・被告人となった障害のある人の支援をするソーシャルワーカーは、どうしたら本人が安心してその人らしい生活ができるのかを検討します。そして、その生活の実現までの道のりを更生支援計画として表現するのです。本書では、この活動を更生支援コーディネート、その活動を担う人を**更生支援コーディネーター**と呼んでいます。その役割については、本章Ⅳで述べます。

また、更生支援計画の効果は、入口段階だけにとどまりません。現状では、入口支援と出口支援の間（矯正施設にいる間）に、支援の切れ目ができてしまっています（**図5**の破線部分）。しかし、更生支援計画を矯正施設職員などと共有することができれば、仮に本人が矯正施設に入所することになった場合であっても、出口段階においてどのような支援を行うかについての指針となります。さらに、場合によっては、矯正施設収容中の処遇を変えていくこともできるかもしれません。実際、矯正施設における処遇や、出口段階における支援の参考とすることを目的に、2018年４月からは、一部の地域において、矯正施設や保護観察所に更生支援計画を引き継ぐという試行が始まり、2023年４月からは全国で引継ぎができるようになりました。

以上のように、更生支援計画は、刑事司法手続全体の中で、初期（入口）の段階で作成されるものです。この段階から支援を開始することにより、場合によってはその後の処遇や出口の段階にもその情報が引き継がれ、より多くの、罪に問われた障害のある人を支援していくことが可能となります。

5　地域生活定着支援センターの役割

出口支援を中心的に担う機関として設置されたのが、地域生活定着支援センターです。また、2021年からは、入口支援の一部も業務の範囲となりました。

地域生活定着支援センターは、主に以下の業務を行っています。

① **コーディネート業務**――矯正施設の入所者などを対象として、福祉サービス等に係るニーズの内容の確認などを行い、受入先施設等のあっせんや福祉サービス等に係る申請支援などを行う。

② **フォローアップ業務**――矯正施設を退所した後、社会福祉施設等を利用している者に関して、本人を受け入れた施設等に対して必要な助言などを行う。

③ **被疑者等支援業務**――被疑者、被告人の福祉サービス等の利用調整や釈放

後の継続的な援助などを行う。

④　**相談支援業務**――矯正施設を退所した者やセンターが福祉的な支援を必要とすると認める者について、本人またはその家族、その他関係者から、本人の福祉サービス等の利用に関する相談を受けたとき、本人と面接を行うなどして、助言その他必要な支援を行う。

①の支援の対象となるのは、主に、「特別調整」対象者とされた人です。特別調整とは、特別な生活環境調整の意味で、次のいずれの要件も満たす人になります。

ⓐ　高齢（概ね65歳以上）である、または身体障害、知的障害もしくは精神障害がある（これら障害の疑い含む）と認められること

ⓑ　釈放後の住居がないこと

ⓒ　高齢または身体障害、知的障害もしくは精神障害により、釈放された後に健全な生活態度を保持し自立した生活を営むうえで、公共の衛生福祉に関する機関その他の機関による福祉サービス等を受けることが必要であると認められること

ⓓ　円滑な社会復帰のために、特別調整の対象とすることが相当であると認められること

ⓔ　特別調整の対象者となることを希望していること

ⓕ　特別調整を実施するために必要な範囲内で、公共の衛生福祉に関する機関その他の機関に、保護観察所の長が個人情報を提供することについて同意していること

また、ⓐⓒの要件に当てはまる人で自ら希望する人は、「一般調整」対象者として、支援の対象となることがあります。

このように支援の対象となる人に対して、地域生活定着支援センターは、受刑中から本人との面会をするなどして、地域に戻ってきてから必要となる支援を考え、その調整を行っています。

さらに、前記のとおり、2021年度からは、③の業務として入口支援が開始されました（ただし、2023年現在では、すべての地域生活定着支援センターでこの業務を行っているわけではありません）。従前から、いくつかの地域生活定着支援センターにおいては、④の相談支援業務の中で、弁護士からの依頼に対応して入口段階で支援を開始し、更生支援計画をつくる活動が積極的に行われていました。また、社会的にも入口支援の必要性についての認識が広まっていました。そのなかで、

地域生活定着支援センターが取り組む入口支援が、一部事業化されたものです。ただし、③の業務は、弁護士との連携モデルを想定したものではありません。「起訴猶予者に係る更生緊急保護の重点実施等の試行」を利用することを前提に、検察庁や保護観察所と連携した支援を行うことを前提としたものです（そのため、この枠組みにおいては、更生支援計画の作成はしないこととされています）。

以上のとおり、地域生活定着支援センターは、出口支援を中心的に担い、そして入口支援の一部においても重要な役割を果たしています。

6 社会福祉制度全体の動き

社会福祉制度においても、罪に問われた障害のある人には関心が向けられるようになっています。ただし、「罪に問われた・罪を犯した」という属性に焦点化するのではなく、むしろさまざまな事情を抱えた人たちがいるなかのひとつのバリエーションとして捉えていく流れです。

昨今、高齢化のなかで人口減少が進行するなどの影響などにより、福祉ニーズは多様化・複雑化しているといわれています。時代の変遷とともに、制度創設当初と比べ、現状の制度・施策と支援ニーズにギャップが生じていることを背景として、国は既存の制度や分野ごとの縦割りの関係を見直し、地域住民や地域の多様な主体が参画し、人や資源が世代や分野を超えてつながる「地域共生社会」の実現をめざした施策を展開しています。

代表的なものに、2021年４月よりスタートした「重層的支援体制整備事業」（社会福祉法106条の４）があります。重層的支援体制整備事業がめざすものは、罪を犯した障害のある人にも当てはまります。むしろ、「人びとの生活のそのものや生活を送る中で直面する困難・生きづらさの多様性・複雑性に応える」という趣旨からすると、これまでさまざまな理由から支援につながることが困難であった罪を犯した障害のある人は当然にその対象となるでしょう。

事業内容には、属性や世代を問わずに包括的に相談を受け止める「包括的相談支援事業」、社会とのつながりをつくるための支援を行う「参加支援事業」、世代や属性を超えて交流できる場や居場所を整備する「地域づくり事業」などがあります。今後、これらの事業が具体的な実践を積み重ねていくなかで、これまで支援を受けることが難しかった、罪を犯した障害のある人への支援が広がっていくことが期待されています。

また、本事業には支援が届いていない人に支援を届ける「アウトリーチ等を通じた継続的支援事業」があります。入口支援の対象となる人には、福祉的ニーズがあったにもかかわらず、医療や福祉とつながっていなかったゆえに犯罪に結びついてしまった人たちもいます。このような人々に対して、同事業を通じて早期に医療・福祉による支援を開始することによって、犯罪に至ることを未然に防ぐことも重要であると考えられます。

Ⅲ 刑事責任と障害の関係

1 障害と犯罪行為の関係

刑事司法手続の中においては、障害のある人が多数存在しています。しかし、このことは、障害のある人が罪を犯しやすいということを示すものではありません。現在までの研究においても、障害が犯罪行為を誘発する直接的な原因であるというような因果関係は認められていません。

一方で、未だ「障害があるから、罪を犯しやすい」などという偏見が存在することも事実です。このような偏見に対しては、強く反論していかなければなりません。

では、なぜ障害が犯罪の直接の原因となっていないにもかかわらず、障害がある人が刑事司法手続の中に多数存在するのでしょうか。

確かな答えがあるわけではありませんが、障害があることで、

① 自らの行為を隠蔽したりすることが難しく、その結果として事件として発覚したり、検挙されやすい

② 「挙動不審」である、職務質問などで自分のことをうまく説明できないなどの理由で、犯罪の疑いをかけられやすい

③ 取調べにおいて誘導されて虚偽の自白や不利益な供述をしてしまう、反省の気持ちをうまく表現することができず反省していないとみられてしまうなど、刑事司法手続において有効な防御をするのが難しい

④ 障害があるがゆえに、教育や雇用の場で社会から分離されてしまったり、経済的に不利な立場に置かれたり、障害に対する偏見にさらされたり、他の人にうまく利用されてしまったりと、犯罪行為に至るのもやむをえない環境的、心理的な要因がある

という大きく４つの理由があるのではないでしょうか。

①については、「隠蔽できればよい」というわけではないので、この点を直接的にフォローをすることは難しいかもしれません。ただし、このような事情は、処分や判決において考慮されなければなりません。そのためには、その背景に障害があることを説明していく必要があります。更生支援コーディネーターの活動がこの部分に関連していくこともあるでしょう。

②③については、弁護士が早期にその人の障害に気づき、有効な防御の機会を確保するよう対応しなければなりません。実際、障害のある人のケースで冤罪事件も発生しているところであり(本章Ⅳ**3**(3)参照)、このような活動は非常に重要です。更生支援コーディネーターとしては、弁護士に対し、本人の特性を説明することで、有効な防御の機会が確保されるようにサポートすることが考えられます。

④については、本人の置かれた状況を分析し、その環境的・心理的な要因が犯罪行為に結びついていること、それを改善する手立てがあることを主張していくことになります。更生支援計画は、この部分に資するものです。

2　有責性との関係

それでは、刑事裁判においては、障害の存在はどのように扱われるのでしょうか。

刑事裁判においては、違法な行為を行った場合であっても、それが行為をした人の自発的な意思によるときに、はじめて刑罰を科すべきであるとされています。すなわち、「やめようと思えばやめることができた」にもかかわらず行為に及んでしまった場合にだけ、その行為を行ったことを非難することができる(「非難可能性」「有責性」)と考えられています。

責任能力については、あとの章で詳しく述べますが(第1部第2章Ⅱ参照)、これも有責性に関するものです。すなわち、「やめようと思えばやめることができた」といえないような場合には、有責性がない＝責任能力がない、ということになるのです。

また、仮に責任能力に問題がないとされた場合であっても、有責性の問題は、刑を決める際の考慮要素のひとつとなります。刑を決める要素にはいろいろなものがありますが、犯罪行為そのものに関する事情(行為の悪質さや結果の重さなどの「犯情」)と、それ以外の事情(本人の反省や今後の生活環境などの「一般情状」)に分けることができるとされています。そして、現在の刑事裁判では、してしまった行為への責任（行為責任）が重視されるため、まずは犯情によって刑の大まかな幅が決められて、一般情状はその幅の中での調整要素であると考えられています。有責性は、このなかでも犯情に位置づけられる重要なものです。

本人の障害特性がその事件に影響を与えている場合、障害がない場合と同じ程度の非難をすることはできません。それは、障害があること自体に対して、非難を加えることと同じになってしまうからです。そのため、刑事裁判においては、障害があることと犯罪行為の関係を明らかにすることで、有責性についての適切な判断がなされるようにすることが必要となります。実際の刑事裁判では、障害が犯罪行為に一定の影響を与えているということを弁護士が主張していくことになります。

そして、障害があることと犯罪行為との関係については、精神鑑定（第１部第２章Ⅲ参照）によって明らかにすることもありますし（ただし、精神鑑定が行われるケースは多くはありません）、更生支援計画書におけるアセスメント結果や、更生支援コーディネーターの証人尋問に基づいて判断されることもあります。

3　再犯可能性との関係

刑を決める要素は、有責性だけではありません。他の要素として、再犯可能性があります。再犯可能性は、一般情状に位置づけられるものです。

再犯可能性とは、その人が、再び犯罪に及んでしまう危険性のことです。この危険性が高ければ、より重い刑罰を科さなければ更生させることができないと裁判所は考えます。

前記のとおり、障害のある人の犯罪行為には、その背景に環境的要因が存在することがあります。そして、福祉的支援を行っていくことで、その要因を取り除くことができるケースも多いのではないでしょうか。そのようなケースでは、重い刑罰を科すよりも、むしろ福祉的支援によって、本人が再度同じ行為に及ぶ危険性は低くなるといえます。この点も、刑を決めるうえで、重要なポイントのひとつになります。

更生支援計画の存在は、この再犯可能性の部分に関わってきます。具体的な支援策が提示されることで、本人の再犯可能性が低いとの評価につながることになるのです。

もちろん、更生支援計画は、再犯可能性の低下を立証することのみを目的として作成されるものではありません。あくまでも、更生支援コーディネーターが、本人に必要な福祉的支援の存在を示すために作成するものです。更生支援コーディネーターが本人に関わり、その専門的知見から本人に必要な福祉的支援を計画することが、結果的には本人が犯罪から離脱していくことにつながります。その点が、刑事司法の観点からみれば再犯可能性の低下という評価となる、ということです。

4　事件との関係を読み解くポイント

これまでのとおり、障害があることや、それに対する支援があることは、刑事責任を考えるうえで重要な要素となります。そのため、実際に具体的な事案においては、単に「障害がある」ということではなく、具体的にそのケースごとに、障害がどう事件に影響したのかを丁寧に分析しなければなりません。

障害と事件との関係を読み解くにあたって参考となるのが、生物・心理・社会モデル（Bio-Psycho-Socialモデル：BPSモデル）です。生物・心理・社会モデルとは、そもそも医学の分野において提唱されたもので、疾病の原因を単に生物的要因（病変の存在など）だけに求めるのではなく、心理的、社会的要因も含め、これら３つの要素が、それぞれが相互に作用し、かつ総合的な性質をもって疾病の原因となっているとする考え方です。

この考え方は、障害のある人の行動（とくにここでは犯罪となってしまった行動）を理解する際にも使うことができます（**図6**参照）。障害のある人の犯罪行動については、単に「障害があること」（生物学的要因）だけで説明されるものではありません。それに加えて、「自尊心の低下」「あきらめ」などの心理的要因、「貧困」「孤

図6　生物・心理・社会（BPS）モデル

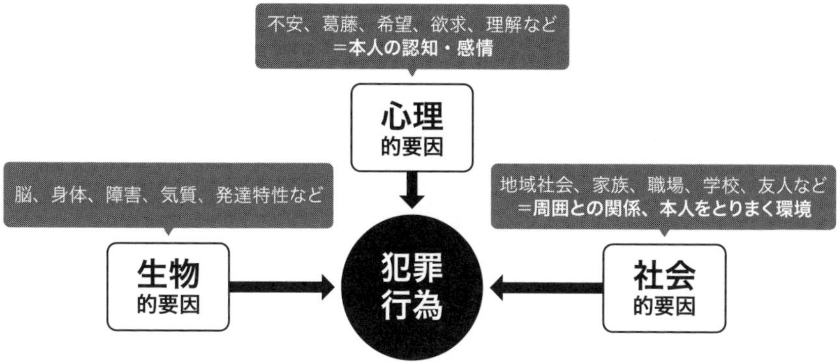

立」などの社会的要因が絡み合って、犯罪行動へと結びついているのです。そして、複雑に絡み合ったこれらの要因を読み解いていくのが、アセスメントの作業です。そのうえで、それぞれの要因に対する手当として、福祉的支援の体制を用意していくのです。

Ⅳ 更生支援コーディネーターと弁護士の役割分担

1 更生支援コーディネーターの役割

更生支援では、更生支援コーディネーターと弁護士の連携が求められます。連携にあたっては、更生支援コーディネーターと弁護士の役割の違いを理解しておく必要があります。

更生支援コーディネーターは、前記のとおり、更生支援計画を作成するなどして、罪に問われた障害のある人の支援に携わる人です。更生支援コーディネーターは、入口支援を担うソーシャルワーカーとして、罪に問われた障害のある人が安心してその人らしい生活ができるために何が必要か、どうすればよいかを考え、更生支援計画を作成します。

更生支援コーディネーターは、ソーシャルワークの価値観を中心に据えて活動します。出会ったのがたまたま刑事司法手続の中だとしても、もし今、目の前の人が自分たちの暮らす地域に戻ってきたとしたら、どのような支援が考えられるか。支援の基本は、誰もが「当たり前の生活」を普通に送れるように、衣食住がきちんと確保され、安心で安全な生活ができること、居場所や役割があるような状況をつくり出すことにあります。そのサポートをすることが更生支援コーディネーターの役割です。

更生支援コーディネーターによる支援の開始は、弁護士からの要請に基づくことになります。しかし、これは決して、弁護士が依頼人となって、更生支援コーディネーターが「下請け作業」を請け負うわけではありません。たとえば、弁護士から、「○○の主張をしたいので、○○のような支援をしてください」という依頼を受けたとしても、それに従う必要はありません。

更生支援コーディネーターは、あくまで、弁護士と対等の独立した専門職として、その人にどういう支援ができるのかを判断する職責があります。支援の計画を、刑事司法手続の中でどのように利用するのか。たとえば、適切な量刑を求める事情としてどうそれを主張するのか。これらのことは、弁護士の責任において考えるべき事柄であり、更生支援コーディネーターがそれを担う必要はありません。

2 弁護士の役割

弁護士は、被疑者・被告人の刑事司法上の権利を守るために活動しています（刑事司法手続においては「弁護人」と呼ばれます[16]）。活動にあたっては、弁護士職務基本規程（社会福祉士や精神保健福祉士における倫理綱領と類似したもの）という規範に基づいて活動しています。その中では、刑事弁護において、誠実に職務を行い、最善の弁護活動を行わなければならないとされています。そして、最善の弁護活動とは、被疑者・被告人である依頼者の権利利益を最大限守る活動のことを指します。具体的には、身体拘束されている事件では、一日も早い身体拘束からの解放をめざさなければなりません。また、無罪の可能性がある事件では、徹底的に無罪を主張することになります。有罪の場合にも、少しでも軽い刑罰を求めることとなります。これらの活動をすることは、単なる弁護士個人の考えということではなく、その職責に基づくものなのです。

このように、当然のことながら、弁護士は、ソーシャルワーカーとはまた違う職責を負い、それに基づいて活動します。そのため、ケースによっては、弁護士とソーシャルワーカーで、支援の方針などについて意見の違いが出てくることもあるでしょう。このような場合には、両者の役割の違いを前提としつつ、より良い本人の生活に向けて積極的に議論をしましょう。このような議論をすることにより、結果的には質の高い支援につながっていきます。

3 更生支援コーディネーターの活動の流れ

大まかな支援の流れは、次頁の**図7**のとおりです。以下、簡単に、それぞれの内容について説明をします。詳細については、第２部でケースを使って説明していきます。

⑴ 相談受付

まずは、弁護士からの相談を受けることが多いでしょう。

---

16 本文のとおり、刑事司法手続において、弁護士は「弁護人」という立場で活動します。ただし、本書ではわかりやすさの観点から、法律上は「弁護人」と表記すべき箇所についても「弁護士」と表記します。

図7　更生支援の流れ

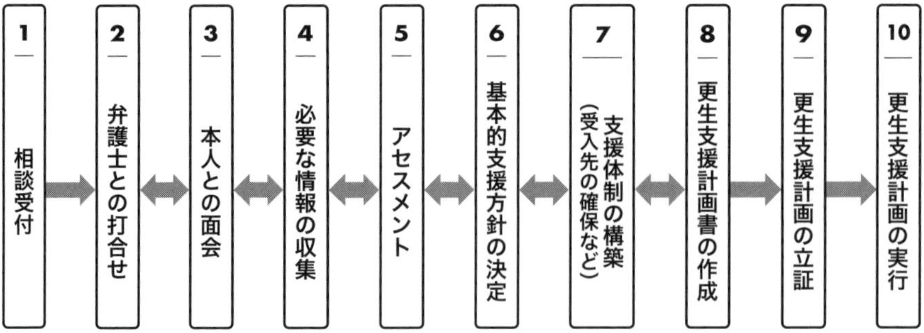

一般社団法人東京TSネットでは、ホームページ上のフォームを用いて相談を受け付けています。この依頼を受け、担当となる更生支援コーディネーターを決定しています。

ほかにも、家族や現場の支援者から相談を受けることもあります。

⑵　弁護士との打合せ（第２部第２章参照）

相談の受付後は、できるだけ早い段階で弁護士に連絡をし、打合せを行うことになります。この打合せが遅れると、刑事司法手続上必要とされる時期までに支援を計画することが困難となってしまいます。とくに、捜査段階（第１部第２章Ⅳ参照）においては、早急に対応を検討する必要があり、１〜２日中に弁護士との打合せが必要となることが多いです。

打合せでは、本人の様子や特徴、なぜ弁護士が支援を必要と感じたのか、などについて聴き取りを行います。加えて、必要に応じて資料の提供を受けたりします。

⑶　本人との面会（第２部第３章参照）

次に、本人と警察署などで面会して事件のことや成育歴などについての聴き取りをします。この際、たとえ本人が被疑事実を認めている場合でも、初回の面会においては「本人がやったことではないかもしれない」と意識して話を聴くべきです。

弁護士は、障害への理解が乏しい場合が多く、ともすると、本人が単純に事実を認めていることをもって、「自白している以上、この人がやったことに間違いないだろう」と思ってしまう可能性があります。しかし、本人の言葉は、捜査機関に誘導され、言わされているものかもしれません。実際、知的障害のある人について、その誘導のされやすさから、虚偽の自白がとられた例が散見されています（宇都宮冤罪事件[17]、大阪地裁堺支部での放火冤罪事件[18]など）。

更生支援コーディネーターは、弁護士に対して本人の障害特性や効果的なコミュニケーション方法を伝えることで、いわば「通訳的役割」を担うことも必要でしょう。このような活動によって、前記のような事態を防ぐことができるかもしれません。

また、更生支援コーディネーター自身も、予断を持たずに面会に行くことが必要です。とくに先に刑事記録を読んでいる場合などには、そこに書かれていることを鵜呑みにしてしまい、それを前提とした質問などをしてしまう危険があります。それによって、本人が本当に話したいことを話せない状態に追いやられてしまうかもしれません。まずは、本人の話に耳を傾けましょう。

⑷　必要な情報の収集（第２部第４章参照）

本人との面会だけでは得ることのできない情報もあります。そのような情報についても、積極的に収集する必要があります。更生支援コーディネーター自身が情報を収集することもあれば、弁護士に収集を依頼することもあります。

⑸　アセスメント（第２部第５章参照）

一定の情報が集まったら、本人がなぜ今回の行為に及んでしまったのかについてアセスメントを行います。必ずしもすべての情報を網羅的に収集できたと考えられなくても、早い段階からアセスメントを行い、適宜修正をしていきましょう。

⑹　基本的支援方針の決定（第２部第６章参照）

アセスメントが一定程度進展したら、今回の行為に至ってしまった背景要因に対応していくために、どのような福祉的支援が考えられるのかを具体的に考えます。本人にどのような支援が必要であるのか、その基本的な方針を決めていきます。

17　宇都宮冤罪事件：2004年８月、重度の知的障害のあるＡさんが、中学生に対する軽微な暴行容疑で宇都宮東警察署に逮捕され、取調べの中で未解決の連続強盗事件の犯行を自白したため、再逮捕され、起訴されました。Ａさんは検察から懲役７年の求刑を受けましたが、判決直前に真犯人が現れ、連続強盗は無罪となりました（暴行罪は罰金）（宇都宮地裁平成17年３月10日判決）。

18　大阪地裁堺支部での放火冤罪事件：2010年１月、知的障害のあるＢさんが、前年12月に長屋にライターで放火したなどとして、現住建造物等放火罪などで起訴されました。検察官は、Ｂさんは捜査段階で放火を自白したとしていましたが、その後、同地検堺支部は、Ｂさんには妄想を交えて話す傾向があるなどとして公判前に起訴を取り消し、地裁堺支部が公訴棄却を決定しました（2010年11月26日公訴取消し）。

⑺　支援体制の構築――受入先の確保など（第２部第６章参照）

基本的支援方針に合わせて、実際に支援を実施するための体制を構築します。たとえば、帰る場所がない人で、グループホームでの居住を計画したのであれば、実際に入ることのできるグループホームを探します。

その際、支援体制の構築状況をみて、更生支援計画自体を組み立て直していく必要もあるでしょう。

⑻　更生支援計画書の作成（第２部第７章参照）

これまでの活動を通じて更生支援計画の具体的な内容が確定したら、それを書面として構成します。これが更生支援計画書です。

⑼　更生支援計画の立証（第２部第８章参照）

その後、裁判などにおいて、実際に更生支援計画書を提出したり、その内容について、証人尋問を受けたりすることになります。

⑽　更生支援計画の実行（第２部第９章参照）

最後に、速やかに更生支援計画を実行に移します。

この流れは、必ずしも段階的に進むものではありません。情報収集をしながらアセスメントをしたり、支援体制の構築をしながら更生支援計画を策定したりするなど、行きつ戻りつしながら支援を行っていきます。

Ⅴ　更生支援計画の基本原理と留意点

1　更生支援計画の基本原理

更生支援計画の作成にあたっての最も重要な基本原理は、本人の意思を中心に据えた支援計画とすることです。そのためには、本人の意思を尊重し、どのような場所に住みたいか、どのような生活を送りたいか、どのような支援を受けたいか、を丁寧に確認していく必要があります。

福祉的支援は、本人のために行われるべきものであり、社会的な「再犯防止」のために行われるものではありません。「再犯防止」や「社会安全の実現」という視点を考えてしまうと、本人の意思に反して、「入所施設に入ってもらったほうがよい」とか、「なるべく長い時間の見守りがあるほうがよい」などの結論に至りがちです。しかし、「支援」である以上、本人の意思に反する計画を立てることは、許されません。

一方で、本人が、必ずしも明確に「こういう生活をしたい」という意思を表出できないこともあります。その背景には、そもそもこれまで経験してきた社会生活の幅が狭かったり、その障害特性から、自分の経験していないことを想像するのが難しかったり、たとえ何か希望があっても、それを相手に伝えるのが困難だったりなど、さまざまな事情があるでしょう。このような場合、まずは本人の意思をどうにかして汲み取ることができないか、考えてみましょう。単に「これからどんな生活をしたいですか」と聞くだけではなく、その人の好きなことや安心できる時間を聴いていくことで、今後の生活において大切にしたいことがわかってくることもあるでしょう。また、言葉だけではなく、本人の表情や仕草から、本人の意思を汲み取れることもあります。これらの意思をどう汲み取るのかについては、意思決定支援に関するガイドライン[19]などもありますので、参考にしてください。そのうえで、本人がやはり今後の生活を想像できないという状態であると判断した場合には、まずは支援の専門家であるあなたから、これから考えられる生活やあるべき支援を提案し、本人の意思決定をエンパワメントすることが必要になるかもしれません。その際には、あらかじめ用意した選択肢のなかから選んでもらったりすることも考えられます。

いずれにせよ、あくまでも「再犯防止」ではなく、「安心した生活を送れること」が目標であり、その結果として「本人が同じようなトラブルを起こさずに生活できること」が実現されるよう、本人の意思を中心に据えた支援計画を作成することこそが、福祉のプロとしての更生支援コーディネーターに求められているのです。

2　作成にあたって重要なこと

更生支援計画の作成にあたっては、下記の点を重視しましょう。

⑴　十分なアセスメントを行う

何が本人の課題であるのか、そして、その課題に対してどのような支援が必要になるのかを十分にアセスメントしてください。このようなアセスメントがなければ、適切な支援を行うことはできません。

19　厚生労働省『障害福祉サービスの利用等にあたっての意思決定支援ガイドライン』(障発0331第15号・2017年３月31日)、意思決定支援ワーキング・グループ『意思決定支援を踏まえた後見事務のガイドライン』(2020年10月30日)など。

また、課題だけではなく、本人の希望や強みについても目を向けてください。とくに、安定的に生活できていた時期のことを知ることは、支援を考えるにあたっての重要な手がかりとなります。

このようなアセスメントの基礎として、まずは、本人との面会や関係者からの聴取などの活動をしっかりと行いましょう。そのことが、計画そのものの信頼性を高めることにもなります。

⑵ 多角的な視点で計画を練る

多角的な視点で計画を練ることで、本人の生活全体に目を向けた厚みのある支援を実現する必要があります。そのためには、ネットワークを築いて、さまざまな専門家（福祉、心理、医療、教育など）などにつながり、アセスメントや計画について検討してもらうことなどが考えられます。また、事例検討会など複数の人で内容を検討する場を活用することもできるでしょう。

⑶ 具体性・実現可能性のある計画を立てる

できる限り具体的かつ実現可能性のある計画を立てることが必要です。本人が警察署等に身体拘束をされているケースでは、その時点でまだ社会に復帰できていないことから、支援方針のみの抽象的な計画にとどまってしまうことがあります。しかし、実際に釈放されることになれば、そのときからすぐに本人の社会での生活はスタートすることになりますので、実現可能で具体的な支援体制を構築しておくことが必要です。

⑷ わかりやすい内容・表現を心がける

更生支援計画書は、福祉の専門家でない刑事司法関係者や、本人が読むものです。そのため、福祉の専門家以外にも伝わりやすい内容・表現である必要があります。専門用語（とくに福祉制度や心理・医学的用語など）を使うことを避けられない場合、きちんと説明をしましょう。

また、本人の言語能力にあわせて、場合によっては、本人向けに別途わかりやすい更生支援計画書を作成する必要もあります。

3 注意すべきこと

更生支援計画は、刑事司法手続の中で作成されるものです。そのため、以下のような点も意識して注意をしておく必要があります。

⑴ 検察官や裁判官から信頼性の確認をされる

更生支援計画を裁判の場などに提出した場合には、検察官や裁判官からその内容の信頼性をチェックされることになります。弁護側の証拠として出されたものになるため、「十分な活動に基づくものなのか」「アセスメント結果が適切なものなのか」「その計画が実現可能なのか」などについて確認をされることになるのです。基本的には、証人尋問の中でこのような事項について説明が求められることになります。

ただし、このような確認があるからといって、何か特別なことが必要になるわけではありません。前記**2**のポイントに基づいて、十分な情報に基づいた適切なアセスメントを行い、具体的で実現可能性の高い計画を立てていくことが、信頼性を担保することになります。

⑵　刑事司法手続の進行にあわせて作成する

刑事司法手続においては、それぞれ更生支援計画書を提出すべきタイミングというものが存在します（第１部第２章参照）。そのため、いずれのタイミングで提出することになるのかを弁護士に確認し、それまでの時間の中で計画を作成していくことが必要となります。

⑶　刑事司法手続の対立構造の中に置かれる

前記のとおり、更生支援計画は、弁護士からの要請に基づいて作成されます。

刑事司法は、捜査・訴追する検察官と、それに対して防御をする本人・弁護士の対立構造となっています。更生支援コーディネーターは、基本的に、この一方当事者である本人や弁護士の要請に基づいて活動をし、更生支援計画は、本人・弁護士側に有利な証拠として裁判上取り扱われることになります。その結果、必然的に更生支援計画や更生支援コーディネーターも、この対立構造の中に位置づけられ、検察官と相対する立場になります。裁判においても、支援の内容について反対尋問をされたりする（第２部第８章**Ⅲ2**参照）ことになるのです。

このような対立構造の中に位置づけられたとしても、更生支援コーディネーターは、ソーシャルワークの価値観に基づき、本人にとって安心できる生活をめざして活動します。

⑷　裁判では「再犯可能性」に焦点化される

前記のとおり、裁判においては、主に再犯可能性の低下への有効性という観点から、更生支援計画が取り扱われることになります。弁護士は、再犯可能性が低下していることを立証するために、更生支援コーディネーターに更生支援計画の作成を依頼します。そして、刑事司法手続における反対当事者である検察官は、その職務上、「再犯可能性が高いこと」を立証しようとします。

しかし、更生支援コーディネーターとしては、このことを強く意識する必要はありません。支援が必要な人について、必要とされる支援を考えた、ということを根拠に基づいて説明することが重要です。そのうえで、必要な支援が実現されることが、結果的には、犯罪とは結びつかない安定した生活を送ることにつながるのだということを伝えられるとよいでしょう。

4 支援開始後において重要なこと

更生支援計画の提出後は、その支援を実際に実行していくことになります。この段階においては、下記のことが重要です。

⑴ 一度立てた計画にとらわれない

更生支援計画はあくまでも現時点で必要とされる支援を考えるものなので、一度作成した計画があったとしても、常に状況に応じて変更されていかなければなりません。この点は、サービス等利用計画などがモニタリングによって適宜修正されていくことと同じです。

一度更生支援計画を立てても、本人の希望や状況が変わったりすることもあります。たとえば、当初は家族と同居することを希望していた本人が、時間の経過とともに一人で暮らすことを希望するようになることもあります。また、徐々に情報が集まっていくなかで、アセスメントに変更が生じて、必要な支援内容が変わってくることもあります。

⑵ アフターフォローをする

更生支援コーディネーターの役割は、更生支援計画の作成で終わるものではありません。支援計画が実行の段階に移ったら、継続的な支援ができる支援者につなげていき、徐々にその人たちに役割を移行していくことになります。それまでは、しっかりとアフターフォローをしていくことが必要になります。

⑶ 失敗を受け入れる

更生支援を行う以上、「絶対に再度同じようなことにならないようにしよう」と思うがあまり、本人の自由を制限し、本人の意思に反した支援になってしまうことがあります。しかし、障害の有無にかかわらず、人は失敗をしながら生きていきます。失敗を許さない、という姿勢ではなく、何か失敗があったら、その原因をアセスメントし、場合によっては、更生支援計画の内容を見直していくことが必要です。

第2章 司法についての基礎知識

更生支援計画の対象となる人は、刑事司法手続の中に置かれています。また、更生支援計画は、裁判所や検察庁に提出することを前提に作成されます。そのため、更生支援計画の作成にあたっては、刑事司法についての基礎的な知識を有していることが必要となります。

この章では、そもそも刑事司法とは何なのか、そして刑事司法の手続がどのようなものであるのか、みていきます。

Ⅰ 刑事司法とは

1 刑事司法と民事司法

刑事司法とは、犯罪行為に対し、国家が刑罰権を行使する際の諸制度の総称です。おおまかに言えば、犯罪行為を行った人に対し、適切な手続に則って、適切な刑罰を科すことを指します。それによって、安全な社会や生活が守られると考えられています。

司法システムには、刑事事件と民事事件という2つの類型があります。それらは、それぞれ異なる目的・手段で営まれています。刑事事件（刑事司法）は、あるトラブルが起きたことについて、国が私人に対して責任追及をするものです。これに対して、民事事件（民事司法）は、私人間のトラブルについて、両者の間で解決できない場合に、裁判所にその判断を仰いだりするものです。

1つのできごとを題材に、それが民事事件・刑事事件として、それぞれどう取り扱われるのか見てみましょう。たとえば、誰かが人を殴ってケガをさせたとします。民事司法は、被害者である私人が、加害者である私人に対して、損害賠償を求めるというものです。損害賠償の額は、被害者と加害者が話し合って自由に決めることができますし、謝罪や再発防止を約束することで損害賠償を免除することも自由です。話合いで解決できない場合は、裁判手続を利用することもできますが、必ず裁判手続を利用しなければならないということもありません。裁判手続が利用される場合には、被害者・加害者がそれぞれの主張を出し合い、最終的には、裁判所が判決で損害賠償の成否や賠償額を定めます。

それに対して刑事司法は、私人と私人の紛争ではなく、国家が、私人である加害者に刑罰を科すことで紛争を解決しようというものです。被害者は、被害届や告訴によって処罰を求めるための意思表示を行うことはできますが、私人に対する責任追及は、公益の代表者である検察官が国家の側に立って行います。警察は、そのために必要な証拠を収集し、検察官に提供することになります。刑罰を科すことができるのは裁判所だけであり、この際、被害者の意見を裁判所が判断の参考にすることはありますが、被害者が刑罰を決めることはできません。刑事司法においては、検察官と被疑者・被告人と呼ばれる罪に問われた本人とが相対する立場として活動を行います。そのため、被害者と加害者が直接対峙するものではないといえます。

2 刑事司法の段階と関係する法律

刑事司法全体の流れを大まかに分類すると、以下のように、①捜査、②公判、③行刑や更生保護の３段階に分かれます。

① **捜査**――犯罪が発生したと考えるときに、警察や検察が中心となって、犯罪の有無・内容と被疑者（犯人と疑われる人。報道では「容疑者」とされることもある）を特定し、それを裏づける証拠を収集する手続

② **公判**――裁判所において、捜査の結果収集された証拠をもとに、被告人（「被疑者」は、起訴されると法律上の呼称が「被告人」に変わる）が有罪であるか、無罪であるか、有罪である場合は、適切な刑罰の重さはどのようなものか（量刑）を決める手続。いわゆる「刑事裁判」

③-1 **行刑**――刑務所等で行う自由刑（身体を拘束して自由を奪うことを内容とする刑罰で、現行法では自由刑として作業強制の有無により懲役刑と禁錮刑が定められているが、法改正により拘禁刑に単一化されることになっている〔序章、本章Ⅵ参照〕）の執行や受刑者の処遇に関する業務（受刑者の更生や社会復帰の側面を重視する見地から、行刑という言葉に代えて矯正という言葉が用いられることもある）

③-2 **更生保護**――犯罪をした人に対し、社会内で適切な処遇を行うことにより、再犯を防止し、自立や改善更生を助け、それにより社会防衛を図るもの

そして、刑事司法手続を構成する法律も、大きく、以下のように、①刑事実体

法、②刑事手続法、③行刑法に分けることができます。

① **刑事実体法**——何が犯罪になるのか、犯罪の要件や刑罰を具体的に定めた法律であり、刑法を中心に、覚醒剤取締法、道路交通法、軽犯罪法、各都道府県の迷惑防止条例などがこれに相当します。

② **刑事手続法**——刑事罰を科すまでの手続を定めた法律であり、刑事訴訟法を中心に、「裁判員の参加する刑事裁判に関する法律」などがこれにあたります。

③ **行刑法**——刑事裁判で確定した刑罰の執行等に関する法律であり、「刑事収容施設及び被収容者等の処遇に関する法律」や、「更生保護法」などがそれに含まれます。

刑事司法手続は、国家が刑罰という強制手段によって、本来憲法上保障されている個人の生命（死刑の場合）、自由（自由刑の場合）、財産（罰金刑の場合）をあえて奪うものです。そのため、どのような行為が違法なものになるのかということや、刑罰を科すまでの手続が厳格に定められており、いくつもの重要な原理・原則が設定されています。それらのなかには、一般社会の常識には反しているのではないかと思われるものもあるかもしれませんが、そのような原理・原則が生まれた背景には、冤罪により甚大な人権侵害が生じてきた歴史があります。ここでは、そのうち、とくに重要なものについて説明します。

3　罪刑法定主義と犯罪の成立要件

何が犯罪として処罰の対象となるか、その犯罪に対してどのような重さの刑罰が科されるかは、あらかじめ法律で定められていなければなりません。これを罪刑法定主義といいます。犯罪は、刑罰という重い効果を伴うものですので、単に倫理的に批判される行為や、マナー違反、思いやりに欠ける行為とは性質が違うものです。何が犯罪として刑罰の対象となるのか、どのようなペナルティーがありうるのかをあらかじめ法律で定めて告知することで、禁止される行為を理解し、委縮することなく自由な活動ができるようになると考えられています。

ある行為が犯罪となるためには、以下のように、①構成要件に該当し、②違法で、③有責な行為であることが必要とされています。

① **構成要件に該当**——犯罪として規定されている行為（たとえば、「人の身体を傷害した」〔刑法204条、傷害罪〕、「他人の財物を窃取した」〔刑法235条、窃盗罪〕）に当たることです。

② **違法**——行為が、法律が保護しようとしている利益に反することないしそのおそれがあるため非難に値すると考えられることです。構成要件に該当しても、正当防衛や緊急避難に該当する場合や、法令や正当な業務に該当する場合（たとえば、傷害罪の構成要件に該当するが、医師が手術として行った行為）などは、違法性がないため、犯罪にはなりません。

③ **有責**——構成要件に該当する違法な行為をしたことについて、法的に非難することができることです。すなわち、他の適法な行為を行うこともできたのに、あえて違法行為をしたことに対する法的非難ができること、あるいはそのような心理状態のことをいいます。

構成要件に該当する違法な行為は、有責性を備えていることが多いですが、犯行当時、事物の是非・善悪を弁識（認識）する能力（弁識能力）と、そのような弁識に従って行動することのできる能力（制御能力）がない場合は、責任能力がないため犯罪は成立しません（心神喪失《しんしんそうしつ》）。また、責任能力があっても、弁識能力ないし制御能力のどちらか（あるいは双方）が著しく減退していた場合は、刑が減軽されます（心神耗弱《しんしんこうじゃく》）。

犯行当時、14歳未満の者の行為も責任能力がないものとして罰しないとされています（刑法41条）。

刑法においては、理性的人間像、つまり「悪いことは悪いと常にわかる」「やめようと思えば常にやめることができる」という人間像が前提に置かれています。そのため、「やめようと思えばやめることができた」のにもかかわらず、行為に及んでしまった場合にはじめて法的な非難ができると考えられています。何らかの原因（年齢や、精神の障害など）で「やめようと思うことができなかった」「やめようと思ったが思いとどまれなかった」場合には、非難をすることができません。これが責任の根本的な考え方です。そして、実際に非難ができない状態に陥っていた場合には、責任能力がないということになります。理性的人間像というものにはフィクションの要素も含まれると考えられ、また、自然界では、弁識能力や制御能力はあるかないかの二者択一ではなく、一定のグラデーションとして存在しているものと考えられます。しかし、法の世界では、一定の境界線を設けて心神喪失、心神耗弱という区別をしています。そのため、責任能力の有無・程度の判断には重要な意味があり、また、その判断のために精神鑑定などが用いられることになります。

4　無罪推定の原則

刑事司法手続では、罪に問われた本人は、有罪判決が確定するまでは無罪であるとして扱われなければならないという原則があり、これを「無罪推定の原則」といいます。これは、「なかったこと」を証明することはきわめて困難であること、膨大な人員と予算や強制的な証拠収集手段を持つ国家権力と、そのような資源・方法を持たない私人には格差があること、冤罪によりもたらされる不正義と真犯人を見逃すことの不正義では前者のほうが重大と考えられることなどから導かれるものとされています。

無罪推定の原則の刑事裁判における表れ方として、①有罪を証明する責任が検察官の側にあり、罪に問われた本人の側に無罪を証明する責任があるわけではないこと、②検察官が有罪の証明する責任を果たしたといえるためには、本人がその罪を犯したことが間違いないといえる程度の証明が必要であること、の２つがあります。つまり、証拠に基づき、常識に照らして判断した場合、本人がその罪を犯したことが間違いないといえなければ無罪としなければならないということになります。

5　黙秘権の保障

罪に問われた本人には、憲法および刑事訴訟法によって、黙秘権が保障されています。取調べや法廷で、答えたくない質問に対して選択的に供述を拒んだり、一切の供述を拒んだりすることが、権利として認められているということです。黙秘権は、無罪を主張する場合だけでなく、実際に事件を起こしてしまったという場合にも認められています。

刑罰は、財産や自由、場合によっては生命すら奪うものです。そのような刑罰を科されそうな立場にある場合、自己防衛の本能を前提とすれば、自己の犯罪行為を語り刑罰を引き受けることを強制することは、自己破壊を強いることになります。それは個人の尊厳を侵害するものであるという点に、黙秘権が保障された根拠のひとつがあるとされます。

また、黙秘権の保障は、前記の無罪推定の原則、検察官が本人が有罪であることについて証明する責任を負い、本人が無罪であることについて証明する責任を負うものではないということからも根拠づけられます。とくに、現在の刑事司法では、本人が何かを説明すると、捜査機関は、強力な権限を背景に、本人の言い分を否定する証拠を集めたりします。また、記憶が不十分なため説明に曖昧な部分が残ると、それがのちのち本人の話していることの信用性を否定する根拠に使われるということも起きてしまいます。

黙秘権の保障は、起訴された対象事件にとどまらず、余罪などにも及びます。

II 責任能力

1 責任能力とは何か

前記**I 3**のとおり、現在の日本では、刑事責任の本質は、法規範による命令・禁止に従って意思決定ができたにもかかわらず、そうしなかったことに対する非難にあると理解されています。したがって、違法行為を行った場合でも、法規範による命令・禁止を理解して、それに従って意思決定をする能力がなければ、処罰の対象になりません。そのような能力を「責任能力」という概念によって判断します。

実は、刑法には、「責任能力」という言葉は直接は出てきません。刑法には、次のような規定があります。

刑法39条

1項　心神喪失者の行為は、罰しない。

2項　心神耗弱者の行為は、その刑を減軽する。

ここでいう心身喪失が、責任無能力つまり責任能力がない状態、心神耗弱が、限定責任能力つまり責任能力が一部しかない状態です。責任能力がなければ、無罪となりますし、限定責任能力であれば、刑が軽くなります。

責任無能力で無罪とされる場合はもちろん、限定責任能力とされる場合にも刑が軽くなり（とくに執行猶予判決が見込める場合）、社会の中で本人と福祉をつなぎ、犯罪をすることのない安定した生活を送ってもらうためのきっかけになる、といったメリットがあります。責任能力を争うことは、その後の本人の安定した生活を考えることと必ずしも矛盾するものではありません。

2 責任能力の具体的内容

前記のとおり、法は、心神喪失、心身耗弱の定義について何も示しておらず、その内容は、これまでの裁判などを通した解釈の積み重ねに委ねられています。

判例[20]によると、心神喪失とは、

① 精神の障害により

② 事物の善悪を判断する能力（弁識能力）、または、その判断に従って行動をコントロールする能力（制御能力）のない状態をいう

とされています。

また、心神耗弱とは、

① 精神の障害により

② 事物の善悪を判断する能力（弁識能力）、または、その判断に従って行動をコントロールする能力（制御能力）が著しく減退した状態をいう

とされています。

3 責任能力の検討と「精神の障害」

責任能力を考える際の生物学的要素である①「精神の障害」は、統合失調症、双極性障害、てんかんなどのいわゆる精神疾患にとどまりません。知的障害、発達障害、パーソナリティー障害、飲酒酩酊、覚醒剤の影響など、②「事物の善悪を判断する能力（弁識能力）、または、その判断に従って行動をコントロールする能力（制御能力）」に影響を与えるものを広く含んでいます。

ただし、学習性無力感による無批判・無抵抗状態や視野狭窄状態などでは足りず、「精神の障害」として特定されていることが必要です。「精神の障害」の特定は、ICD[21]、あるいは、DSM[22]に基づいてなされることが多いです。

4 責任能力の判断方法

善悪を判断する能力（弁識能力）と、その判断に従って行動をコントロールする能力（制御能力）については、精神医学上、必ずしも区別が明確ではなく、裁判実務でも両者を明確に区別し、それぞれを個別的に検討するという運用はされていません。

---

20 大審院昭和6年12月13日判決など。

21 ICD（International Statistical Classification of Diseases and Related Health Problems）：疾病および関連保健問題の国際統計分類。WHOによる統計基準で、現在の最新版は第11版ですので、「ICD-11」と表記されるのが一般です。

22 DSM（Diagnostic and Statistical Manual of Mental Disorders）：精神障害の診断と統計の手引き。アメリカ精神医学会のガイドラインで、現在の最新版は第5版改訂版ですので、「DSM-5-TR」と表記されるのが一般です。

善悪を判断する能力（弁識能力）や、その判断に従って行動をコントロールする能力（制御能力）の有無および程度の判断にあたっては、本人の犯行当時の病状、犯行前の生活状態、犯行の動機・態様など、犯行前後の要素を広く取り入れて行為時の内面を推認する総合考慮の手法が採用されています[23]。

そのため、裁判実務においては、たとえば、「統合失調症や重度の知的障害だから責任能力なし」などの「診断名＝責任能力の有無・程度」といった判断はされず、精神の障害があることを前提に、犯行前後の要素を考慮して、精神の障害が犯行に与えた影響の有無および程度を検討することとされています。

また、「犯行時」の責任能力の有無が問題とされるため、裁判では、あくまで「犯行時に」どのような状態だったのか、が問題となります。たとえば、犯行時には服薬が途絶えていた人でも、逮捕後に服薬を再開している場合があります。そのため、面会した際の本人の様子としては、すでに落ち着いた状態にあることもあります。逮捕後の様子だけから、必ずしも犯行時に責任能力があったとはいえないことには注意が必要です。

5　精神鑑定との関係

本人の精神状態が心神喪失や心神耗弱に該当するかどうかは法律判断であって、裁判所の判断に委ねられるべきものであることから、その前提となる精神の障害の有無や程度、それが弁識能力・制御能力に影響を与えた有無や程度についても、最終的には裁判所の評価に委ねられるべきとされています[24]。

しかし、これらの判断は、臨床精神医学の本分です。そのため、精神科医の意見が精神鑑定等として証拠になっている場合には、鑑定人の公正さや能力に疑いがあったり、鑑定の前提条件に問題があったりしない限り、裁判所は、精神科医の意見を十分に尊重して判断することとされています[25]。

23　最高裁昭和59年７月３日決定。
24　最高裁昭和58年９月13日決定。
25　最高裁平成20年４月25日判決。

Ⅲ 精神鑑定

1 精神鑑定の意義と種類

鑑定とは、特別の知識・経験を有する者に、その専門知識・経験を用いて認識・判断した内容を報告してもらうことをいいます。鑑定書というタイトルの書面にまとめられ、文書で報告されることが一般的です。

鑑定には、報告される内容によってさまざまな種類があり、ここで取り上げる精神鑑定（被疑者・被告人の犯行当時の責任能力の有無や程度を判断するための精神科医などによる鑑定）や情状鑑定（犯行経緯の解明や犯行後の更生に関する提言を求めて行う精神科医や臨床心理士等の専門家による鑑定）のほか、DNA型鑑定、足跡痕鑑定、指紋鑑定などがあります。

精神鑑定には、実施段階や依頼主の違いから、簡易鑑定、起訴前本鑑定、裁判所による本鑑定、私的鑑定に大別することができます（**表2**）。

表2　精神鑑定の種類

		実施主体		
		捜査機関	裁判所	弁護士
手続の段階	起訴前	簡易鑑定 起訴前本鑑定		私的鑑定
	起訴後		裁判所による本鑑定	私的鑑定

2 簡易鑑定

簡易鑑定とは、捜査段階において、検察官が医師などに依頼して実施するごく簡易な鑑定で、本人に対する問診（一般的には、30分～1時間程度の問診が1回だけ）と簡単な心理検査、その段階で収集されている被疑者の供述調書など少ない捜査資料のみに基づいて行われるものです。

名前のとおり、簡易な方法によって行われる鑑定で、その後により詳細な鑑定（以下で説明する本鑑定）を行うかなどを判断するために実施されることが多いです。そのため、家族などからの聴き取りは通常行われず、実施される検査も限られ、鑑定書作成のための時間的制約もあります（鑑定実施から2～3日程度、実際の書面作成時間も１～２時間程度)。本鑑定よりも限られた情報に基づいて作成されていることについては注意が必要です。

捜査段階では、弁護士や本人は、簡易鑑定の結果作成された鑑定書を見ることはできません。起訴後は、検察官が取調べを請求した証拠の中に含まれていることもありますが、弁護士を通じて検察官に開示を求めることで見ることができるようになることがほとんどです。

3 起訴前本鑑定

起訴前本鑑定は、簡易鑑定と同じく捜査機関の依頼により実施されるものですが、裁判所が発付する令状に基づいて、２～３カ月間、本人を留置して鑑定が行われます。その間、本人が留置施設から病院に通って検査などを受ける場合や、病院の閉鎖病棟などで生活し検査などのほかに行動観察も行う場合などがあり、本人の所在が変わることもあります。

簡易鑑定に比べれば、判断材料となる鑑定資料、実施される検査の種類などは豊富で、本人への問診も数度に及ぶことが多く、家族など関係者からの事情聴取が行われる場合もあります。

なお、起訴前本鑑定の結果作成された鑑定書についても、捜査段階では見ることができませんが、起訴後、開示を受けられる可能性があることについては簡易鑑定と同様です。

4 裁判所による本鑑定

裁判所による本鑑定は、起訴後の段階で、裁判所の判断を補助するために、裁判所が精神科医などに依頼して実施するものです。起訴前本鑑定と同じく、裁判所の出す令状に基づいて、２～３カ月間、本人を医療機関などに留置して、鑑定が行われます。

裁判所が職権、つまり自らの判断で実施を決定することもありますが、きっかけは、弁護士の鑑定請求であることが一般的です。簡易鑑定や起訴前本鑑定の内容に疑問がある場合や、本人の責任能力に疑問があるにもかかわらず精神鑑定が実施されていない場合などには、弁護士は、裁判所に本鑑定をするよう請求することを検討することになります。

裁判所による本鑑定が実施されるためには、その必要性が認められなければなりません。そのため、弁護士は、協力してもらえる精神科医などに、鑑定の問題点を指摘する意見書の作成を依頼したり、更生支援コーディネーターに、面会時の本人の様子や本人のコミュニケーション上の特徴などがわかる報告書、障害の疑いや障害特性についての意見書などの作成を依頼することがあります。

なお、裁判所による本鑑定が採用された場合には、鑑定結果が出るまでに２～３カ月を要することが多いです。

5　私的鑑定

弁護士が協力してくれる精神科医に依頼して実施する鑑定を、私的鑑定（「当事者鑑定」ともいう）と呼びます。

これは、一般に鑑定といわれてはいますが、専門家を用いた弁護側の立証方法のひとつです。私的鑑定の場合、原則として、勾留の執行は停止されず、鑑定のために本人を医療機関などに連れて行くことができません。そのため、本人が勾留されている場合、精神科医による面会であっても、面会時間の制約があり、拘置所職員の立会いを排除することはできず、面会室でアクリル板越しに面会するしかありません。また、検査に必要であっても、検査器具などの差入れは困難です。そのため、鑑定のために必要な情報やデータを収集することに限界があります。

また、鑑定を行う医師については、弁護士が独自に探し出すことが必要です。鑑定に要する費用についても、基本的には、被告人側が用意しなければなりません。反面、鑑定医の人選については、弁護側に一任されており、信頼できる医師に相談しながら鑑定を進めることができます。

6　情状鑑定

情状鑑定とは、犯行経緯の解明や犯行後の更生に関する提言を求めて行う精神科医や臨床心理士等の専門家による鑑定のことです。犯行への障害の影響は「程度」の問題であるため、責任能力が問題となるほどの強い影響まではないが、犯行の動機や背景には影響がある、という場合も多く存在することから、このような場合に情状鑑定を行うことがあります。

情状鑑定は、「なぜ犯行に至ってしまったのか」を分析するという点では、更生支援計画作成の前提となるアセスメントと共通します。そのため、情状鑑定が行われている場合に、その内容をまったく無視したアセスメントを行うことや計画を立てることは避けるべきです。もっとも、情状鑑定は、あくまで医師や臨床心理士による医学的・心理学的視点からの分析である以上、本人のために必要な支援を生活や社会関係の視点から分析するアセスメントを行うことが必要なのは変わりありません。

Ⅳ　捜査段階の刑事司法手続

本節では、捜査段階の刑事司法手続の基礎知識について解説します。捜査・公判に分かれた刑事司法手続（**図8**参照）のうちの最初の段階となります。

捜査段階では、①身体拘束の有無、および、②終局処分の見込みが更生支援コーディネーターの活動に大きく影響します。とくに、更生支援計画をどのようなタイミングで立てていけばよいのかという点は、更生支援コーディネーターにとってきわめて重要な情報になります。

このような点について理解を深めるためにも、刑事司法手続についての基本的な知識を得ておく必要があります。

1　捜査の目的

捜査には、①犯人の特定・確保と、②犯罪に関する証拠の収集という、大きく２つの目的があります。この目的を達成するため、捜査機関は、目撃者等からの事情聴取をする、関係場所を捜索し、証拠を差し押さえる、犯罪の嫌疑をかけられた人（被疑者）を逮捕・勾留（身体拘束）し取り調べるなどの捜査を行います。

そのため、これらの目的達成のために必要がない場合には、そもそも被疑者の身体拘束をすることなく捜査が進められることもあります（このような事件を「在宅事件」と呼ぶことがあります。他方、被疑者の身体拘束を伴う事件を「身柄事件」と呼ぶこともあります）。また、一度、逮捕や勾留がされた場合であっても、その後に釈放され、以後、在宅事件として捜査が継続する場合もあります。

どのように捜査が進むのかは、身体拘束の有無によって大きく異なります。

2　身体拘束される場合

⑴　逮捕

逮捕とは、一時的に罪に問われた本人の身体を拘束する手続です。犯罪をした疑いがあり、身体を拘束する必要性がある場合、捜査機関は、本人を逮捕します。

図8　捜査・公判の流れ

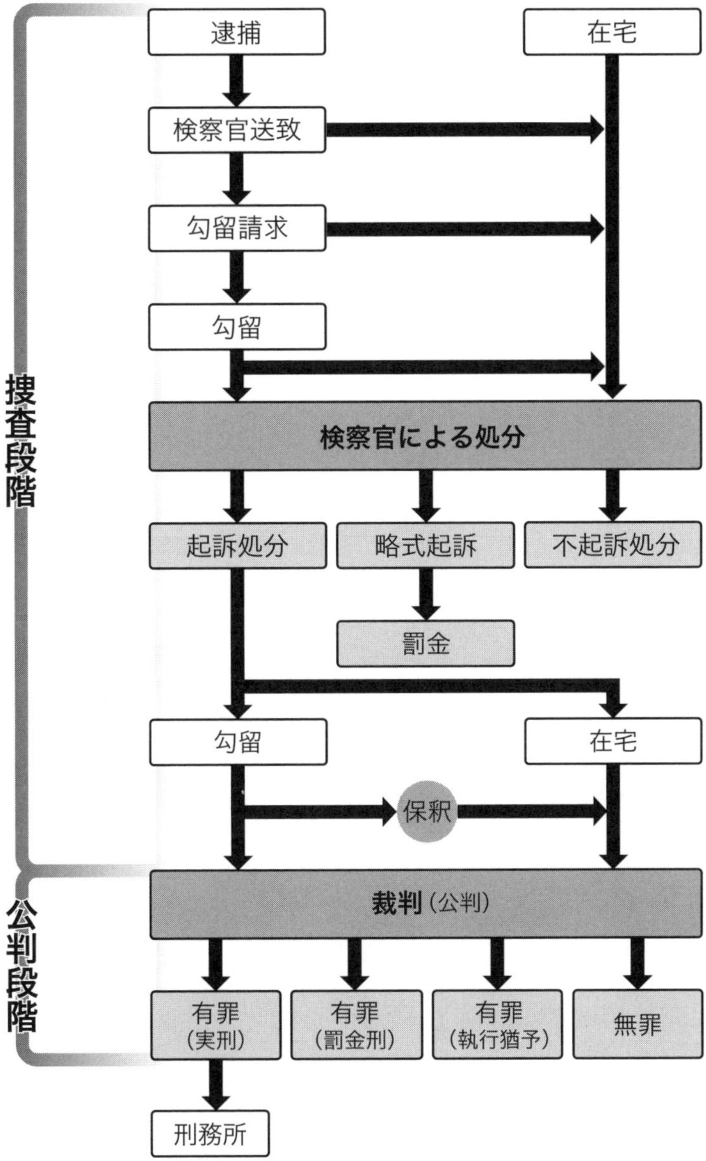
逮捕
在宅
検察官送致
勾留請求
勾留
捜査段階
検察官による処分
起訴処分
略式起訴
不起訴処分
罰金
勾留
在宅
保釈
裁判（公判）
公判段階
有罪（実刑）
有罪（罰金刑）
有罪（執行猶予）
無罪
刑務所

逮捕後、警察は、引き続き留置する必要があると考える場合には、本人が身体拘束されたときから48時間以内に、本人を検察官に送致しなければなりません（「検察官送致」や「送検」と呼ぶこともあります）。他方、警察が、引き続き留置する必要はないと判断した場合、本人は釈放されます。もっとも、釈放されたとしても、釈放時に微罪処分（後記**5**参照）となり捜査が終了する場合もあれば、釈放後も引き続き在宅事件として捜査が継続する場合もあります。

⑵ 勾留

勾留とは、逮捕に引き続き、本人の身体を拘束する手続のことです（**図9**参照）。

検察官は、本人の送致を受けてから24時間以内に、本人を勾留する必要があるかを判断しなければなりません。勾留の必要があると考える場合、検察官は、本人が身体拘束されたときから72時間以内に、裁判所に対して、「勾留請求」をしなければなりません。他方、勾留の必要がないと考える場合、検察官は、その人を釈放しなければなりません。

検察官からの勾留請求を受けた裁判所の裁判官は、本人を勾留するための要件を満たしているか否かを判断します。要件を満たしていると判断する場合、裁判官は、「勾留決定」を行います。裁判所が勾留を認めると、原則10日間、その人は勾留されることになります。

また、最初の10日間の勾留期間では捜査が完了せず、そのことにやむをえない事情がある場合には、さらに最大で10日間、勾留期間を延長することが認められます。

図9　勾留の手続と時間制限

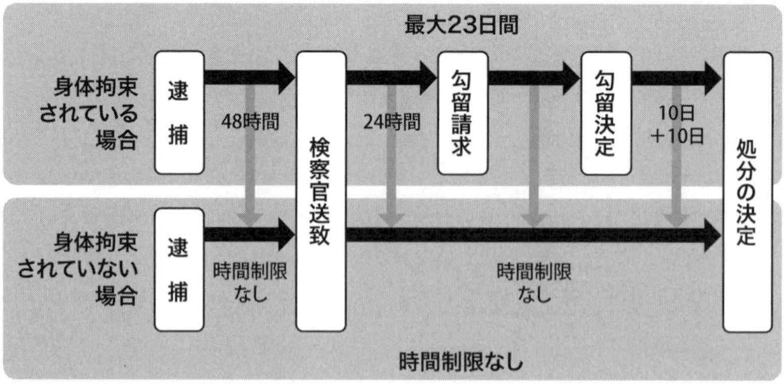

令和４年版犯罪白書によれば、2021年の①身柄率（全被疑者に占める身柄事件の被疑者人員の比率）は34.1％、②勾留請求率（身柄事件の被疑者人員に占める検察官が勾留請求した人員の比率）は94.3％です。つまり、一度逮捕され、身柄事件となった場合は、ほとんどのケースで勾留請求されることになります。そして、この①身柄率と②勾留請求率は、2002年以降2021年までの間、ほぼ同じ比率で推移しており、大きな変化はありません。

他方で、③勾留請求却下率（検査官が勾留請求した被疑者人員に占める裁判官が勾留請求を却下した人員の比率）は2002年にはわずか0.2％でした。もっとも、2006年以降、勾留請求却下率は上昇傾向となり、2019年には5.2％になりましたが、2021年は4.1％となっています。このように、過去と比較すれば勾留請求却下率は多少上昇しているものの、現在でもわずか数％にとどまっており、勾留請求がされたほとんどのケースで勾留決定が出されているのが現状です。

⑶　時間制限

上述のとおり、逮捕時から48時間＋24時間＋10日＋10日（合計約23日間）が、本人の身体拘束が認められる期間です。

そのため、捜査機関側から見ると、逮捕したときから最長で23日間で捜査を尽くさなければならず、検察官はその間に起訴をするか釈放するかを決めなければならない、という厳格な時間制限があることになります。

なお、前記**Ⅲ3**の起訴前本鑑定が実施された場合には、鑑定のための期間は、前記の時間制限とは別になります。そのため、鑑定が実施されると、身体拘束されている期間が長期にわたる場合もあります。

⑷　被疑者に対する処遇

逮捕後、多くの場合、本人は警察附属の留置施設（多くは警察署の中にあります）に収容されることになります。勾留決定が出された場合、本人は引き続き留置施設に収容されます。

留置施設では、本人は、原則、数人の被収容者と同じ部屋に収容されることになります。留置施設内では、起床や就寝の時間が決まっていたり、外から差し入れ可能な物の種類や数に制限がある、入浴は週に２回程度など、さまざまな制約があります。また、施設による違いがあるとはいえ、拘置所に比べると警察附属の留置施設の生活空間は狭く、通常の生活に比べて行動範囲がきわめて限られる傾向があります。更生支援コーディネーターは、罪に問われた人がこのような生活を経験しているという点を考慮し、それが本人の心理状態や情緒にどのような影響を与えているかに留意する必要があります。

⑸　本人との面会

外部との面会に関しても制約があります。まず、逮捕後、勾留決定が出るまでの間は、原則として、弁護士以外は本人と面会することはできません。他方、勾留決定後は、裁判所から接見禁止決定が出されていない限り、本人の家族や更生支援コーディネーターなど、弁護士以外の人も本人と面会することが可能となります。接見禁止決定とは、主として証拠隠滅を防ぐため、弁護士以外の人との面会を制限する裁判所の決定です。この場合でも、弁護士が裁判所に対して手続をすることで、弁護士以外の人が面会をすることができるようになることがあります。

本人との面会ができる場合でも、さまざまな制約が伴います。まず、面会できる場所は、留置施設内に設けられた面会室です。本人と面会に来た人との間にはアクリル板が設置され、身体的接触や物の授受はできません。また、弁護士以外の人が面会する場合には、面会時間や人数の制限があります。多くの留置施設では、面会の受付は平日の日中のみ、面会時間は20分程度、同時に面会室に入ることができるのは３人程度、１日１組までなどの制限があります（更生支援コーディネーターが面会をする場合の特別面会の申入れについては第２部第３章Ⅲ**1**⑵を参照）。また、面会の際には、留置施設の職員が必ず同席し、面会中は本人の後ろや横に座り、会話の内容についてメモをとることもあります。

3　身体拘束されない場合

前記のように、捜査中であっても必ず身体拘束されるわけではありません。事案によっては、一度も身体拘束されることなく捜査が進み、罪に問われた本人は自宅等から警察署や検察庁に通って取調べを受けることがあります。

また、一度は身体拘束されたものの、警察や検察段階で釈放されたり、弁護士による申立てが認められて釈放されることや、身体拘束が認められる期間中に終局処分（後記**4**参照）ができないなどの理由から処分を保留にしたまま釈放されることがあります。これらの場合でも、終局処分が決まるまでの間、捜査は続けられます。

これらの在宅事件では、公訴権（検察官が起訴をする権限）が時効にならない限り、捜査のタイムリミットはありません。そのため、検察官が終局処分を決めるまで数カ月以上かかることもあります。

4　終局処分

刑事訴訟法という法律では、いったん犯罪の捜査を始めた場合は、原則として、速やかに事件を検察官に送致しなければならないと定められています（刑事訴訟法246条）。そして、事件の送致を受けた検察官は、捜査の結果、本人に対する最終的な処分を決定します（これを「終局処分」といいます）。終局処分は大きく、①起訴（公判請求）、②略式起訴、③不起訴の３つに分けることができます。

⑴　起訴（公判請求）

起訴（公判請求）とは、検察官が、本人を公開の刑事裁判（公判）にかけて刑事処罰を求めることです。公判では、検察側・弁護側双方が主張・立証を行い、裁判官が、有罪か無罪かと、有罪の場合は刑を決めることになります。

起訴（公判請求）されると、身体拘束されているケースでは、そのまま自動的に勾留が続くことになります。他方で、身体拘束されていないケースでは、自宅等に居住したまま、弁護士との打合せなど裁判の準備を進め、公判当日は裁判所に出頭することになります。

⑵　略式起訴

略式起訴は、軽い犯罪で、犯罪をしたことに争いがなく、本人が手続に同意した場合に用いられます。公判は開かれませんので、そこで主張や立証を行うことはできず、裁判官が決めた額の罰金を支払うことになります（罰金・科料のみ科すことができます）。身体拘束されているケースでは、略式起訴となった場合には、本人は罰金判決の言渡し（略式起訴と同日に行われます）とともに、その場で釈放されることになります。

⑶　不起訴

不起訴は、裁判にもかけられず、罰金も払わなくてもよいというものです。不起訴のなかには、嫌疑なし（本人が犯人でないことが明らかになった場合など）、嫌疑不十分（本人が犯人であるとの証拠が足りず、公判で有罪判決を得ることができないと検察官が判断した場合など）、起訴猶予といった類型があります。起訴猶予の根拠は刑事訴訟法248条であり、「犯人の性格、年齢及び境遇、犯罪の軽重及び情状並びに犯罪後の情況により訴追を必要としないときは、公訴を提起しないことができる」と規定されています。そのため、検察官は、起訴すれば有罪判決を得ることができると判断した場合であっても、これらの事情を考慮して不起訴とすることができます。不起訴処分となった場合も、本人はその場で釈放されます。

日本においては、検察官が起訴猶予処分を積極的に用いています。たとえば、2021年に検察庁が新規受理した件数が766,449人であるのに対し、不起訴処分となったのは492,096人、うち起訴猶予は429,589人と、半数以上が起訴猶予処分となっています（令和４年版犯罪白書）。

たとえば、犯行前には、本人の障害や生きづらさに対する支援がなく、それが犯行の動機や背景に影響していたケースでは、犯行後、更生支援計画が立てられ支援が予定されていることが考慮され、起訴猶予処分とされる可能性が十分にあります。

5　微罪処分

微罪処分とは、被害の軽重、犯罪に至る事情、被害回復の有無、被害者の処罰感情などに照らして、例外的に警察限りで事件を処理し、検察官へ送致することなく事件を終結する手続のことです。

窃盗や詐欺などの比較的軽微な事件の場合には微罪処分となることもあります。微罪処分となった場合には、警察から身元引受人に連絡が入り、警察署まで迎えに来てもらって、本人はその場で釈放されます。また、微罪処分は前科としては記録されませんが、前歴として記録が残ります。

Ⅴ　公判段階の刑事司法手続

1　公判段階への移行

起訴（公判請求）されると、本人は「被疑者」から「被告人」と呼ばれるようになり、裁判に向けた準備をする手続に移行します。

前記のとおり、身体拘束されているケースでは、起訴（公判請求）された後も、そのまま自動的に勾留が続くことになります。そして、どれだけ公判に時間がかかったとしても、保釈や勾留取消しが認められない限り、判決が出るまで勾留が続くことになります。また、身体拘束されているケースでは、起訴後、おおよそ１カ月程度経過した段階で、多くのケースで、本人の身柄は警察署から拘置所に移送されます。そして、移送されることは事前には知らされず、移送後、弁護士へ連絡することとされています。そのため、更生支援コーディネーターとしては、起訴後は面会場所が変わる可能性があることから、事前に弁護士に確認するなどの注意が必要になります。また、拘置所は、原則、一人部屋であったり、差入れや面会時間等のルールが警察署とは異なるなど、本人の生活環境も大きく変わることになります。

他方で、身体拘束されていないケースでは、自宅等に居住したまま、弁護士や更生支援コーディネーターとの打合せなどの裁判の準備を進め、公判当日は自分で裁判所に出頭することになります。

2 保釈

保釈とは、一定の条件のもとで、勾留されている本人の拘束を解く制度です。保釈が認められれば、住居の制限などの一定の制約がありますが、判決が出るまでの間、自宅やグループホーム、病院、依存症治療施設等の裁判所の指定する住居(制限住居)で生活することができ、公判にもそこから通うことになります。

保釈は、起訴前は請求することができません。起訴されると保釈請求ができるようになるのですが、保釈を認めるかどうかは裁判所が決めるので、請求すれば必ず認めてもらえるというわけではありません。

法律上は、一定の重い罪にあたる場合などの例外を除き、原則として裁判所は保釈を認めなければならないことになっています。しかし、実際には、とくに本人が事実を争っている場合など、裁判所は、証拠隠滅の心配があるなどとして、保釈をなかなか認めない傾向にあります。仮に保釈を認める場合でも、保釈の条件として「保釈保証金」という逃亡を防止するための担保となるお金を積まなければなりません。

保釈保証金額は裁判所が事件の内容や本人の資産などを踏まえて決定します。事件が重大であったり、資産があったりするほど高額になります。資産の乏しい人の比較的軽微な事件でも最低100万円、平均的には150万円程度の保証金が求められます。原則現金で一括で納付する必要があり、通常は、家族などに協力してもらって保証金を準備します。協力してくれる家族がいない、本人も家族もお金がないなど、保証金が払えないケースも珍しくありませんが、資産がない人のために、保釈金を立て替えたり、保証したりしてくれる制度もあります(次頁コラム参照)。

納めた保釈保証金は、無事判決の言渡しまで終了すれば、実刑判決等になっても、その内容にかかわらず、全額返還されます。判決までの間に、公判に出頭しなかったり、許可なく住所を変更したりすると、保証金が裁判所に没収されることもあります。

なお、2023年５月10日に「刑事訴訟法等の一部を改正する法律」が成立し、海外逃亡のおそれがあるとされた場合、保釈されている人に対して、GPS端末の装着を命じてその位置情報を取得し、空港周辺など裁判所が立ち入りを禁じた区域に入ったり、GPS端末を外した場合に処罰することができる制度などが創設されました。また、保釈等をされた人が公判に出頭しない場合に処罰する不出頭罪や、指定された住所を一定期間離れることを禁止する制限住居離脱罪、公判等に本人と共に出頭し、本人の生活状況などを報告する義務を負う監督者を裁判所が選任できる制度なども創設されました。

更生支援コーディネーターとしては、本人が勾留されたままなのか、保釈で自宅等に戻っているのか、保釈請求をする予定はあるのか、誰が保釈保証金を出し

column

立替制度と保釈保証書発行事業

保釈保証金を支払うお金がない人が活用できる制度があります。ここでは２つの制度をご紹介します。

１つ目は、一般社団法人日本保釈支援協会が行っている保釈保証金立替制度です。銀行などから融資を受けることと比べて、審査が緩やかで、申込みから数日で立替えを受けられる利点があります。ただし、この制度を利用するためには、家族など本人以外の者が申し込む必要があるので、身寄りのない被告人の場合は利用できません。また、立替金額の上限（500万円）があること、立替手数料が発生すること、事案によっては必ずしも裁判所が定めた保釈保証金の全額が立て替えてもらえるわけではない（一部自己負担金が求められる）場合があることなどの点に注意が必要です。

２つ目は、全国弁護士協同組合連合会が行っている保釈保証書発行事業です。これは、保釈保証金を現金で立て替えるのではなく、保釈保証金の代わりに連合会が発行する保証書を裁判所に提出する、というものです。保釈保証金立替制度に比べて保証料が安く済むようですが、薬物事案の場合にはさらに自己負担金（保証金の20%）を連合会に預託する必要があること、保証限度が300万円（2023年９月現在、薬物事案については200万円）であること、身元引受人が必要であることなどの点に注意が必要です。

制度の詳細は、各事業のホームページなどをご覧ください。いずれも、担当弁護士が本人やその家族と話し合って利用を検討することになります。

たのか（出す予定なのか）などの事情は、更生支援計画を立てるうえで重要な要素になりますので、弁護士から情報を得ておく必要があります。

また、制限住居については、変更する場合にはあらかじめ裁判所の許可が必要になります。そのため、保釈中に本人がグループホームに移行する場合や施設入所する場合などには、事前に弁護士と相談する必要があります。

3　公判手続

公判段階になると、弁護士は、検察官から一定の証拠の開示を受けることができるようになります。弁護士が、開示された本人の通院歴に関する記録や、診断書や、精神鑑定書などを見て、本人の障害の存在や支援の必要性にはじめて気づくということも珍しくありません。そのため、公判段階になってから弁護士から支援依頼が来るケースも多いです。

起訴をされると、裁判所によって裁判の日時（「公判期日」といいます）が指定されます。例外もありますが、第1回の公判期日は、起訴からおよそ約1カ月半後に開かれることが多いです。

公判では、裁判官が、公開の法廷において、検察官および弁護士から提出された証拠を検討して、本人が有罪かどうか、有罪であるとすれば、いかなる刑に処するべきかを判断します。

本人が事実を認めていて、大きな争点もなく、殺人のような重罪ではない事件では、実質的な審理は1回の公判期日で終わることがほとんどです。

一般的な公判の流れは次頁の**図10**のとおりです。最初に起訴状朗読などの冒頭手続があり、証拠調べを経て、本人が話をする被告人質問が行われ、検察官が論告・求刑をして、弁護士が意見を述べて、最後に本人が一言述べて、終了（結審）します。とくに争いのない事件では、この一連の流れが40〜60分ぐらいで終わるのが一般的です。

そして、約1〜2週間後にもう一度公判期日が開かれ、判決が言い渡されます。この判決言渡し公判は、短ければ5分程度で終了します。日本の刑事裁判のかなりの数が、このような「1回結審」のケースです。加えて、軽微な事件では、実質的な審理が終わった後、5〜10分程度の短い休廷を経て、第1回公判当日に判決言渡しまで終えるケースもあります。釈放後の支援などのスケジュール調整のため、弁護士に判決が当日に出るのか見込みを確認しておきましょう。

ソーシャルワーカーに支援依頼が来るケースは、さまざまな課題があったり、

図10　公判手続の流れ

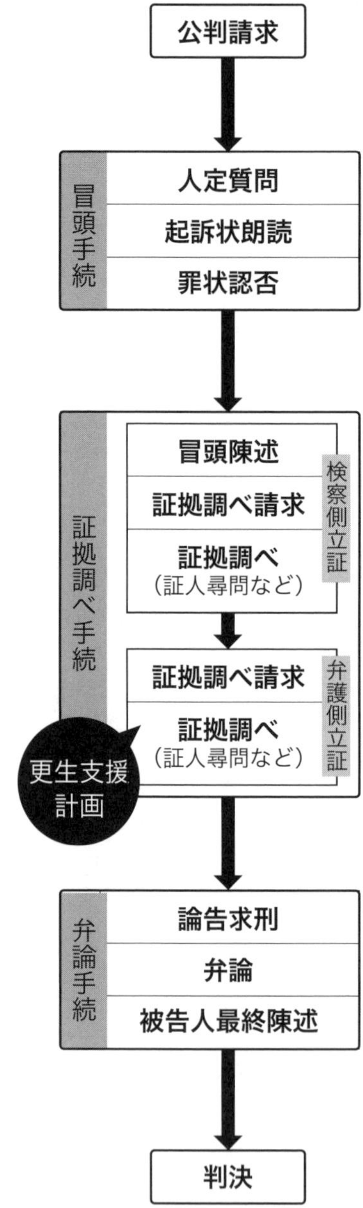

重い罪（殺人、放火、強盗など）であったり、事実を争っていたり、精神鑑定をしていたりするケースが少なくありません。そのようなケースは、１回で終わらずに、公判が２回、３回……と続くことになります。１日ごとの公判は、１カ月程度期間が空くことが多いです。いつまでに更生支援計画書を提出したり、公判で支援について証言することになるか、弁護士に確認することが重要です。

いずれにしても、公判は、関係者が集まって、本人の支援を検討するような場ではないことに注意が必要です。現在の刑事裁判は、本人の更生のために異なる視点を持つ職種が協働するという場ではありません。むしろ、公判は、支援者が事前に準備した支援計画を、立場が異なる裁判官等に対してプレゼンテーションを行う場であるというように理解することが必要です。

犯罪事実に争いがない事件であっても、検察官は適正な処罰を求め、それに対し、弁護士は軽い刑を求め、裁判官は、検察官・弁護士が提出した証拠や主張を見て、妥当な判断を迅速にすることを考えているというように、法曹三者はそれぞれ別の思惑をもって公判に臨んでいるのが通常です。

4　裁判員裁判

⑴　裁判員裁判とは

裁判員制度は、刑事裁判に、国民から選ばれた裁判員が参加する制度で、この裁判員制度の対象となる裁判を「裁判員裁判」と呼びます。裁判員制度の対象となる事件は、殺人罪、強盗致傷罪、現住建造物等放火罪等、一定の重大犯罪に限定されており、裁判員６名と裁判官３名が１つの事件を担当します。裁判員は、裁判の審理に出席して提出された証拠を検討し、裁判官と議論をして、本人が有罪か無罪か、有罪の場合にはどのような刑罰を宣告するかを決めます。

⑵ 公判前整理手続とは

裁判員裁判の対象となる事件については、法律上、必ず「公判前整理手続」という手続が行われることとされています（裁判員裁判の対象事件でなくとも公判前整理手続が行われることもあります）。

公判前整理手続とは、公判期日の前に、裁判所・検察官・弁護士が争点を明確にし、これを判断するための証拠を厳選し、審理計画を立てるために行われる手続のことです。そのため、公判前整理手続に付されると、通常の裁判の場合よりも、検察官には広く証拠の開示義務が課され、弁護士には証拠開示を求める権利が認められます。また、事前に、公判期日でどのような証拠を取り調べるかを検討し、いつ証人尋問をするかなど、取り調べる日付や時間を決め、判決までのスケジュールを立てることになります。そして、通常は公判が始まると、連日にわたり集中的に開廷されることになります。

なお、令和４年版犯罪白書によれば、2021年に公判前整理手続に付された事件（裁判員裁判以外の事件で公判前整理手続に付された事件を含む）の地方裁判所における審理期間の平均は13.5月であり、平均開廷回数は5.7回とされており、現在、公判前整理手続の長期化が問題となっています。

⑶ 注意点

前記のような特徴があることから、更生支援コーディネーターとしては、以下の点に注意する必要があります。

⒤ スケジュール

通常の裁判の場合、起訴後、１～２カ月程度で公判期日が指定されることがほとんどです。しかし、裁判員裁判の場合には、必ず公判前整理手続が行われることになります。その結果、起訴された後、公判期日までは前期のとおり比較的時間が空くこととなります。

他方で、裁判員裁判の公判は、裁判員へ時間的な負担が過重にならないよう、短期間に集中的に行われることとなります。事実関係に大きな争いのない事件では、数日間の間にすべての公判手続が行われることになります。そのため、裁判所は、事前に詳細なスケジュールを組み、当事者に対して尋問の持ち時間を厳守するよう求めます。

このような事情から、たとえば、仮に証人尋問当日までに関係機関等との調整が整わなかった場合であっても、原則として、裁判を延期することはできません。また、何らかの事情で証言を予定していた更生支援コーディネーターが出廷できない場合であっても、原則、証人尋問日の再調整が行われないため、そうなれば作成された更生支援計画を立証することができず、本人に甚大な不利益が生じることとなります。そのため、更生支援コーディネーターとしては、このような点に留意しつつ、証言予定日までのスケジュールを調整する必要があります。

(ii) わかりやすさ

裁判員は、普段、裁判とは関わりのない一般市民です。このような一般市民が参加する手続であることから、裁判員裁判では「わかりやすさ」が重視されます。そのため、更生支援コーディネーターとしても、裁判員裁判で証言をする場合には、たとえば、専門用語を使わない、制度の全体を説明する際などに図を用いるなど、一般市民に対する説明として「わかりやすい」ものであることが求められます（もっとも、裁判官や検察官も福祉に関しては素人ですし、本人は難しい言葉を理解することが難しい場合も多いことから、裁判員裁判以外の裁判の場合であっても、「わかりやすい」説明が求められていることは同様です）。

5 証拠としての更生支援計画の扱い

裁判所は、検察官や弁護士が証拠請求した証拠のすべてを見るわけではありません。どのような証拠を利用してよいかについて、法律で厳格に制限されています。刑事裁判は人の自由を強制的に奪うことができる強力な効果を持つ手続ですから、裁判官が事実認定を誤って、無実の人に有罪判決が下されてしまう可能性を減らすため、そのようなルールが定められています。

そのひとつとして、刑事裁判では、法廷の場で証人が話をして、それを直接裁判官が見て聞くことが原則とされています。そのため、書面が証拠として取り調べられるためには、書面として取り調べることに検察官・弁護士双方が同意するなど、一定の要件を満たさなければなりません。

このルールにより、更生支援計画書を作成し、提出しようとしても、検察官が計画書を証拠として提出することに同意しなければ、残念ながら、法律の定めによって、裁判所は見ることができません。

ただし、書面としての更生支援計画書を証拠として裁判官に見てもらえない場合でも、更生支援計画書の作成者が法廷で証人として証言することにより、更生支援計画の内容を裁判所に伝えることができます（第２部第８章参照）。

このように、更生支援計画の内容を裁判所に伝える方法には、更生支援計画書を書面の証拠として裁判所に提出する方法と、更生支援コーディネーターが更生支援計画の内容を証言する方法の２つがあります。なお、証言する方法は、検察官や裁判官、裁判員が疑問に思うことに対し、証人にその場で質問して、証人がそれに答えることにより疑問が解消されることが期待できたり、必要に応じてパワーポイント等の視覚的補助を利用して、わかりやすく説明することも可能であるといったメリットがあります。弁護士としては、ケースにより、更生支援計画書に対する検察官の同意が得られるかどうかにかかわらず、証言を選択することもあります。とくに、裁判員裁判の場合には、一般人から構成される裁判員の理解に役立つといった観点もあり、証言という方法が選択されることが多いです。

いずれの方法によるかによって準備も異なってきますので、早い段階で弁護士に方針を確認しておきましょう。

6 判決

(1) 判決の言渡し

判決は、無罪判決と有罪判決とに分けられます。

刑事裁判では、罪を犯したことを証明する責任は検察官にあり、検察官の主張する事実が証明されたことに疑いが残る場合には無罪判決となります（詳細は本章Ｉ**4**を参照）。無罪となった場合、身体拘束をされていた人は、刑事補償法に基づき、国から身体拘束期間に対する一定の補償を受けることができます。また、前科や前歴として記録に残ることはありません。

他方、有罪判決の場合、言い渡される刑罰には、死刑・懲役・禁錮・拘留・罰金科料があり、懲役・禁錮・罰金には、一定の条件で、執行猶予が付く場合があります（詳細は本章Ⅵを参照）。そして、執行猶予付きの判決であった場合、身体拘束をされていた人は、判決後すぐに釈放されることになります（執行猶予に関する詳細は本章Ⅵ**2**を参照）。他方、執行猶予がつかない懲役刑・禁錮刑を宣告された場合（このような場合を「実刑判決」といいます）、身体拘束をされていた人は、身体拘束を解かれることなく、刑務所に収監されます。保釈中の人は、実刑判決宣告時点で保釈の効力が失われ、その場で収容されます。

⑵　量刑

懲役刑・禁錮刑であればどれくらいの長さにするか、罰金であればどれくらいの額にするかという判断を、「量刑」といいます。量刑に際し考慮される事情としては、犯罪行為自体に関する事情（犯情）とそれ以外の事情（一般情状）があります。

犯情としては、犯行の態様（悪質性、計画性など）、犯行の動機（私利私欲のためのものか、被害者の落ち度など）、犯行の結果（重大な結果が生じたのか、軽微かなど）、共犯関係（主体的に関与したのか、付き従っただけかなど）といった点が考慮されます。

一般情状としては、本人の年齢や性格、被害弁償（示談）の有無、被告人の反省の有無、被害感情、更生可能性（被告人の更生意欲や家族などの支援、就職先の確保など）、再犯可能性（前科前歴の有無、常習性の有無、犯行原因の消滅など）などが考慮されます。

更生支援計画は、犯情および一般情状を判断する証拠として用いられます。

⑶　未決勾留日数

裁判を待っている期間、本人が勾留をされていた場合、その一部については懲役刑・禁錮刑を執行されたものとみなされます。これを「未決勾留日数の算入」といいます。たとえば、判決で「未決勾留日数中90日をその刑に算入する」と宣告された場合、その意味するところは、「勾留された状態で裁判の準備をして待っていた期間のうち、90日分は懲役や禁錮を済ませたことにします」というものです。

また、罰金の判決が宣告された場合に、本人が勾留されていた期間について、1日あたり一定の金額として換算し、罰金を納付したものと扱う場合があります。このような場合を「満つるまで算入」と呼びます。たとえば、判決で「被告人を罰金30万円に処する。未決勾留日数のうち、その1日を金5,000円に換算してその罰金額に満つるまでの分をその刑に算入する」と宣告された場合、「罰金30万円を納めてもらいます。もっとも、勾留された状態で裁判の準備をして待っていた期間のうち、60日分は、1日あたり5,000円と換算して、罰金額である30万円を納めたものとします」というものです。この場合、満つるまで算入された結果、判決後に罰金を支払う必要はありません。

7　上訴

(1)　上訴とは

判決に不服があるときには、上訴（控訴、上告）をして争うことができます。地方裁判所または簡易裁判所がした第一審判決に対しては、高等裁判所に控訴することができます。控訴審の判決に対しては、最高裁判所に上告をすることができます。このように、1つの事件について3回の裁判を行うことができる仕組みのことを「三審制」といいます。本人や弁護士側からだけでなく、検察官も上訴をすることができます。

(2)　控訴

簡易裁判所または地方裁判所の判決に不服がある場合、高等裁判所へ控訴を申し立てることができます。控訴の申立ては、本人のほか、弁護士や検察官もすることができます。控訴は、無罪を主張して争う場合だけではなく、有罪であることは争わないが、科された刑が重過ぎることを争う場合にもできます。本人が控訴した場合や、弁護士等が被告人のために控訴した場合、控訴審裁判所は、原判決の刑より重い刑を言い渡すことはできません（刑事訴訟法402条）。このことを「不利益変更禁止の原則」といいます。また、控訴審は原審裁判所を管轄する高等裁判所で開かれることから、それに伴い、本人も高等裁判所管轄の拘置所へ移送されることになります。

控訴審は「事後審」であるとされ、原判決（第一審）の判断の当否を審査する場です。そのため、もう一度最初から事件について審理をしてあらためて判断を行うということではありません。また、控訴審は「法律審」であるとされており、第一審の事実認定についての判断を尊重して法律的な判断に誤りがないかを審査することとされています。そのため控訴審では、新たな主張や立証は制限されており、裁判所が必要と判断した場合に限って事実の取調べを行うこととされています。たとえば、第一審の段階で更生支援計画が作成されておらず控訴審ではじめて作成されたという場合であっても、これが必ずしも取り調べられるわけではないのです。

控訴審では、控訴申立書の提出後、裁判所は、被告人や弁護士に対して、控訴趣意書という控訴の理由を記載した書面を提出するよう求め、その期限を設定します。控訴趣意書の提出期限は、控訴審が記録を受理してから約1カ月先の日程で定められることが多いです。この控訴趣意書の提出期限は厳格なもので、少しでも期限を過ぎてしまった場合、控訴趣意書は提出できなくなってしまいます。期限内に提出することが困難であると認められた場合には、提出期限の延長が認められることもありますが、延長された場合であっても、１、２カ月程度であることが多く、提出までのスケジュールはタイトです。控訴審で新たに更生支援計画を立案し提出する場合、この控訴趣意書の提出期限までに、計画の内容を更生支援計画書等の書面にまとめ、弁護士に提出しておくことが望ましいです。

また、提出した書面の記載内容から、裁判所は更生支援計画書や更生支援コーディネーターの証言についての事実取調べの必要性を判断します。そのため、更生支援計画書等の書面は、第一審の場合以上に、書面の記載内容のみから、それを読んだ人が、アセスメントや支援の内容を理解できるものであることが求められるでしょう。

更生支援計画書等の書面や更生支援コーディネーターの証人尋問などの事実取調べ請求が認められるかは、控訴審の第１回公判期日当日までわかりません。そのため、更生支援コーディネーターとして証言を予定している場合には、事実取調べが認められた場合に証言できるよう、公判期日当日は裁判所に行き、準備をしておく必要があります。

控訴審裁判所は、控訴に理由があると認めた場合には、原判決（第一審判決）を破棄します。そのうち、①原判決を破棄して控訴審裁判所が自ら判決をする場合を「破棄自判」、②原判決を破棄して原審へと差し戻す場合を「破棄差戻し」といいます。他方、控訴に理由がないと控訴審裁判所が判断した場合には、控訴が棄却されます。控訴によって原判決が破棄されるケースは、統計的にみて決して多くありません。令和４年司法統計年報（刑事編）によれば、合計4,820件の控訴事件のうち、破棄判決は411件あり、その内訳は、破棄自判386件（有罪374件、一部無罪６件、無罪６件）、破棄差戻し25件とされています。

⑶　上告

控訴審の判決内容に不服がある場合、最高裁判所へ上告をすることができます。上告を申し立てることができる人や不利益変更禁止の原則については、控訴審の場合と同じです。

控訴審の場合と同様に、上告審でも、上告をした人は、上告趣意書という上告の理由を記載した書面を提出する必要があります。上告審が記録を受理してから約１カ月後に上告趣意書の提出期限が定められることや、上告趣意書の提出期限が厳格であることなども、控訴審の場合と同様です。もっとも、上告は、控訴の場合以上に理由に制限がされており、原則、憲法違反や判例違反以外は認められないこととされています。

上告審では、原則として公判は開かれず、提出された書面に基づいて、控訴審の判断に誤りがないかを検討します。なお、法律上は、上告審においても事実の取調べができることとされていますが、事実取調べがなされた例はほとんどありません。

控訴審の場合と同様に、上告審裁判所は、上告に理由があると認めた場合には、原判決（控訴審判決）を破棄します。その場合に、破棄自判と破棄差戻しがあるのも、控訴審と同様です。他方、上告に理由がない場合に、上告が棄却されるのも、控訴審と同様です。上告審においては、控訴審と比しても、原判決が破棄されることは少なくなっています。令和４年司法統計年報（刑事編）によれば、合計1,685件の上告事件のうち、破棄されたのは８件（破棄自判４件〔有罪２件、無罪１件、免訴１件〕、破棄差戻し４件）のみであり、破棄判決の割合はわずか約0.47%です。上告審の判断は、上告申立てから４～５カ月後には示されるケースが多いです。

Ⅵ 刑罰の種類と適用

1　刑罰の種類と概要

日本の刑罰は、刑法に規定される死刑、懲役、禁錮、罰金、拘留、科料、没収の７種類です（このうち、没収は「付加刑」といい、単独で言い渡されることはなく、他の刑に付加する形で言渡しがなされることになります）。

⑴　死刑

死刑は、強制的に生命を奪われる刑です。

⑵　懲役・禁錮・拘留

懲役・禁錮・拘留は、刑務所に収容され自由を奪われる刑です。懲役は、刑務所内で強制的に作業を課されるのに対して、禁錮・拘留は、自由が奪われますが、作業の強制はありません。禁錮と拘留は、収容される期間に違いがあり、拘留は１日以上30日未満の期間に限られます。懲役・禁錮は、無期刑と有期刑とに分けられます。無期刑とは、期間の定めのない拘禁刑で、終身刑（死亡するまで刑務所に収監される刑）ではありません。そのため、無期刑となった場合であっても、10年が経過した後には仮釈放も可能とされていますが、実際には30年以上が経過しなければ仮釈放審査の対象とされることはほぼなく、仮釈放率は毎年１％にも至っていないのが現状です。なお、懲役と禁錮の２つは、新たに「拘禁刑」に一元化される法律改正がなされ、この改正法は2025年６月までに施行されることになっています。

⑶　罰金・科料

罰金・科料は、一定の金銭の支払いを命じられる刑です。仮に、お金がないなどの理由で罰金や科料の支払いができない場合には、一定期間、労役場に収容され、強制的に作業をさせられることになります。これを「労役場留置」といいます。

⑷　没収

没収は、犯罪に関連する物の所有権を強制的に奪い、国庫に帰属させるという刑です。たとえば、覚醒剤を所持していたとして、覚醒剤取締法違反で有罪判決となった場合には、本人が所持していた覚醒剤については没収されます。原則として、没収するかしないかは裁判官が判断することができますが、たとえば賄賂罪の場合の本人等が受け取った賄賂など、一定の場合には必ず没収しなければならないこととされています。

2　刑の執行猶予

懲役刑・禁錮刑・罰金刑には、一定の条件で、執行猶予が付く場合があります。執行猶予には、刑の全部を猶予する「全部執行猶予」と、一部の執行を猶予する「一部執行猶予」があります。

⑴　刑の全部執行猶予

刑の全部執行猶予は、刑の執行を一定期間猶予し、その間に新たな犯罪を行うなどにより執行猶予が取り消されなければ、刑の言渡しは効力を失い、実際に刑務所に行かずに済むというものです。たとえば、判決が「被告人を懲役３年に処する。この裁判が確定した日から５年間その執行を猶予する」というものだった場合、その意味するところは、「本来、３年間刑務所に収容して強制的に作業をしてもらうことになります。ただし、今すぐ刑務所に行かなくてよく、５年間、地域で無事に過ごすことができれば、刑務所に行かなくてよいことになるので、注意して生活してください」というものです。執行猶予期間中に罪を犯し、禁錮刑以上の有罪判決を受けた場合、執行猶予は取り消されてしまい、今回と前回の刑期を合わせた期間、刑務所に行かなければならなくなります。

刑の全部執行猶予には、通常の執行猶予（刑法25条１項）と、再度の執行猶予（刑法25条２項）があります。通常の執行猶予は、①今回の裁判の判決言渡しより以前に禁錮以上の刑に処せられたことがない人か、②以前に禁錮以上の刑に処せられたことがあっても、その執行が終わった日またはその執行の免除を得た日から５年以内に禁錮以上の刑に処せられたことがない人を対象に、今回の事件の判決が、３年以下の懲役もしくは禁錮または50万円以下の罰金だった場合に、情状によって認められるものです。これに対して、再度の執行猶予は、以前に禁錮以上の刑に処せられたことがあっても、その刑の全部の執行を猶予された人が対象（保護観察付の執行猶予だった人を除く。ただし、前記の法律改正によって、この条件は撤廃されます）となります。この場合、１年以下（前記の法律改正によって２年以下に変更されます）の懲役または禁錮の言渡しを受けた場合に限って、再度の執行猶予が認められます。

⑵　刑の一部執行猶予

刑の一部執行猶予は、懲役または禁錮の刑を受けた人について、その刑の一部だけを猶予する制度です。実際に刑務所には行くけれども、宣告された期間の一部については、必ず釈放されて、社会の中で生活できることになります。たとえば、「被告人を懲役２年に処する。その刑の一部である懲役４月の執行を２年間

column

「前科」と「前歴」

「前科」も「前歴」も、その人が刑事司法手続に関わった経歴を示しますが、両者の意味は異なります。

「前科」というのは、一般に、有罪判決が言い渡され、刑罰が確定した経歴のことをいいます。執行猶予判決については、無事執行猶予期間が満了した場合、刑の言渡しの効力がなくなって刑は執行されませんが、裁判官が刑の重さを考慮する要素としては、前科として扱われることになります。

他方、「前歴」というのは、一般に、捜査機関に検挙された経歴をいいます。このなかには、不起訴になるなどして、刑罰が科されずに手続が終了したものも含まれます。当然、嫌疑なしや嫌疑不十分との理由で不起訴になったものも含まれることになります。また、少年の事件で、家庭裁判所の審判によって保護観察や少年院送致になった場合は、刑罰ではないので、「前歴」としては残りますが「前科」とはなりません。

裁判官が刑の重さを決める際、「前歴」はほとんど考慮されませんが、「前科」は考慮されます。

猶予する」というものだった場合、「まず最初に刑務所に１年８カ月行ってもらいますが、残りの４カ月分については、行かなくていいです。ただし、出所後２年間は執行猶予期間になり、この間に何かあれば執行猶予が取り消される可能性があります」ということになります。また、この期間に保護観察（後記**3**参照）に付されることもあります（薬物使用等の罪の場合には、必ず保護観察に付されると定められています）。

3　保護観察

保護観察は、犯罪をした人などが社会の中で更生するように、保護観察官および保護司による指導と支援を行うものです（保護観察には、ここで説明する判決で刑の執行猶予と同時に保護観察が付けられた場合以外に、家庭裁判所で保護処分として保護観察処分を受けた少年、少年院から仮退院となった少年、刑務所から仮出所となった場合などがあります）。

保護観察に付された人は、定期的に保護司との面会を行ったり、場合によっては保護観察所における専門的処遇プログラムへ参加することなどを義務づけられたりします。そのほかにも、保護観察中に守らなければならないルール（遵守事項）が定められ、これに違反した場合には、たとえば執行猶予や仮釈放が取り消されるなどの対応がなされることになります。

4　仮釈放

懲役・禁錮・拘留の場合、刑務所等の刑事施設に収容されている人を刑期満了前に仮に釈放する、「仮釈放」が認められています。法律上、有期については刑期の３分の１を経過した者が、無期については10年を経過した者が、仮釈放の対象となります。もっとも、令和４年版犯罪白書によれば、統計上、刑期の70％未満で仮釈放された者は1.0〜1.6％にとどまっており、仮釈放が認められているのは、刑期の80％以上を経過した者がほとんどとなっています。また、無期については、2012年以降、30年以内に仮釈放が認められたケースは１例しか存在しません。

Ⅶ 少年事件

1 少年司法における保護主義

少年による非行は成人による犯罪とは区別されており、少年法という特別な法律によって対応されます。少年法の目的は、「少年の健全な育成を期し、非行のある少年に対して性格の矯正及び環境の調整に関する保護処分を行う」ことにあります（少年法１条）。可塑性のある少年については、犯した罪に見合った応報としての刑罰を科すのではなく、少年の健全育成のために保護処分を課そうという少年法の理念は、「保護主義」といわれ少年法の手続全体を貫く原理です。

少年事件の場合、保護主義に基づいて、非行事実の内容に加え、要保護性を考えて処分が決められるという点に大きな特徴があります。

要保護性とは一般に、①審判時の少年の資質や環境などに照らして、将来再非行に及ぶ可能性があるか、②矯正教育によって非行の危険性を除去する可能性があるか、③保護処分による保護が最も適切・有効な対応であるか、の要素により構成されるといわれています。

この要保護性の判断には、少年の持つ特性や成育環境、更生可能性が重要な要素として考慮されますので、通常の刑事裁判のとき以上に、更生支援計画が持つ意味は大きいといえるでしょう。

2 少年法の対象者

少年法上の「少年」とは、20歳に満たない者をいいます（少年法２条）。2021年の法改正により、民法等では、成年年齢が20歳から18歳に引き下げられましたが、少年法については、18・19歳の者にも引き続き少年法が適用されます。ただし、18・19歳の者は、社会において責任ある主体として積極的な役割を果たすことが期待されるものとし、18歳・19歳の者が罪を犯した場合には、その立場に応じた取扱いとするため、「特定少年」として、後記のように17歳以下の少年とは異なる特例が定められました。

なお、少年事件でいう「少年」とは、女子も含んだ表現です。そして、家庭裁判所の審判を受ける少年には、３つの類型があります。

① **犯罪少年**――14歳以上20歳未満で法律上の罪を犯した少年

② **触法少年**――14歳未満で刑罰法令に触れる行為をした少年

③　虞《ぐ》犯少年――20歳未満で、保護者の正当な監督に従わないなどの不良行為があり、その性格や環境からみて、将来、罪を犯すおそれのある少年（ただし、特定少年については、虞犯を理由とする保護処分は行われない）

3　少年事件手続の流れ

少年事件の場合、通常の刑事事件とは異なる手続があります（**図11**参照）。犯罪少年の場合を念頭に置き、時系列に沿って説明していきます。

⑴　捜査段階（逮捕されてから家庭裁判所に送致されるまで）

犯罪少年の場合も、逮捕手続後の流れは成人の場合と大筋で違いはありません（勾留の要件や勾留場所についての規定は異なりますが、ほぼ成人と同じ運用になっているのが実際です）。

ただ、少年事件の場合、検察官は、犯罪の嫌疑がないと判断する場合を除き、全事件を家庭裁判所（以下、家裁といいます）に送致しなければならないことになっています（全件送致主義）。検察官の裁量に基づく起訴猶予処分（不起訴）や略式起訴（罰金）により手続が終了することもある成人の場合とは、この点で大きな違いがあります。したがって弁護士[26]も、家裁に送致されることを踏まえて活動します。

⑵　家裁送致後から少年審判まで

少年事件が家裁に送致された場合、送致日の午後に観護措置（家裁が調査・審判を行うために、少年の心情の安定を図りながら、暫定的に少年を保護するための措置）をとるか否かが判断されます。

観護措置がとられると、少年は、家裁からそのまま原則として少年鑑別所に移送されます。観護措置の期間は２週間ですが、通常は１回更新されて、原則４週間となります。観護措置がとられると、学校や仕事に通えなくなり、場合によっては退学や解雇などの処分を受けることもあり、少年にとっては大きな不利益となりえます。

実務上、勾留されていた少年が家裁送致された場合、きわめて高い確率で観護措置がとられます。観護措置がとられるかどうかは、①身体拘束の必要性（住所不定、逃亡・罪証隠滅のおそれ）、②緊急保護の必要性（自傷・自殺のおそれ、家族か

26　少年事件の場合には「付添人」という立場で活動することになります（本章Ⅶ**4**参照）。ただし。本書ではわかりやすさの観点から、法律上は「付添人」と表記すべき箇所についても「弁護士」と表記します。

図11　少年事件手続の流れ

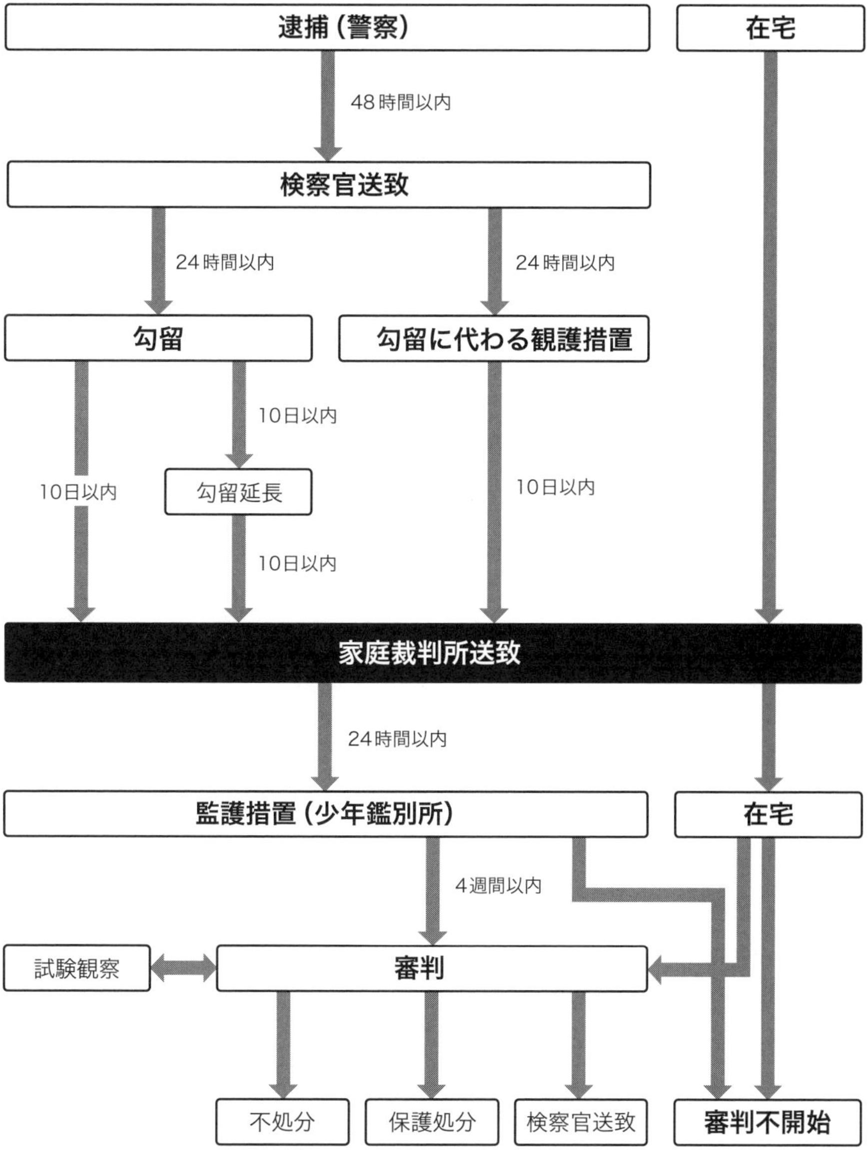

らの虐待や悪影響、薬物依存傾向など)、③収容して心身鑑別を行う必要性(継続的な行動観察、外界から遮断して鑑別を行う必要性など)から判断されます。事案によっては、弁護士は、これらの要素がないことを示す資料や意見書を送致日に提出して観護措置がとられないように求めたり、一度とられた観護措置を早期に取り消すように求める活動を行います。この際、更生支援コーディネーターに対して資料作成の依頼がなされることもあります。

観護措置がとられなかった場合は、在宅事件(身体拘束を受けずに調査・審判を受ける事件)となります。

観護措置がとられた場合、少年は、鑑別技官(鑑別所内で少年の資質や非行原因について調査する専門家)による鑑別(心理テスト等)を受けたり、家庭裁判所調査官(家裁職員として、人間科学の視点から審判に必要な調査をする専門家)による調査を受けます。また、調査官は、少年が通っていた学校に照会をしたり、家族からの聴き取りも行い、少年の成育環境についての調査も行います。

これらの鑑別や調査の結果は、「社会記録」としてまとめられます。この社会記録は、少年に必要な処遇を考えるうえできわめて重要な資料になりますが、弁護士のみが家裁で閲覧できます。謄写することはできませんので、更生支援コーディネーターは弁護士と連絡をとり合い、情報提供を受けてください。

他方、捜査機関が作成した非行事実に関する記録(法律記録)は、すべて家裁に送致され、閲覧だけでなく謄写することができます。

社会記録のうち、鑑別結果通知書や調査官の意見書は、通常、審判期日の直前にならないと家裁に提出されません。他方、家裁送致が2回目以降の少年の場合は、それまでの事件の社会記録はすでに記録にまとめられていますので、家裁送致後は早い段階で閲覧することが可能です。

弁護士との打合せでは、そのようなスケジュールをよく確認して進めるようにしてください。

観護措置がとられると、更生支援コーディネーターと少年の面会は、鑑別所で行うことになります。鑑別所の面会室は、アクリル板がなく比較的穏やかに話をできる構造になっている一方で、拘置所での接見と異なり、接見禁止の場合でなくとも当然に許可されるものではありません。そのため、弁護士と協議し、面会が認められるよう事前に調整することが必要です。また、少年と面会をする場合、観護措置の期間が4週間しかなく、調査官などの調査があるので、実際に面会できる期間は限られています。鑑別や調査の時間との兼ね合いもあるので、鑑別所や裁判所とのスケジュール調整が重要になります。

なお、審判に先立って、審判に付すことができない、または相当でないといった事情で、審判不開始となることがあります。この場合には、事件はその時点で終了し、審判が開かれることはありません。たとえば、事案が軽微であり、生活環境が整っていて要保護性がなくなったと考えられる場合などに、審判不開始となります。

(3) 少年審判

観護措置がとられた場合、通常は家裁送致日から4週間以内に、家庭裁判所において少年審判が開かれます。少年審判では、前記のとおり、非行事実と要保護性が審理され、少年に対する処分が決定(終局決定)されます。

弁護士は、少年の処分について意見書を提出します。この意見書は、審判終了するまでの間、いつでも、そして何度でも提出することができます。更生支援計画書は、この意見書の添付書類として提出されることになります。

ところで、少年審判では、通常の刑事裁判と大きな違いがあります。そのため更生支援コーディネーターの活動もその違いにより一定の影響を受けます。とくに重要なのは、更生支援計画の提出時期と、更生支援コーディネーターによる証言の有無です。

まず、通常の刑事裁判の場合、裁判所は、公判ではじめて証拠を見て、検察官や弁護士の意見を聞くことになります。これに対し、少年審判の場合、裁判所は、審判以前に法律記録や社会記録、調査官からの意見書、弁護士の意見書などをすべて見て審判に臨みます(なお、裁判所は、とくに家裁調査官の意見書を重視します)。そのため、審判が始まる段階で、概ね結論を決めていることが多いです。

したがって、審判当日にはじめて更生支援計画書を提出しても遅く、裁判所が判断の見通しを固めてしまう前に早期に弁護士と打合せを行い、これからの活動や調整の見通しを伝え、それを調査官や裁判所と共有することが重要です。少年事件では、審判を待たずに意見書や更生支援計画書を提出できるので、捜査段階から関わっている場合などは、家裁送致後、早い段階で暫定的な更生支援計画書を提出するなどの工夫も考えられます。

上記のとおり、通常、審判は家裁送致後4週間以内に開かれるので、審判前に意見書を提出する関係から、最終的な更生支援計画書も家裁送致から3週間強くらいで作成しなければならないことになり、スピードが要求されます。

次に、審判には少年と保護者、弁護士が出席しますが、通常の刑事裁判と異なり、少年審判は一般公開されていません。そのため、更生支援コーディネーターが少年審判期日に裁判所に行くことは通常想定されておらず、更生支援コーディネーターが審判に出席する必要がある場合は、弁護士を通じた事前の調整が必要です。

⑷ 終局決定の種類

終局決定には、不処分、保護処分、知事または児童相談所長送致、検察官送致（いわゆる逆送）があります。

(i) 不処分

家庭裁判所の調査の結果、保護処分に付すことができない、または、保護処分に付すまでの必要がない場合は、不処分決定となります。

(ii) 保護処分

保護処分は、以下のように、ⓐ保護観察、ⓑ児童自立支援施設・児童養護施設送致、ⓒ少年院送致の３つに分かれます。保護処分を言い渡すためには、審判時に20歳未満であることが必要です。

ⓐ 保護観察

少年を施設に収容せず、保護観察所の行う指導監督と補導援護によって社会内処遇での改善更生を図る処分です。保護観察処分は、一般・一般短期・交通・交通短期の４種類に分かれています。

ⓑ 児童自立支援施設・児童養護施設送致

いずれも児童福祉法に基づいて設置されている施設へ収容する処分です。児童自立支援施設は、不良行為を行い、または行うおそれがある児童などに必要な指導を行い、その自立を支援することを目的とする施設であり、児童養護施設は、保護者のいない児童や虐待されている児童などを養護し、その自立を支援することを目的とする施設です。

児童自立支援施設・児童養護施設には、児童福祉法27条１項３号に基づく措置（「３号措置」と呼ばれることもあります）により入所している児童もいますが、この措置の目的は「虐待を受けた児童の保護」にあり、「少年の更生」を目的としている保護処分とは異なります。

ⓒ 少年院送致

少年院に収容して、矯正教育をする処分です。

少年院は第１種～第５種の５つに分類されています。第１種から第３種には保護処分を受ける者が該当し、第１種には、心身に著しい障害がない、概ね12歳以上23歳未満の者が、第２種には、心身に著しい障害がない、犯罪傾向の進んだ、概ね16歳以上23歳未満の者が、第３種には、心身に著しい障害がある、概ね12歳以上26歳未満の者が該当します。第４種は、保護処分ではなく、少年院において刑の執行を受ける者が該当します。第５種には、特定少年で、２年間の保護観察を言い渡され、遵守事項違反により少年院に収容される者が該当します（なお、特定少年については下記⑹を参照）。

(iii) 知事または児童相談所長送致

知事または児童相談所長送致とは、児童福祉法による措置に委ねるため、児童福祉機関に事件を送致するものです。たとえば、少年の非行性は高くないものの、家庭環境等の環境面における保護が欠けることから、継続的な指導が必要と考えられる場合などに、知事または児童相談所長送致とされます。

(iv) 検察官送致（逆送）

検察官送致（逆送）は、一定の重大犯罪について、事件をもう一度検察官に送る処分です[27]。故意の犯罪行為により被害者を死亡させた罪の事件では、原則として逆送されます。逆送されると、少年であっても成人と同様の刑事裁判が行われ、ほとんどの場合、保護処分ではなく刑罰を受けることになります。ただし、少年法の適用がある限り、不定期刑といった少年特有の刑が選択されることもあります（地方裁判所で審理の結果、少年の被告人を保護処分に付するのが相当であると認められると、再度、家庭裁判所に移送され、少年審判を受けることもあります）。

⑸ 終局決定選択の際の視点

これらの終局決定のうち、どれを選択するかは、前記のとおり、非行事実と要保護性の両面から検討されます。この点は、成人の場合、犯罪行為について行為責任が重視されることとは違いがあります。そのため、たとえば、軽微な犯罪でも、少年の成育環境に問題があるなど要保護性が高いと判断されれば、少年院送致となることもあります。

⑹ 特定少年の場合の特例

18歳・19歳の「特定少年」については、以下のような点で、17歳以下の少年とは異なる取扱いがされます。

原則逆送事件の対象が、「故意の犯罪行為により被害者を死亡させた罪の事件」

---

27 審判時に20歳を超えてしまった場合にも、逆送されることになります（少年法23条３項、19条２項）。

に加え、「死刑又は無期若しくは短期（法定刑の下限）1年以上の懲役・禁錮に当たる罪の事件」に拡大されます。

特定少年については、虞犯事件の対象から除外されます。

保護処分は、①6カ月の保護観察、②2年間の保護観察、③少年院送致の3種類となります。

少年審判で検察官に逆送され、公判請求されることとなった場合には、少年の氏名、年齢、容貌等によりその者が当該事件の本人であることを推知することができるような記事または写真の掲載（推知報道）の禁止が解除されます。

有期懲役刑の上限が30年（17歳以下の少年の場合は15年）となるなど、少年事件において刑事事件と異なる取扱いを設ける特例が適用されなくなります。

4　少年事件における弁護士の役割

成人の刑事事件の場合は、被疑者の弁護をする弁護士を「弁護人」といいますが、少年事件の場合、少年の弁護をする弁護士のことを「付添人」といいます。

「付添人」は、少年審判手続において、少年の立場から意見を述べ、社会復帰のため環境調整を行うなどの活動を行います。少年審判は、刑事裁判と構造が異なるので、刑事弁護人と役割が完全に一致するわけではありませんが、少年に法律的なアドバイスを行い、手続の適正を図るという点では刑事事件における「弁護人」と共通します。

5　少年事件における更生支援コーディネーターの役割

⑴　支援の必要性

少年事件において更生支援計画を立てることは、家裁による要保護性の判断に影響を与えることになります。

少年の帰住先などを確保したり、再度同じ行為に及ばないための支援方針を立てることで、要保護性が低くなったと判断される可能性が高まります。要保護性の判断は、最終的な処分選択に影響を与えます。たとえば、少年院送致ではなく保護観察が選択されるなどして、社会内で更生する機会を得て社会復帰をめざすことができるようになる、ということがひとつの目標になります。

⑵　支援の方法

支援の方法については、アセスメントを行って更生支援計画を立てる点では成人の場合と同様です。

少年鑑別所での面会については、前記のように、拘置所での面会とは異なり、当然認められるものではないので、事前に弁護士と相談のうえ、少年鑑別所に連絡をとって行います。面会の時間・方法などについては、少年鑑別所によって異なりますので、必ず確認をとってください[28]。

また、少年審判では、証拠となるものに制限はありません。そのため、更生支援計画書だけでなく、面会時の記録なども必要であれば証拠として提出することができます。

(3) 家裁調査官等との関係

少年審判では、成人の刑事裁判とは異なり、少年鑑別所の鑑別技官や家庭裁判所調査官といった、非行分析の専門家が存在します。検察官・弁護士が対立当事者として対峙する成人の刑事裁判とは違った考え方が必要となり、家裁の調査官とは対立するのではなく、少年の立ち直りのために「協働」ができるとよい活動ができると考えられます。家裁調査官と更生支援コーディネーターで見立てが異なることも想定されますが、裁判所は家裁調査官の意見を重視しますので、それと異なる見立てを採用してもらうには、家裁調査官は前提としていない独自の資料等を調査したことや、更生支援コーディネーターの見立てが客観的・科学的な方法に則っていることを説明することが必要です。

Ⅷ 医療観察法審判

1 医療観察法とは

「心神喪失等の状態で重大な他害行為を行った者の医療及び観察等に関する法律」(以下、医療観察法といいます)は、2003年に成立、2005年に施行された法律です。

医療観察法の目的は、心神喪失または心神耗弱の状態で(精神の障害のために善悪の区別がつかないなど、通常の刑事責任を問えない状態のこと。本章Ⅱ参照)、殺人、放火等の重大な他害行為を行った人の社会復帰を促進することとされています(医療観察法1条参照)。

---

28 東京少年鑑別所の面会時間は、原則として平日の午前8時30分～午後0時(受付は午前11時30分まで)・午後1時～5時(受付は午後4時30分まで)となっています。

この法律に基づく申立てが検察官によってなされた場合、裁判所は審判を開き、原則として、その人を強制的に入院させて医療を受けさせるか、通院させて医療を受けさせるか、それとも医療を行わないかの決定をすることになります。刑事責任の有無や程度を決定するための刑事司法手続とは、目的、構造、手続などが大きく異なります。

2　対象行為

対象となる行為は、「重大な他害行為」であるとされています（医療観察法1条）。具体的には、以下の行為です（医療観察法2条1項）。

①　殺人

②　放火

③　強盗

④　不同意性交等

⑤　不同意わいせつ

⑥　監護者わいせつ及び監護者性交等

⑦　傷害

傷害以外は、未遂の行為も含みます。

3　対象者

対象となるのは、対象行為を行ったうえで、

①　心神喪失・心神耗弱（本章Ⅱ**2**参照）により不起訴処分（本章Ⅳ**4**参照）となった人

②　心神喪失により無罪判決を受けた人

③　心神耗弱により全部執行猶予判決を受けた人

です。

すなわち、捜査段階で検察官が心神喪失や心神耗弱であると判断して、そのことを理由として不起訴処分とした場合（①）か、公判段階で裁判官が心神喪失を認定して無罪を言い渡した場合（②）、公判段階で裁判官が心神耗弱の認定をしたうえで懲役刑・禁錮刑の執行猶予判決を言い渡した場合（③）が該当します。

ここで注意していただきたいのは、心神喪失・心神耗弱と判断されるのは、必ずしも精神障害の場合に限られないということです（本章Ⅱ参照）。知的障害、発達障害、あるいは認知症などによって心神喪失・心神耗弱との判断がされたケー

図12　医療観察法審判手続の流れ

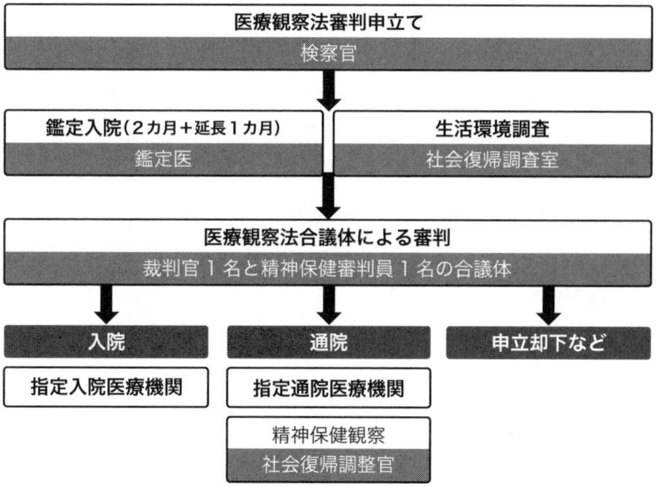

スについても、医療観察法の審判申立てがなされています。

なお、法律的には、前記に該当する場合、傷害の場合を除いて、検察官は、必ず医療観察法の審判申立てをすることになります（**図12**参照）。傷害のうち軽微なものの場合は、検察官の裁量によって判断されることになっています（医療観察法33条3項）。ただし、現在の検察の運用としては、対象となる事件については広範に申立てを行っているようです。

4　医療観察法における関与者

医療観察法審判の手続においては、さまざまな立場の人が関与します。以下、それぞれの関与者の役割について簡単に説明します。

⑴　裁判所

医療観察法審判で最終的な判断をする「裁判所」は、裁判官と精神保健審判員各1名からなる合議体で構成されます。精神保健審判員は、職務を行うのに必要な学識経験を有する医師（精神科医）のなかから任命されます。

さらに、ほとんどの事件では、裁判所は、精神保健参与員を選任し、処遇の要否および内容についての意見を聞いています。精神保健参与員は、精神保健福祉士など、精神障害にかかる保健および福祉に関する専門的知識および技術を有する人のなかから選任されます。

⑵ 付添人

弁護士は「弁護人」ではなく「付添人」として関わることになります[29]。付添人は、医療観察法の手続において、本人の立場に立ち、本人の権利擁護の観点から、対象行為の認定や処遇の要否などについて適切な決定がなされるよう、審判に協力する者として、弁護士のなかから選任されます。その意味で、少年審判における付添人と類似の部分があります。

通常は、医療観察法審判の申立てがなされる前に刑事事件の弁護人として選任されていた弁護士が、引き続き付添人を務めるケースが多いようです。

⑶ 社会復帰調整官

審判にあたっては、社会復帰調整官（精神保健福祉士などの精神保健福祉の専門知識を有した保護観察所の職員）が、本人の生活環境の調査などを行います。社会復帰調整官は、審判の際にとどまらず、入院決定を受けた本人の退院後の生活環境を調整したり、通院決定を受けた本人に対する精神保健観察を実施したりします。

⑷ 家族

刑事裁判とは異なり、医療観察法においては、法律上、本人の家族にも一定の役割が期待されているといえます。たとえば、家庭裁判所は、申立てにより本人の扶養義務者（直系血族および兄弟姉妹）のなかから、審判に出席して意見を陳述したり、退院許可の申立てなどをすることができる「保護者」を選任することができます。また、本人の家族は、社会復帰調整官の調査の対象となり、本人の地域での生活環境を検討する際の一要素と位置づけられています。

5 大まかな手続の流れ

⑴ 当初審判の申立て

検察官は、心神喪失または心身耗弱の状態で対象行為（殺人、放火、強盗、不同意性交等、不同意わいせつ、傷害にあたる行為）を行い、不起訴になった者、無罪または執行猶予等になった者について、「この法律（医療観察法）による医療を受けさせる必要が明らかにないと認める場合を除き」、裁判所に対し、医療観察法による医療を受けさせるか否かの決定をすることを申し立てることとされています

---

29 ただし、本書ではわかりやすさの観点から、法律上は「付添人」と表記すべき箇所についても「弁護士」と表記します。

（医療観察法33条１項）。この検察官の申立てのことを「当初審判の申立て」と呼ぶことがあります。

⑵　鑑定入院命令

申立てを受けた裁判所は、「この法律（医療観察法）による医療を受けさせる必要が明らかにないと認める場合を除き」、鑑定その他医療的観察のため、鑑定入院命令を発することとされています（医療観察法34条１項）。この入院期間は原則２カ月ですが、１カ月を超えない範囲で延長することができます（医療観察法34条２項）。

⑶　審判手続

原則２カ月の鑑定入院期間中に、鑑定人による鑑定（医療観察法37条）、社会復帰調整官による生活環境調査（医療観察法38条）、弁護士による活動、裁判所でのカンファレンスなどが並行して行われます。そして、最終段階で審判が開かれ、審判後に、入院医療・入院によらない医療（通院医療等）・不処遇のいずれかの決定がなされることになります。

この審判手続で弁護士は、記録等の閲覧・謄写をしたり、資料を提出し、意見を述べることができます。弁護士が、不処遇や通院医療が相当であるとの意見を述べるにあたり、提出する資料のひとつとして、本人が今後地域で受ける予定の医療や福祉サービス等を記載した更生支援計画書を作成することが考えられます（詳細については後記**7**参照）。

⑷　審判決定後

入院の決定がなされた場合、本人は、指定入院医療機関において強制的な入院をさせられることになります。期間は概ね１年半とされていますが、入院継続の申立てがなされれば６カ月延長されることになり、法律上は無制限に延長することができます。通院決定がなされた場合には、指定通院医療機関での医療を受けることになります。この医療については、原則３年とされています（医療観察法44条）。

6　医療観察法の問題点

医療観察法は、強制的に本人に医療を受けさせる制度です。当然ですが、本人の意向に反した治療を強制するということは、本人の人権との間に大きなジレンマを生じさせます。

また、実際に医療観察法については、いくつかの問題が指摘されています。

まず、指定入院医療機関はすべての都道府県に設置されているわけではありません。たとえば、2023年現在、四国地方には指定入院医療機関が一つもありません。その結果、帰住先から遠く離れた地に強制的に入院させられて、帰住先の支援環境の調整が難しくなっているケースが発生しています。

また、前記のように、当初は入院の期間は概ね1年半とされていましたが、実際にはより長期化していることが指摘されています。たとえば、医療観察法施行から2020年12月31日までに入院処遇が開始された人を対象とした調査においては、平均在院期間は1,022日、在院期間中央値は827日となっています（重度精神疾患標準的治療法確立事業運営委員会「医療観察法統計資料 2020年度版」）。

さらに、入院処遇から通院処遇への移行や、通院処遇の終了などの判断が裁判所に委ねられるので、治療者と患者の関係性が本来のものから変質したり、本人の主体性が奪われるおそれがあることも指摘されています。

このように、医療観察法にはいくつかの問題点があることは、知っておく必要があります。

7　医療観察法審判における更生支援コーディネーターの役割

(1)　医療観察法の判断要素

医療観察法においては、以下の要素に基づいて、対象となる人に対する医療を実施するか否かを決定するとされています（医療観察法37条1項参照）。

①　疾病性（心神喪失や心神耗弱の原因となった精神障害が存在するか否か）

②　治療反応性（医療を行うことで精神障害の症状が改善するか否か）

③　社会復帰要因（対象者を治療しないで社会に戻すことで、再び同様の行為に及んでしまう可能性があるかどうか）

③の要素については、簡単に言ってしまえば、その人に再他害行為可能性があるかどうかということです。とくに帰住先がないようなケース（家がなかったり、あったとしても他害行為の対象が家族だったりするケース）においては、社会復帰要因の認定が容易ではありません。裁判所は、帰住先がない＝再他害行為可能性が高いと判断するからです。

現在のところ、指定入院機関で行われている医療は、あくまでも精神障害、とりわけ統合失調症のプログラムに特化しています。知的障害のある人などは、行われているプログラムに適合しないケースが多いのです。しかし、知的障害や発達障害の人のケースでも、「精神薬による感情コントロールができるから、治療反応性はある」などとして、入院の決定がなされています。その背景にあるのは、結局、その人が社会に戻った場合に再度同じ行為をするだろうという考えです。

⑵　支援の必要性

医療観察法において更生支援計画は、社会復帰要因に関係します。

審判前の段階で支援を開始し、その人の帰住先などを確保したうえで、再度同じ行為に及ばないための支援計画を立てることで、再他害行為の可能性は軽減されることになります。そのような支援体制を整えることができれば、強制的な入院によることなく、社会復帰をめざすことができます。

したがって、医療観察法審判の対象となる人に対して、更生支援コーディネーターが関わる必要性は高いといえます。

⑶　支援の方法

支援の流れや方法については、他の刑事裁判や少年審判と同様です。

鑑定入院中の病院での面会については、事前に弁護士と相談のうえ、入院先に連絡をとって行います。面会の時間・方法などについては、入院先によって異なりますので、必ず確認をとってください。

また、医療観察法では、少年審判と同じく、証拠となるものに制限はありません。そのため、作成した更生支援計画書などは、弁護士を通せば、意見書の添付資料などとして提出することが可能です。一方で、刑事裁判と異なり、審判では尋問が実施されないこともあります。

第3章 障害についての基礎知識

障害についての基礎知識は、更生支援計画の作成において、本人が起こした犯罪行為と犯罪の関連性や、どのような支援があれば同様の行為を防ぎ、より良い生活を組み立てられるのかを見定めるための重要な情報源となります。

この章では、知的障害や精神障害、発達障害にみられる障害特性や、障害のある人への関わり方を知ることで、更生支援計画に取り入れるべき支援の視点を検討します。

Ⅰ 障害の捉え方と合理的配慮

1 医学モデルと社会モデル

一口に「障害」といっても、その捉え方は時代とともに変遷しています。従来は「医学モデル」の視点が主流であり、機能の障害＝できないことに焦点化していました。医学モデルでは、障害のある個人にスポットを当てて、リハビリテーションなどで障害を克服するということに主眼が置かれていたのです。一方、現在の考え方として主流となっている「社会モデル」は、障害のある個人よりも、その個人をとりまく環境や社会制度に焦点を当てて、障害と個人の状態との間のギャップの解消をめざすことに主眼を置きます。障害のある人にとっての生活のしづらさを感じる点を「社会的障壁」と捉え、この障壁を取り除くのは社会の役割であると考えます。社会モデルの考え方は、国際連合で2006年に採択された「障害者の権利に関する条約」（以下、障害者権利条約といいます）において明記されました。現在は、この考え方をベースにして障害を捉えていくことが求められます。

更生支援計画を作成するにあたっては、社会モデルに基づいて障害を理解することが不可欠です。それは生活のしづらさの背景を紐解き、本人の困難な経験に影響を与えている障害に目を向けるということです。その際に、障害があるから支援が必要であると短絡的に結びつけてしまうこと、犯罪行為と障害を安易に結びつけてしまうことは、更生支援コーディネーター自身が偏見を助長することとなってしまうため避けなければなりません。ただし、医学モデルを無視すればよいというわけではなく、本人の障害や、障害によって生じる特性について、更生支援コーディネーターは正しく理解しておくことが求められます。

2 刑事司法手続における合理的配慮

障害者権利条約は、障害のある人の社会参加について「合理的配慮」を行っていくことを求めており、合理的配慮を行わないことも障害者差別に当たると規定しています。ここでいう合理的配慮とは、「障害者が他の者との平等を基礎として全ての人権及び基本的自由を享有し、又は行使することを確保するための必要かつ適当な変更及び調整であって、特定の場合において必要とされるものであり、かつ、均衡を失した又は過度の負担を課さないもの」とされています（障害者権利条約2条）。そして、この合理的配慮については、司法手続においても実現されることが求められています（障害者権利条約13条）。

しかし、生活をするうえで福祉的な支援を必要としているにもかかわらず、そのニーズが看過されたまま矯正施設へと収容されてしまう障害のある人は、少なからず存在しています。その背景としては、司法手続において障害のある人への理解が十分でなく、必要な合理的配慮がされていないことが挙げられるでしょう。2011年の大阪実姉殺害事件[30]では、加害者の障害特性を十分に考慮できていないままに判決が下されるということもありました。

障害のある人への支援は、司法との連携が重視されるといった新たな展開の渦中に置かれています。このような動きのなかで、障害のある人の支援に携わるソーシャルワーカーは、今あらためて、「社会モデル」や合理的配慮に挙げられるような視点で問題を捉え、障害のある人への支援の方法などを検討する必要があるでしょう。

---

30 大阪地裁平成24年7月30日判決。発達障害のある男性が自分の実姉を殺害した事件の裁判で、社会内に発達障害者支援の仕組みがないとして求刑を超える刑が言い渡されました。ただし、この判決は控訴審で破棄されています（大阪高裁平成25年2月26日判決・判例タイムズ1390号375頁）。

Ⅱ 知的障害

1　知的障害とは

知的障害は精神遅滞とも表される知的発達の障害です。知的障害は、知的機能や適応機能に基づいて診断されます。さまざまな中枢神経系が原因となるため、正しい診断を受けて、早期に療育・教育を行う必要があるとされています。

知的障害の定義については、国際的にも議論が交わされており、AAIDD（アメリカ知的・発達障害学会）は、「知的障害は、知的機能および適応行動の双方の明らかな制約によって特徴づけられる能力障害である。この障害は18歳以前に発現する」とし、この定義の適用にあたっては以下の５つの前提が不可欠としています[31]。

① 現在の機能における制約は、その人と同年齢の人々や文化的に典型的な地域社会環境に照らして検討されなければならない。

② 妥当な評価は、コミュニケーション、感覚、運動、および行動の要因の差異はもちろんのこと、文化や言語の多様性を考慮しなければならない。

③ 個人のなかには、制約と高い能力が共存する場合が多い。

④ 制約を記述することの重要な目的は、必要な支援プロフィールを策定することである。

⑤ 適切かつ持続的な個別的な支援があれば、知的障害のある人の生活上の機能は全般的に改善するだろう。

厚生労働省「ｅ-ヘルスネット」によると、「適応機能とは、日常生活でその人に期待される要求に対していかに効率よく適切に対処し、自立しているのかを表す機能のこと」[32]であるとされています。適応機能には、対人関係におけるコミュニケーション能力、金銭管理など社会生活を営むために重要な要素が含まれています。

DSM-5-TRでは、知的障害は、「発達期に発症し、概念的、社会的、および実

---

31 独立行政法人国立特別支援教育総合研究所「特別支援学校（知的障害）高等部における軽度知的障害のある生徒に対する教育課程に関する研究――必要性の高い指導内容の検討（平成22年～23年度）研究成果報告書」（2012年３月）13頁より引用。

32 厚生労働省ｅ-ヘルスネット「知的障害（精神遅滞）」<https://www.e-healthnet.mhlw.go.jp/information/heart/k-04-004.html>。

用的な領域における知的機能と適応機能両面の欠陥を含む障害である」とされています。満たすべき基準として、以下３項目が挙げられています[33]。

① 臨床的評価および個別化、標準化された知能検査によって確かめられる、論理的思考、問題解決、計画、抽象的思考、判断、学校での学習、および経験からの学習など知的機能の欠陥。

② 個人の自立や社会的責任において発達的および社会文化的な水準を満たすことができなくなるという適応機能の欠陥、継続的な支援がなければ、適応上の欠陥は家庭、学校、職場、および地域社会といった多岐にわたる環境において、コミュニケーション、社会参加、および自立した生活といった複数の日常生活活動における機能を限定する。

③ 知的および適応の欠陥は、発達期の間に発症する。

従来の知的障害の分類では、知能指数（IQ）だけを基準として重度・中度・軽度に分けていましたが、AAIDDやDSM-5-TRなどによる新しい分類においては、他者とのコミュニケーションや当人の社会生活に対する適応といった、環境因子や生活能力に焦点を当てており、生活の困難さの程度で障害の軽重が分けられることになりました。

2 知的障害のある人の生きづらさ

知的障害は、知的機能と適応機能両面の欠陥を含む障害です。もちろん、知的な障害ゆえに「〜ができない」ということもその生きづらさのひとつといえますが、それだけではなく、コミュニケーションにおいて周囲との違和感がある人も少なくありません。たとえば、コミュニケーションの中で、相手から「この人は全然理解していないな」と思われていることを感じ取り、つらい思いをする人もいます。その結果、「バカにされたくない」「できないと思われたくない」と思い、わかっていなくてもわかっているように振る舞ったり、周囲に助けを求めることができなかったり、同じ障害のある人に対して差別的な言動をとってしまったりすることがあります。

---

33 DSM-5-TRにおいては、従来の「知的障害」から「知的発達症（知的能力障害）」へと名称変更がされています。

3　知的障害のある人との関わり方

生活上の困難や認知機能、コミュニケーションスキルの特徴について配慮しながら、知的障害のある人とより良い関わりを築くためには、以下の点に気をつけることが有効です。

⑴　本人の尊重

知的障害は知的機能や適応機能の欠陥を含むため、どうしても周囲が本人を子ども扱いし、保護的に関わる傾向があります。しかし、子どものように扱われると、当然に侮辱されたと感じ、人によっては怒りを感じ、非協力的になることもあります。その人が生活して培ってきた経験は重要なものであり、その価値を決して否定してはいけません。

知的機能を判断するための目安としてIQが用いられるため、その数値に焦点が当たることが多いですが、その人のIQを基準として関わり方を判断するべきではありません。その人の実際の年齢に応じた、本人を尊重する関わりが求められます。知的障害がある人のIQに合わせるのではなく、知的障害があったとしても一人の人間として尊重していることをわかりやすく示すことが、信頼関係の構築には欠かせません。

⑵　コミュニケーションの工夫

知的障害があると、理解力、言語力、記憶力などの制限のために口頭でのコミュニケーションを苦手とする人が多くいます。口頭でのコミュニケーションを補うための有効な手立てとして、視覚化があります。話し合っている内容や約束したこと、今後の予定などを本人にとってわかりやすい方法、たとえばイラスト・図などを使って確認したり、あるいは、支援者が本人とやりとりをしながら、同時にその支援者とのやりとりを本人に理解しやすい形でノートに記録して一緒に見るなどといった方法を用いることも、円滑なコミュニケーションに役立ちます。あわせて、難解な単語や漢字、抽象的な表現を避けることも大切です。ただし、書字の理解能力に応じたやさしい言い回しや表現を使う際には、本人の能力に見合ったレベルでの言い換えや言い回しの選択をすることが求められます。たとえば、すべての文字をひらがなで表現することは、一定程度漢字を理解できる人にとっては「バカにされた」と感じさせるかもしれません。

一文を短くすることや、一文で１つのメッセージだけを伝え、相手の理解度を確認しながら適宜補足していくこともひとつの方法です。

このような配慮をすることで、本人の真の思いを引き出していくことができるでしょう。本人にとって何が理解しやすいのかという視点から、関係づくり、会話の進め方や内容などを検討し、常に自分の関わりや言語表現を振り返ってみることが求められます。

⑶ 情報の取捨選択や優先順位づけ

知的障害のある人のなかには、複雑な情報を取捨選択し必要な情報を抽出することや、自分がすべきことの優先順位をつけることを苦手とする人が多くいます。こちらからの質問に対してテンポよく回答できないことも少なくありません。そのような場合は、急かすのではなく、本人が考えている時間なのか、理解ができずに回答に窮している状況なのかを慎重に判断して、臨機応変に対処していくことが求められます。

これらを踏まえたうえで、本人に情報を提示する際に一気にすべてを伝えるのではなく、伝えるべき情報を取捨選択し、優先順位をつけて提示すること、本人の理解力や注意の持続力にも配慮しながら進めていくことが重要です。

⑷ 環境への着目

コミュニケーションにおいては、そもそも本人が集中できる環境を設定することも必要です。たとえば、他者の出入りや雑音が多いところではなく、静かな環境で話をすることで、はじめて本人が情報を理解することができたりします。また、対面で座って話をするのか、隣に座って話をするのかによっても、本人に与える印象は大きく違ってきます。

しかし、刑事司法手続においては、面会の際の制限が多く存在し（第２部第３章参照）、このような環境設定の工夫の余地が少なくなってしまっています。更生支援コーディネーターとしては、このことを念頭に置いて、前記のような方法を用いることで、円滑なコミュニケーションをめざしていく必要があります。

Ⅲ 発達障害

1 発達障害とは

2005年に施行された発達障害者支援法では、発達障害は、「自閉症、アスペルガー症候群その他の広汎性発達障害、学習障害、注意欠陥多動性障害その他これに類する脳機能の障害であってその症状が通常低年齢において発現するものとして政令で定めるもの」と定義されています。また、DSM-5以降では、自閉性障害、アスペルガー症候群、広汎性発達障害が、自閉スペクトラム症としてまとめられました。この変更の目的は、「これら各障害の症状は、それぞれがはっきりと区別される障害であるというよりも、社会的コミュニケーションの制限、および反復性の行動と興味、という２つの領域における軽度〜重度の能力低下という１つの連続体を示している」ためとされています。

この自閉スペクトラム症を含めた発達障害については、複数の診断名が併存する（たとえば、自閉スペクトラム症と注意欠如・多動症の２つの診断名がつくことなど）こともありますし、同じ診断名であっても、障害の程度や発達段階、生活環境などによって、現れる特性は違ってきます。ここでは、とりわけ法的トラブルとの関係で取り上げられることの多い自閉スペクトラム症と注意欠如・多動症について説明します。

⑴　自閉スペクトラム症（Autism Spectrum Disorder: ASD）

自閉スペクトラム症は、従来、自閉症、アスペルガー症候群、そのほかの広汎性発達障害などとされていた障害です。前記のとおり、DSM-5において、これらを１つの連続体とみて、自閉スペクトラム症という診断名として整理されました。従来の発達障害の診断基準カテゴリーである広汎性発達障害とほぼ同じ内容を指しています。症状の現れ方は個人によって異なり、程度も千差万別ですが、伝統的には次のような３つの能力障害があるといわれています。

①　対人交渉（相互的な対人関係）の質的な障害

他者との相互的な交流が困難なことが基本的な特性。たとえば、他人との物理的距離を測ることが難しかったり、人より物に対して強く興味を持ったりします。また、相手の話を理解したり表情や仕草から意図を読み取ることに困難さがあり、言葉を文字どおり受け取ってしまったり、言葉の裏を読むことが苦手といったことがあります。

ただし、社会性は発達しないわけではなく、ゆっくりと発達し変化していきます。また、知的能力の高い人たちは、これまでの経験をもとに自分で特性が目立たないようにカバーしていることも多いです。

②　コミュニケーションの質的な障害

コミュニケーションの発達に障害があるのではなく、コミュニケーション方法や表出（話すことや表情・仕草など）に独特さや偏りが現れます。たとえば、視線を合わせることができなかったり、声の抑揚やリズム、早さに偏りがあり、話し方が単調であったりします。

③　想像力とそれに基づく行動の障害（こだわり行動）

自分の行動の結果から何が起こるかを想像しづらく、見通しを持つことができないため、同じ行動パターンを繰り返す傾向があります。それゆえに変化を嫌い、特定のものを集めたり執着するといった「こだわり」といわれる行動がみられることもあります。

これらを「三つ組」の障害といいます。このような三つ組の障害によって、自分の視点にとどまりやすく、他者の視点に転換することが難しい結果、社会生活に支障をきたす場合が多く、たとえば、言葉を字義どおりに捉えてしまったり（俗にいう「行間が読めない」）、明確に示されていないがその集団の構成員にとっては従うことが当然とされる暗黙のルールを守れない（俗にいう「空気が読めない」）などの状態が出てきます。

なお、知的障害を伴う場合もあれば、そうでない場合もあります。

他者の視点に立って物事を捉えることが難しいため、場合によっては他者に共感しづらくなることもあります。ただし、他者への共感がしにくいからといって、決して心が冷たいわけではなく、感情がないわけではありません。かなり意識しないと、ほかの人の視点で状況や気持ちを考えることが難しく、そのために本人の意図しないうちに、自分勝手で不遜な振る舞いをする人、あるいは場にふさわしくない奇異な言動をとる人と思われてしまいやすいということです。

ほかにも、規則的なものへのこだわりがあるといったケースが多くみられます。たとえば、幼いときはおもちゃを延々と一列に並べたり、規則的に動く鉄道に強い関心を抱くことなどがあります。こうした規則性へのこだわりがあまりに強いと生活面での支障をきたして生きづらさが増すケースもあり、布団の端を揃えないと寝られない、手を洗ったか何度も確認したがる、など人によっては強迫症による症状に類似するように見える場合もあります。

また、感覚過敏がある場合もあり、音や匂い、体温の変化などに敏感になっていることがあります。とくに音への過敏さについては、それによって生活音に強いストレスを感じて器物損壊などの犯罪行為につながっているケースなども存在しています。

これらの障害特性は自閉スペクトラム症の診断を受けた人に一律に出現するものではなく、それぞれの内容や程度は人によって異なります。

⑵　注意欠如・多動症（Attention-deficit/ hyperactivity disorder: ADHD）

ADHDは、年齢や発達に不つりあいな不注意さや多動性、衝動性を特徴とする発達障害で、日常活動や学習に支障をきたす状態をいいます。集中力が続かない、気が散りやすい、忘れっぽいなどの「不注意」、じっとしていることが苦手で落ち着きがないなどの「多動性」、思いつきで行動してしまうなどの「衝動性」という特性をそれぞれ指します。こうした行動は小さい子どもなら少なからずみられますが、その程度や頻度が並はずれている場合にADHDと診断されます。しかし、発達期にある子どもには、不注意や多動性は一定程度共通してみられる特性でもあるので、まわりの人たちに障害という認識を持ってもらえないことがあります。

周囲の正しい理解が得られないと、「乱暴者、落ち着きのない人」「きちんとしつけをされていない子ども」というような否定的な評価を受けやすくなり、その家族もまた、「育て方が悪い」と責められたり、「本人の性格の問題ではないか」などと誤解してしまうことがあります。診断のない状態では、本人は自らの努力が足りないのだという誤解が生じやすく、それが否定的な評価につながり、自分に肯定的なイメージが持てなくなってしまう場合があります。

2　発達障害と二次障害

発達障害は、周囲の理解不足により、「本人のわがまま」や「親のしつけの問題」であると捉えられてしまうことがあります。また、発達障害という言葉が一人歩きし、環境的な要因に起因する問題行動であっても、それを発達障害によるものだと決めつけられ、育児放棄されたり、本来あるべき環境から排除されてしまい、十分な経験や成長の機会を得られなくなってしまうことがあります。

発達障害のある人は、生まれつき脳の器質が定型発達の人[34]と違っているために、幼児のうちから障害特性が現れることになります。そのため、定型発達の人を対象とした育児方法ではなく、障害特性に合わせた育児が必要となります。そのような対応がなされない場合、子どもの視点から見ると、自らの行動を常に否定されたり、規制されたりすることの連続になり、情緒の発達に支障をきたす場合があります。

34　発達障害のない人のことをこのように呼ぶことがあります。ただし、発達障害は前記のとおりスペクトラム（連続体）であり、障害が「ある」「ない」と二分されるものではないということには注意が必要です。

また、成長するにつれ、自分自身の持つ不得手な部分に気づき、社会とのすれ違いのなかで生きにくさを感じる人も現れます。そして、このような社会環境との不適応や自尊心の低下などから引き起こされる二次的な問題として、いわゆる二次障害があります。

発達障害は、周囲からは脳のメカニズムの違いが理解されず、その人が持つ本来の能力とは異なった評価を受け、「見えにくい」障害として周囲との亀裂や自己評価の低下を招くことがあります。そういった周囲とのすれ違いから、何かしらの被虐体験を持つ人が多く存在します。こういったネガティブな体験ほど強く心と体に影響を与え、その体験から脱出することはきわめて難しいといわれています。その経験の影響から、二次障害が引き起こされることになります。

二次障害は、大きく分けて内在化障害と外在化障害に分類されます。内在化障害は、不安や気分の落ち込み、強迫症状、対人恐怖、引きこもりといった情緒的問題として自己の内的な苦痛を生じさせます。その結果、分離不安症や社会不安症、うつ病、強迫症などの障害を併発することもあります。外在化障害は、極端な反抗や暴力、家出、ひいては犯罪行為など、行動上の問題として他者に影響を及ぼすような形で現れます。その結果、反抗挑戦症や素行症など、対人関係に大きな問題を生じさせるようになります。

こうした二次障害は、現在の社会ではきわめて起こりやすい事象だといわれています。二次障害は、本人の障害特性に対して、本人をとりまく環境が適合的ではないことから生じるため、本人をとりまく環境や社会の側が変わっていくことが求められます。適切な支援を行って二次障害が生じない環境づくりをしていくことに加え、仮に二次障害が出た場合には、それに対応することが必要になります。安全感・安心感の保持を心がけることや、本人に対して情緒的な関わりをすることが効果的です。

3　発達障害のある人との関わり方

発達障害のある人の障害特性は、多岐にわたります。たとえば、聴覚情報の処理能力が高くて、視覚情報の処理能力が低いという人もいれば、その逆の人もいます。その人の障害特性に合わせたコミュニケーション方法を選択していくことが必要です。たとえば、聴覚情報の処理が苦手な人に対しては、文字や絵を使って視覚的に伝えることが効果的です。前記Ⅱ**3(2)**でも述べたように、視覚化の工夫をしてみましょう。

抽象的で曖昧なことを理解することが苦手な人もいます。この場合には、なるべく具体的な話を端的に伝えていくことが重要です。たとえば、法律で定められたルールや対人関係の暗黙のルールを理解できないという場合には、それを視覚化して具体的に伝えるなどすることも必要です。この際、「○○してはいけない」と禁止を伝えるのではなく、「△△する」と望ましい行動や言動を示すように伝えることも心がけましょう。

目の前にないことや経験していないことを想像することが苦手という場合には、必要な情報を視覚的に再現するなどすることも有用です。たとえば福祉サービスを利用していない人にグループホームの説明をする場合に、単に言葉だけで伝えるのではなく、グループホームの写真を見せたり、動画を見せたりすることで、理解がしやすくなることがあります。

注意の切り替えが苦手、全体を見ることが苦手といった場合もあります。その際には、細部への注目が得意なところを活かし、一度に多くの情報を伝えず、情報を小分けにし整理して伝えることが効果的です。自分で計画が立てられない人には、見通しが持てるように段取りやスケジュールを示すことが求められます。

発達障害のある人は、その障害の社会的な認知の低さから偏見を受け、他者とコミュニケーションをとることに否定的・消極的になってしまっている人が少なくありません。関わることを通して、発達障害のある人たちにとって安心できる環境の一部になることが更生支援コーディネーターには求められています。

一方で、前記の社会モデルや合理的配慮の考え方を踏まえると、本人へのアプローチのみならず、周囲の理解を求めるために働きかけるという視点も重要となります。発達障害や後に説明する精神障害などは見えにくい障害であり、周囲の理解がなかなか得られないことがあります。それは家族にとっても同様です。支援者としては、このような前提を踏まえたうえで、周囲の理解をどう得ていくかについて考えることも求められます。

Ⅳ 精神障害

1 精神障害とは

精神障害について、「精神保健及び精神障害者福祉に関する法律」(以下、精神保健福祉法といいます)は、「この法律で『精神障害者』とは、統合失調症、精神作用物質による急性中毒又はその依存症、知的障害その他の精神疾患を有する者をいう」(同法5条)と定義しています。しかし、一般によく知られているうつ病などの例示はなく、「その他の精神疾患」にひとまとめにされていたり、知的障害も含まれていたりと、とても幅広い定義になっています。一方で、障害者基本法においては、「……精神障害(発達障害を含む)……がある者であって、障害及び社会的障壁により継続的に日常生活又は社会生活に相当な制限を受ける状態にある者」(同法2条)が「障害者」の定義として示されています。このように、精神障害の定義は法律によっても異なっています。

精神障害の発生メカニズムについては、未だ明確な答えが出されていませんが、個人因子(ストレス脆弱性、神経の過敏さといった、その人が持っている特徴)や環境因子(その人が生活する環境による影響や日常的なストレス)など、複数の因子が重なり合うことで、脳内の神経伝達物質のバランスが崩れてしまい引き起こされると考えられています。

いずれにしても、精神障害には、その症状から、就労や学業を続けられず社会的孤立に陥ったり、自尊心や自信が欠如したりといった「生活のしづらさ」が生まれてきます。このような状態を、「精神疾患による社会的な障害があるもの」として、精神障害と捉えます。そのため、精神障害には、社会生活や人間関係といった環境の変化が影響を与えるといわれています。

2 代表的な精神疾患の特徴と配慮

ここでは、更生支援計画を作成するにあたり、とくに関わることが多くなると想定される精神疾患について紹介をします。

(1) 統合失調症／統合失調スペクトラム症

統合失調症は、主に思春期から青年期に発症する疾患で、人口の約1％が罹患する発症率の高い病気です。DSM-5-TRでは、統合失調(パーソナリティー)症、妄想症、短期精神症、統合失調様症、統合失調症、統合失調感情症などをひとくくりにして「統合失調スペクトラム症」と分類しています。

統合失調症の原因は現在までのところ解明されておらず、さまざまな要因が絡み合って起こる(多因子)と考えられています。原因のひとつに遺伝的素因が挙げられますが、これにはある種のストレスに対する脆弱性と関連があるといわれており(ストレス–脆弱性モデル)、発症や再発には環境要因も大きく作用するとされています。

症状は大きく陽性症状と陰性症状に分類されます。陽性症状は、本来心の中にないものが存在するとされる症状で、統合失調症初期（急性期）から再発時にかけて現れます。症状の一例として、「悪口が聞こえる」「自分を監視している人がいる」「自分の考えを盗みとられている」といった幻覚や妄想が挙げられます。陰性症状は、感情の減退や、喜怒哀楽に乏しくなり社会から孤立し引きこもり状態に陥ってしまうなど、慢性期にかけて現れる症状です。人々と交流しながら家庭や社会で生活を営む機能が障害を受け、感覚・思考・行動が病気のために歪んでいることを自分で振り返って考えることが難しくなりやすいという特徴を併せ持っています。そのため、こうした陰性症状は幻覚や妄想といった陽性症状と比べるとわかりにくい症状でもあります。また、陽性症状・陰性症状と同時に、判断力・記憶力などが低下する認知機能障害も現れます。

統合失調症は環境やライフイベントによるストレスによって再発を招きやすく、また急性期の治療を経て陽性症状が落ち着いてからも陰性症状により社会生活の維持向上が困難になる病気であるため、精神科医療との連携や精神科リハビリテーションを活用した継続的な関わりが重要となります。

このような統合失調症の人へは、安心とゆとりある対応をするという配慮が大切です。とりわけ陽性症状が現れる急性期では、症状により対人関係に極度に敏感になっており、身近な人から強すぎる感情表出を受けることで、そこからのストレスが症状を悪化させる引き金のひとつとなる場合があります。

批判的・非難的な言い方や、あるいはオロオロと心配し過ぎることは、本人のストレスを高めることにつながります。幻聴や妄想は、本人からすれば実際に体験していることであると認識されているため、頭ごなしに否定してしまうと、本人の不安感や恐怖感を高めることにつながります。一方、幻聴や妄想を肯定することは、それらに焦点化することを促進し、症状を悪化させる可能性があるので注意が必要です。場合によっては、本人との信頼関係に支障をきたすこともあります。

無理に肯定や否定をするのではなく、今本人が何を思っているのか、どんな不安を抱いているのかなど、本人の気持ちを受け止めることが肝要です。小さなことでも本人の良い面を見つけ、それを認めていることを言葉で表現する、困ったことについては具体的な解決策を一緒に考える、という接し方が理想的です。

⑵　うつ病

うつ病とは気分障害のひとつで、気持ちが滅入ったり気分が落ち込むといった抑うつ気分と、興味や喜びの感覚がなくなり意欲が低下する抑制症状、および不眠が主な症状となります。気分の日内変動（朝方に抑うつが強く現れる）や、「死にたい」と思う自殺念慮を伴うこともあります。

うつ病の原因は、もともとの遺伝的素因に加え対人関係やライフイベントなどによるストレス、過労やホルモンバランスの崩れなどによる身体的な要因が複雑に絡み合い、脳機能に変調をきたすためと考えられています。

うつ病の精神症状には、悲しい、不安である、イライラする、集中力がない、細かいことが気になる、悪いことをしたように感じて自分を責めるなどがあります。周囲からも、表情が暗い、涙もろい、反応が遅い、落ち着かないなどと評価されることがあります。

身体症状としては、不眠のほかに食欲の低下があり、体重の減少が顕著となる場合があります。なかには、うつ病の症状に自力で対処するためにアルコールの摂取量が増え、アルコール依存症に移行してしまう場合もあります。このような自己治療的なアルコールの使用については、断酒するだけでは問題の解決になりません。むしろ、うつ病の症状を緩和するために用いていたアルコールがなくなることで、本人が感じている苦しさやつらさが増強してしまい、自殺念慮へと発展してしまう可能性があります。そのため、原疾患であるうつ病への適切な対応や環境調整が重要となります。

自殺企図はうつ病の回復期に多いとされており、とくに注意が必要です。2007年以降、警察庁では自殺の原因・動機について統計データを公表していますが、2022年中における自殺の状況を見ると、自殺者数の合計28,355人中、その原因・動機が「健康問題」にあるものが12,774人で最も多く、そのなかでもうつ病によるものは4,598人となっています[35]。

うつ病の治療は十分な休養をとることに主眼が置かれます。激励や気晴らしのためのレジャーに誘い出したりしない配慮が必要です。なぜなら、元気になれない自分や楽しめない自分に絶望して症状が悪化してしまうことがあるからです。

うつ病の人への配慮の基本は、励まさないで、相手のペースで話を進めることです。頑張らないといけないということは、本人が一番よく自覚していますが、身体も頭も思うように動きません。「頑張れ」と言われることは、本人にとっては焦りが高まり、責められていることと同じですので、避けるようにします。ま

---

35 警察庁生活安全局生活安全企画課『令和４年中における自殺の概要資料』より引用。

た、時間も場所もゆとりのあるところで話を聴くことやプライバシーには十分配慮することも重要です。自分を責め続け、追い詰められている日々を過ごしていると感じているため、本人のつらい気持ちに共感しながら、話に耳を傾けることも大切です。

また、うつ病の人のなかには「死ねたらどれだけ楽になるか」と思っている人がいます。家族のために自殺を我慢している人も少なくありません。そのため、本人が自殺に関する話題を出したときには、それを忌避するのではなく、話してくれたことに対して肯定的な反応を示し、自殺したいくらいつらい気持ちであることに共感しつつ、医療機関などと連携するようにします。

⑶ 双極症

双極症は、従来までの診断基準では抑うつ症候群として分類されていましたが、DSM-5以降、うつ病とは異なる病態であると捉えられ、抑うつ症候群とは別に独自の項目がつくられるようになりました。

双極症のうち、抑うつ状態に加え明白な躁状態が起こる場合を「双極症Ⅰ型」といいます。双極症Ⅰ型の躁状態では、自尊心の肥大や、自他に損害が生じる可能性のある活動に熱中するといった過活動、多弁で休む間もなくしゃべり続けようとする切迫感が主な症状として現れます。睡眠欲求の減少により、短時間しか寝なくても元気に活動する状態も現れやすい症状です。仕事や勉強には精力的に取り組むのですが、注意散漫で、1つのことに集中できず課題を達成することができません。高額な買い物をして何千万円という借金をつくってしまったり、法的な問題を引き起こしたりする場合もあります。失敗の可能性がきわめて高いことでも次々と行ってしまうため、社会的信用を失い、仕事をやめざるをえなくなるケースも存在します。

抑うつ状態に加え、軽躁状態が起こる場合を「双極症Ⅱ型」といいます。軽躁状態は、双極症Ⅰ型の躁状態に比べると軽度ではありますが、軽症というわけではありません。双極症Ⅱ型も、長い期間の抑うつ症状と易怒的な気分の高揚や自尊心の肥大などの軽躁状態を繰り返すことで、就労面など社会機能面で深刻な障害を伴う可能性があります。

躁状態と軽躁状態に共通して、本人は自分の変化を自覚できていない場合が多いということには留意が必要です。大きなトラブルを起こしていながら本人はほとんど困っておらず、周囲の困惑に気づくことができません。また、双極症では病識のない人が多く、病院を受診することの必要性を認識することができない場合もあります。まずは、「このところまったく寝ていないようだけど、疲れが溜まっているのではないか」といったように、精神の問題よりも身体の問題に焦点化して病院の受診を勧めることが効果的なこともあります。

なお、自殺については、うつ病よりも双極症のほうがリスクが高く、さらに、抑うつ状態のときよりも、躁状態・軽躁状態のときのほうが発生率が高いといわれています。

⑷ 依存症／嗜癖

物質の使用や行動について、やめるべきなのにやめられない状態になることを一般的には「依存症」といいます。精神疾患の診断名としては、物質の使用については、物質使用症、行動については嗜癖性行動症などが用いられ、総称して嗜癖（アディクション）などといわれます。

物質使用症は、アルコール、大麻、幻覚薬、吸入剤（シンナーやブタンガスなど）、オピオイド、睡眠薬や抗不安薬、精神刺激薬（覚醒剤やコカインなど）などの物質を使用することにより生じる障害です。嗜癖性行動症は、ギャンブル行動症、放火症、窃盗症、ゲーム行動症など特定の行動をやめることができないという障害になります。

ここでは、刑事司法手続の対象となる人に比較的多くみられるアルコール依存症、薬物依存症、窃盗症について取り上げます。

(i) アルコール依存症（アルコール使用症）

アルコールは、長期間にわたって大量に使用することで依存を形成します。依存とは、飲酒への強い欲求（渇望）がある、飲酒量のコントロールができない、耐性の形成により飲酒量が増える、離脱症状が現れる、飲酒以外のことに関心が持てなくなる、飲酒により有害な結果が起きていても飲酒をやめようとしない、といった状態を指します。

本来、飲酒してはならないような状況でも感じるような強い飲酒欲求を「飲酒渇望」（クレービング）と呼び、アルコール依存症の人はこの渇望に苛まれます。耐性の形成とは、同じ量のアルコールを飲んでも同じ効果が得られなくなることです。いわゆる「酒に強くなる」状態で、酩酊するためには大量の飲酒が必要となります。

習慣的に大量の飲酒を続けていると、アルコールが切れたときにさまざまな身体症状や精神症状が出現します。これを離脱症状といいます。アルコールを最後に使用してから数時間から数日以内に現れる症状で、発汗、頻脈、手指振戦、不眠、嘔気嘔吐、不安・焦燥、イライラ感などがあります。重度になると幻覚や振戦せん妄といわれるような精神症状を呈することがあります。虫や小人などの幻覚が現れる「小動物幻視」は、離脱時にみられる特徴的な症状のひとつです。振戦せん妄は、発汗・発熱などの自律神経機能亢進症状に加え、全身性の震えと見当識障害や幻覚などを伴う意識障害が混在した状態が、最後の飲酒から２～４日程度以内に現れ、数時間から数日間続きます。また、てんかんの大発作のような痙攣発作（いわゆるアルコール性てんかん）を起こすこともあります。

本人は依存が形成される過程でアルコールの使用を減らそうとしたりやめようとしたりすることもありますが、この離脱症状のつらさを経験するとなかなか自分自身の力だけでやめることが難しくなります。また、飲酒による人間関係や仕事上のトラブルによって自責感が強まり、それを紛らわすためにアルコールによる酩酊をさらに必要とする状態に陥ってしまいます。このようにしてやめたくてもやめられない状態となるため、飲酒が生活の中心となり、家族・友人関係や仕事などの社会生活が破綻するまで飲み続けてしまいます。そして、酩酊時のトラブルのほか、アルコール性肝障害をはじめとしたさまざまな身体合併症を引き起こし、場合によっては命を落としかねない重篤な病気に発展します。そのほか、アルコールによって統合失調症様の症状が誘発されるアルコール誘発性精神症（いわゆるアルコール精神病）などの障害もあります。

アルコール使用症の治療は、アルコール専門治療機関などで行われます。急性期ではアルコールの解毒治療や離脱症状の緩和のための薬物療法などの治療が行われ、次にアルコールの使用が心と身体や社会生活にもたらす影響などについて学ぶ心理教育と、アルコールと距離を置いて生活していく方法を身につけるための認知行動療法などが組み合わされて行われます。また、アルコール使用症は個人因子だけでなく環境因子によるところも大きいため、家族やパートナーなどの身近な人々も治療対象となります。アルコール使用症は慢性の進行性の病気といわれることもありますが、本人も周囲にいる人々も病気に対する正しい知識を獲得し、環境調整を図ることで回復することができる病気です。回復の過程で何らかの要因により再飲酒（スリップ）してしまうことも往々にしてありますが、断酒することのみを目的とせず、本人やその周囲の人々の困りごとに丁寧に向き合い、本来のその人らしい暮らしを取り戻し、人生に新たな意味を見出していけるよう支援することが重要です。

本人には、「酒なんかいつでもやめられる」「自分は他の依存症者とは違う」などといった「否認」があるのも大きな特徴です。本人も家族も飲酒による失敗を何度も経験しているため、自己評価が極端に低くなったり、自暴自棄になったり、時には強い防衛が働くこともあります。このような場合、飲酒問題を直面化し本人に無理に認めさせようとしても、本人を追い詰めて飲酒欲求を刺激するだけであまり意味がありません。すでに同じ問題と向き合い、新たな人生を歩み出そうとしている「先ゆく仲間」との出会いが助けとなります。断酒会やAA(Alcoholics Anonymous)などの自助グループに参加し、メンバーの体験談に触れるなかで「自分も同じかもしれない」という共感が生まれ、徐々に病気を受容できるようになっていく場合もあります。また、実際に回復していっているメンバーの姿がロールモデルとなり、少しずつ自信や希望を取り戻していくことができるようになることもあります。アルコール治療の柱に自助グループへの参加が据えられているのはこのためです。

(ii) 薬物依存症(大麻使用症、精神刺激薬使用症など)

薬物依存症とは、自分の意志では薬物の使用をコントロールできなくなってしまう障害です。薬物の効果が切れてくると、再び薬物を使用したいという強い欲求(渇望)が湧いてきて、その渇望をコントロールできずに薬物を使ってしまう状態をいいます。この場合の薬物とは法律によって規制がなされているものだけを指すわけではなく、精神科医療で処方される薬物や市販薬にも、その副作用として依存症や中毒症状を引き起こすものがあるということが指摘されています。

薬物依存症は、薬物の乱用の繰り返しの結果として生じた脳の慢性的な異常状態で、アルコール依存症と同様に、手の震えや幻覚・意識障害などの振戦せん妄と呼ばれる離脱症状が生じる身体依存と、渇望に抗しきれず、自制が働かなくなる精神依存などが主な症状として現れます。

薬物中毒は、急性中毒と慢性中毒とに分類されます。急性中毒は生命の危機を招き、場合によっては死に至ることもあります。他方、慢性中毒は薬物依存に陥っている人がさらに乱用を繰り返した結果として発生する状態です。この状態に至ると、原因薬物の使用を中止しても、幻覚や妄想などの症状は自然には消えることが困難となります。

適切な治療を行うことにより、3カ月以内には覚醒剤精神病の幻覚や妄想の大半を消し去ることはできますが、薬物依存に「完治」はありません。薬物の使用を断ち、その後は渇望に打ち勝ちながら、再使用しないように自己コントロールし続けることが治療となります。

薬物依存症の人への関わりの鍵として、それまでの薬物使用に関係していた人間関係、場所、お金、感情、ストレスなどの状況を清算し、薬物を使わない生活を持続させることがあります。ただし、これらのことを一人で実行し続けることは、ほとんど不可能に近いとされています。持続させるためには、これらの作業を、認知行動療法を取り入れた治療プログラムで体系的に習得させてくれる医療施設・相談所に通い続けたり、ダルク（Drug Addiction Rehabilitation Center）やNA（Narcotics Anonymous）などの自助活動に参加して、薬物を使わない新しい仲間をつくることなどが大切です。

物質使用障害がなぜ起こるのかを考える際、「自己治療仮説」に当てはめてみることができます。依存症になる背景には何らかの心理的・身体的苦痛や困難があり、それらの苦痛を一時的にでも緩和するためにアルコールや薬物を使用して凌いでいるのではないかとする考え方です。依存症の人の多くが、何らかのトラウマ体験や、うつ病その他の精神疾患、発達障害などによる生きづらさを抱えていることがわかってきています。

「自己治療仮説」の考え方に立つと、依存症の直接的な原因となっているアルコールや薬物の使用を断つだけでは、もともと抱えている苦痛は緩和されず、より生きづらが増してしまうことになります。そのため、依存症の治療においては、アルコールや薬物の使用により凌いでいた苦痛が何であるのかを見定め、その苦痛をもたらしているものへの治療やケアも提供していく必要があると考えられます。

⒤ 窃盗症（クレプトマニア）

窃盗症は、ICD-11では衝動制御症群に分類され、個人的使用や金銭的利益などの動機がないのに、物品を盗む強い衝動を繰り返し制御できないこととされています。

DSM-5-TRでは、秩序破壊的・衝動制御・素行症群に分類され、診断基準は以下の５項目からなります。

① 個人的に用いるのでもなく、またはその金銭的価値のためでもなく、物を盗もうとする衝動に抵抗できなくなることが繰り返される。
② 窃盗に及ぶ直前の緊張の高まり。
③ 窃盗に及ぶときの快感、満足、または解放感。
④ その盗みは、怒りまたは報復を表現するためのものではなく、妄想または幻覚への反応でもない。

⑤　その盗みは、素行症、躁エピソード、または反社会性パーソナリティー症ではうまく説明されない。

DSM-5-TRでは、米国一般人口中の窃盗症有病率は0.3〜0.6%で、万引きで逮捕される人の4〜24%に窃盗症がみられるとの数値を挙げています。

また、竹村道夫医師は、窃盗症には以下のような特徴があると指摘しています[36]。

①　窃盗の手口として、9割が万引き。

②　ほぼ全例が単独犯。

③　経済状態や社会的地位からみて、「リスクに見合わない窃盗犯罪」を繰り返している。

④　万引き行為以外には反社会的行動がない。

⑤　職業的犯罪者ではない。

⑥　窃盗衝動のスイッチが入ると、自力で中断することが難しい。

⑦　きわめて再犯傾向が強い。

⑧　生理的・心理的飢餓感を持っていることが多い。

⑨　摂食障害など、ほかの精神障害を合併することが多い。

⑩　罰金や服役などの罰則ではほとんど更生しない。

⑪　治療前には、病識がない。

⑫　専門的治療によって回復できる。

多くの場合、窃盗症の人は、毎回反省しながらもなぜ窃盗を繰り返してしまうのかを明確に説明することができません。本人から「自分で使う（食べる）ためだった」「お金を使いたくなかった」などの理由が語られたとしても、それはそのときの状況を説明しているに過ぎず、窃盗を繰り返してしまうことの本質的な説明にはなりません。

竹村医師は、摂食障害と窃盗症の関連性に着目し、「病的飢餓感」により生じた「涸渇恐怖」の自己治療として「ため込み行動」が起こるとする仮説を唱えています。「病的飢餓感」とは、物質面で満たされていたとしても心理的に満たされることがないという病的心理で、「承認されること」への飢えであるとも捉えられます。「涸渇恐怖」は、食べ物や生活用品、お金などの物質のほか、自己の人間的価値や評価が減っていくことへの異常な恐怖を意味します。この「涸渇恐怖」

36 竹村道夫・吉岡隆編『窃盗症 クレプトマニア——その理解と支援』（中央法規、2018年）。

への対処として、食品や生活用品の「ため込み行動」が生じます。自身の給与は貯蓄して十分な預貯金があるにもかかわらず、万引きをしたり同僚の財布からお金を盗んだりすることも、「涸渇恐怖」への自己治療による行動として説明できます。摂食障害と窃盗症が合併している場合、食費の節約のための万引きと捉えられがちですが、ため込みや窃盗症が摂食障害に先行して発症しているケースもあり、食費の節約だけでは説明できないことがあります。そのため生活歴の把握が重要となりますが、本人はこれまでのことを隠したがったり、記憶が曖昧だったりすることがあり、正確な情報が得られにくい場合があります。窃盗症の特性を理解し、本人だけでなく家族など身近な人からの聴き取りにより情報収集することも必要です。

窃盗症は、他の嗜癖行動と同様に慢性の進行性の疾患であり、未治療のまま経過すると重症化を招きます。治療はアディクション・アプローチに基づき、個人精神療法、心理教育、自助グループ、家族療法、認知行動療法などを組み合わせて行います。なお、窃盗症専門の医療機関は全国的にみても数少なく、家族相談などメニューによっては自由診療（保険外診療）の場合もあるため、受診・受療に際しては時間的・経済的負担も考慮する必要があるでしょう。

V 障害のある人が使えるサービス

1 障害福祉サービスとは

障害のある人が使えるサービスを中心的に定めているのは、「障害者の日常生活及び社会生活を総合的に支援するための法律」（障害者総合支援法）です。同法で規定されているサービスは「障害福祉サービス」と呼ばれます。居宅での生活を支える支援から、日中活動の支援、就労に向けた支援に加え、住まいの提供や経済的な支援もあります。障害者総合支援法の全体像や個々のサービスや手続などについては、社会福祉法人全国社会福祉協議会がホームページ上に公開しているデジタルパンフレット[37]が参考になります。

さまざまな障害福祉サービスがありますが、サービスにより利用の手続が異な

37 社会福祉法人全国社会福祉協議会「障害者総合支援法のサービス利用説明パンフレット（2021年4月版）」<https://www.shakyo.or.jp/download/shougai_pamph/index.html>。

ります。いずれも、まずは市町村の窓口（障害福祉担当課）に相談に行くことが必要です。対象者が拘置所等に勾留されている場合などは、本人の同意を得たうえで、更生支援コーディネーターが事前にアポイントをとっておくとよいでしょう。その他、精神保健福祉に関する制度や経済的な支援を行う機関等、調整内容は多岐にわたることも少なくありません。さらに、独自の支援を行っている自治体もあります。市町村のなかには、ワンストップ窓口や総合相談窓口などを設けているところもありますので、まずは相談をしてみるとよいでしょう

2　障害者手帳

障害者手帳は、日本においてその手帳を所持する人に障害があることを公的に証明する書類です。日本における障害者手帳の種類を**表３**に挙げます。

障害者手帳を取得するメリットとしては、税金の控除・減免、公共料金、公共交通機関等の割引などがあります。また、生活保護の障害者加算の申請などの手続がスムーズに進むなどのメリットもあります。あわせて、障害者雇用枠で就労をしようとする場合、原則として障害者手帳を所持していることが前提となります。一方で、このあとに紹介する障害者総合支援法上のサービスを利用する場合、身体障害者を除いて、障害者手帳の所持は必須要件ではありません。

なお、障害者手帳を取得することは、障害があることが公的に証明されるということであり、「障害者」として生きることを宣言されるように感じる側面があります。そのため、取得は本人にとって大きな出来事であり、取得のためには手続が求められることから心的負担も大きくなりがちです。取得にあたっては、手帳を取得することの意味について丁寧な説明をしたうえで、本人とともに検討していくことが求められます。

表３　手帳制度

手帳名	対象者	等級	備考
身体障害者手帳	身体障害者	１級から６級	
療育手帳	知的障害者	自治体によって表記は異なる	
精神障害者保健福祉手帳	精神障害者（発達障害・高次脳機能障害を含む）	１級から３級	有効期間は２年

3　福祉サービス等の概要

ここから、それぞれの場面に応じた福祉サービスについて見ていきます。障害のある人が使えるサービスは、前記のとおり障害福祉サービスが中心となりますが、それだけにとどまりません。たとえば、経済的に困窮していれば生活保護、居住場所に困っていれば居住支援など、障害者総合支援法に規定された以外の福祉サービスも関わってくることになります。更生支援コーディネーターとしては、個別の事案にあわせて使えるサービスを見つけていくことが重要です。

以下、代表的な福祉サービス等を挙げていきます。ただし、ここに挙げるのは、あくまでも一部のサービス・制度・団体のみです。ほかにも別の福祉サービスがあったり、自治体が独自の支援を行っているケースもありますので、個別のケースごとに確認をしましょう。

⑴　住居や生活に関するサービス

更生支援コーディネートの対象となる人は、住まいを失ってしまっている状態にあることが少なくありません。また、事件の性質などからもとの居住地域に戻ることができないケースもあります。そのため、住まいの確保はとても重要であり、かつ、困難を伴うこともあります。釈放段階では一時的な住まいしか確保できないケースもありますが、その場合でも本人が安心して暮らせる安定的な住環境を模索していくことが求められます。

(i)　グループホーム（共同生活援助）

障害者総合支援法の訓練等給付に位置づけられるサービスです。障害のある人が必要な支援や介護を受けながら生活するための住まいの場です。一軒家やアパートの数室を借り上げるなどさまざまな形態があります。障害への理解があり、かつ支援を受けられるため、本人も安心して生活ができます。また、共に暮らす仲間がいるということも、人とのつながりの少ない人にとって重要な点になります。

更生支援コーディネートにおいても居住先としての候補に挙がることが多いグループホームですが、その設置状況は決して十分といえず空室が見つけにくかったり、手続に時間を要するために釈放後すぐに入居することが難しいこともあります。本人に説明をする際は、空き状況等について十分確認をしたうえで提案する必要があります。また、更生支援コーディネートにおいては、本人が勾留されている場合に、処分時や判決時に釈放されるのかが不確定なことがほとんどです

(執行猶予判決を望んでいても、実刑判決を受けてしまうなど)。そうなると、グループホームの側としては、本当に入居するかどうかわからない人について、空室をつくって待たなければいけないこととなってしまいます。これはグループホームの運営においてもリスクを伴うことであるため、実刑判決を受けると利用できなくなるという事情については率直かつ正直に伝えておく必要があります。

なお、グループホームはあくまでも居住の場であるため、基本的に日中活動は別の場で行うことが前提とされています。

(ii) 自立訓練(生活訓練)

障害者総合支援法の訓練等給付に位置づけられるサービスです。生活能力の向上のために必要な訓練を行うことを目的としています。なお、自立訓練(生活訓練)の事業所のなかには、宿泊型の支援を提供しているところがあります。しかし、その設置状況は十分ではありません。また、宿泊型自立訓練は標準利用期間が定められているため、利用にあたっては将来的な住まいについても早期に検討していく必要があります。

(iii) 短期入所(ショートステイ)

障害者総合支援法の介護給付に位置づけられるサービスです。居宅においてその介護を行う者の疾病その他の理由により、障害者支援施設等への短期間の入所が必要な人が対象となります。原則的には、前記(i)や(ii)のサービスとは異なり、自宅での生活をしていることを前提として、一時的に施設等に入所するサービスとなります。

帰住先が家族のもとである場合などに、家族のレスパイト(休息)の意味も含めて、長く安定した地域生活のために活用できる制度です。

(iv) 生活保護にまつわる支援

生活保護を申請する際、住まいに関する扶助は住宅扶助が対応します。多くは家賃相当分を支給されることになり、その範囲の中で支払うことができる物件を探し、そこに暮らすことになります。住宅扶助の上限額は、地域によって異なります。また、本人の状況によっては、救護施設(生活保護法に規定された入所施設)や無料低額宿泊所(社会福祉法に基づき設置された施設)などの利用を勧められることもあります。本人の状況などからどのような居住形態が望ましいかを考え、生活保護課のケースワーカーとともに検討していく必要があります。

なお、無料低額宿泊所のなかには、プライバシーが確保されておらず静謐が保てない、あるいは、集団生活のために一定のルールがあるなど、障害特性によっては、生活しづらい環境であることもありえます。また、本来は一時的な居住場所であるにもかかわらず、福祉事務所の指導で長期間にわたってそこに居住することを強いられることがあります。さらに、生活保護費の大部分を宿泊所に利用料として支払うことで、本人の手元に残り自由に使えるお金が限定され、その後の自立が阻害されることもありえます。提供されている食事が粗末で、栄養に配慮されていないという場合もあります。

そのため、場合によっては、次の居場所に移るまでの短期間ビジネスホテルを利用し、その宿泊費を生活保護費で賄うことや、アパートを借りる際の敷金礼金等を生活保護費から支出することも検討しましょう。無料低額宿泊所を利用する場合は、物理的環境や利用のうえでのルール、保護費のやりくり、いつまで宿泊所を利用するかという将来的な見通しなどについて、事前によく確認し、本人と話し合うことが必要です。

(v) 居住支援法人

正式名称を住宅確保要配慮者居住支援法人といいます。住宅確保要配慮者とは、低額所得者、被災者、高齢者、障害者、子育て世帯などのことをいい、矯正施設を退所した人も含まれます。居住支援法人は、このような住宅確保要配慮者の民間賃貸住宅への円滑な入居の促進を図るため、家賃債務保証の提供、賃貸住宅への入居に係る住宅情報の提供・相談、見守りなどの生活支援等を実施する法人として都道府県が指定するものです。居住支援法人については、国土交通省のホームページ[38]から調べることができます。

(2) 就労に関するサービス

更生支援コーディネートの対象となる人のなかには、これから働きたいという希望を持っている人も多くいます。すぐに働くことができる状況にある人もいれば、準備期間が必要な人もいます。ここでは、就労支援に関する機関やサービスついて紹介します。

(i) ハローワーク（公共職業安定所）

ハローワークは、地域の総合的雇用サービス機関として、職業紹介、雇用保険、雇用対策などの業務を一体的に実施する機関です。更生支援コーディネートでは主に無料の職業紹介を活用することになります。ハローワークには専門援助部門

---

38 国土交通省「住宅確保要配慮者居住支援法人について」<https://www.mlit.go.jp/jutakukentiku/house/jutakukentiku_house_fr7_000026.html>。

という障害のある人の求人を取り扱う部署もあります。また、種々の職業訓練も実施していますので、本人の希望によっては、選択肢のひとつとなるかもしれません。

(ii) 障害者就業・生活支援センター

障害者雇用促進法に基づく相談支援機関です。障害のある人の一般就労の機会拡大を図るとともに、安心して働き続けられるよう、身近な地域において就労面と生活面の支援を一体的に提供することにより、障害のある人の一般就労を促進し、障害のある人の自立と社会参加のいっそうの促進に資することを目的とした支援機関です。これからの就労に不安がある人や就労後のアフターフォローまで幅広く対応しています。

なお、障害者に対する専門的な職業リハビリテーションサービス、事業者に対する障害者の雇用管理に関する相談援助、地域の関係機関に対する助言援助を行う地域障害者職業センターという機関もあります。

(iii) 就労移行支援

障害者総合支援法の訓練等給付に位置づけられるサービスです。ハローワーク、障害者就業・生活支援センターが相談機関であるのに対して、このサービスは日中活動の場として提供されるものです。利用者は、事業所に通い一般就労に向けてのさまざまなトレーニングを行い、就労に向けての活動をします。標準利用期間が定められており、原則２年間となります。

就労移行支援においては、事業所によって、一般就労を意識してルールを厳格に定めているところなどもあります。そのため、更生支援コーディネーターとしては、事業所の方針が本人の希望と合致しているかどうかを慎重に見極めていくことが重要です。

(iv) 就労継続支援

障害者総合支援法の訓練等給付に位置づけられるサービスです。就労移行支援と同じく、日中活動の場でもあります。本事業の対象は、一般の事業所に雇用されることが困難な障害のある人になります。A型とB型があり、A型は雇用契約を結ぶため、原則として最低賃金が支払われます。一方、B型では支払われる手当は一般的に「工賃」と呼ばれ、最低賃金の対象とならず、月額平均金額が16,500円程度となっています(2021年度)。

それぞれ事業所によって行われている作業にはさまざまな特色があります。就労継続支援は、継続的に働く場として機能しているため、他の利用者やスタッフとの関係性が大きな意味を持つことになります。更生支援コーディネーターとしては、この点に留意して調整をする必要があります。

⑶　その他の社会資源

ここでは、住まいや就労以外の社会資源のなかで代表的なものを紹介していきます。社会資源としては、公的に制度化されたものだけでなく、民間団体などが行っているインフォーマルな資源もあります。更生支援コーディネーターとしては、それぞれの地域の資源を活かして、本人のニーズに合わせた支援を実現していくことが必要です。

⒤　相談支援

障害者総合支援法に基づくサービスです。障害福祉サービスを利用する際の計画相談支援や、入所施設・精神科病院・矯正施設等から退所・退院する人などが対象となる地域移行支援・地域定着支援などがあります。

また、自治体によっては、相談支援の中核的な役割を果たす基幹相談支援センターが設置されている場合もあります。基幹相談支援センターでは、複雑・困難とされるケースに対応しています。支援の調整などで難しさを感じた際は、相談してみるのもよいでしょう。

(ii)　自立生活援助

障害者総合支援法に基づくサービスです。対象となるのは、障害者支援施設やグループホームなどの施設を退所したり、精神科病院から退院して、地域で生活しようとする人、すでに地域で一人暮らしをしているが支援を必要としている人などです。それらの人に対して、1年間にわたり、定期的な居宅訪問や、必要な際の随時の対応によって、地域で自立した日常生活・社会生活を円滑に送ることができるよう相談・助言などを行います。

たとえば、炊事・洗濯・掃除など日常生活の課題、公共料金・家賃の支払い、体調や通院状況、近隣の人との関係などの社会生活上の課題について状況を確認し、必要な情報の提供と助言、他の関係機関との連絡・調整など、自立した生活を営むための環境の整備に必要な援助を受けることができます。

定期訪問以外にも、利用者からの相談により、訪問や電話などによる随時の対応も受けることができます。

(iii)　生活介護

障害者総合支援法に基づくサービスです。日中活動の場として、介護が必要な人に対して、創作的活動や生産活動を提供するものです。具体的な活動内容は非常に多岐にわたっており、事業所によって異なります。介護給付であり、原則として障害支援区分３以上の人が対象となります。

⒤ 地域活動支援センター

障害者総合支援法の地域生活支援事業（市町村）に位置づけられるサービスです。日中活動の場として、創作的活動または生産活動の機会の提供、社会での交流の促進を行います。行っている活動の内容は、地域によっても、事業所によっても大きく異なっています。

⒱ 精神科デイケア・ナイトケア

精神科デイケア・ナイトケアは、日中や夜間の居場所やグループ活動として参加できる治療プログラムです。これらは精神科の外来治療の一環として行われており、病院によって実施されている時間帯やプログラムもさまざまです。たとえば、就労に特化したものや特定の疾患（統合失調症やアディクションなど）に特化したものもあります。

外来治療の一環として行われていることから、医師の指示に基づいて実施されるものであり、利用には主治医への相談が必要となります。また、利用には、医療費がかかります（医療費を抑える制度もあります）。

コーディネートを行ううえでは、本人が日中の活動場所を探しているときにはひとつの選択肢になります。本人にかかりつけの精神科があり、そこがデイケアを行っている場合には、通院先と連携をしながら利用を検討することもできます。また、通院先をこれから探す人の場合は、デイケア・ナイトケアが行われているかどうかや、プログラムの内容などもあわせて検討していくとよいでしょう。

⒲ ダルク

覚醒剤、有機溶剤（シンナーなど）、市販薬、その他の薬物や、行動嗜癖から解放されるためのプログラムを持つ民間の依存症リハビリテーション施設です。入所・通所双方での支援を行っており、同じ悩み（病気）を持つ仲間とフェローシップのなかで回復するために、場所の提供をし、12ステップによる今までとは違う生き方をする練習の場となっています。

ダルクは全国各所にありますが、それぞれのダルクはあくまでも独立の組織であり、それぞれに運営方針や特徴が異なっています。ダルクは、ミーティングを通じた回復を中心に据えているため、言語的な障害や認知能力に制約のある人にとっては、プログラムへの参加が困難な場合があります。この点についての対応も、ダルクによってさまざまです。

更生支援コーディネーターとしては、調整の前提として、それぞれのダルクの方針などを知っておく必要があるでしょう。

⑺ 更生保護施設・自立準備ホーム

更生保護法に基づく施設であり、法務省の保護観察所が管轄しています。福祉サービスではなく、刑事司法の制度に基づいて設置されているものです。そのため、個人が更生保護施設や自立準備ホームの利用を決めることはできず、あくまでも保護観察所の決定に従って利用できるという仕組みになっています。

更生保護施設・自立準備ホームの利用の形式はいくつかありますが、釈放後すぐに帰住先がない場合などに検討される「更生緊急保護」という枠組みにおいては、一定の期間（原則最大6カ月）保護して、入所者に宿泊場所や食事の提供をするとともに、更生を果たすために必要な指導や援助を行ったりします。

現在は指定更生保護施設などに福祉スタッフが配置されていることもありますが、やはり障害福祉サービスに比べると障害への配慮などには限界があります。また、いずれにしても更生保護施設・自立準備ホームは、一時的な居住場所です。更生支援コーディネーターとしては、この点に留意して、まずは福祉サービスの利用ができないか、検討していくことが必要です。

⑻ 少年友の会

少年友の会は、家庭裁判所に協力して、少年審判やその前後の過程において、少年の更生をサポートするボランティア団体です。地域によっては、学習支援を受けられたり、試験観察中に会員とボランティア活動を行うといった取組みがされています。

全国の家庭裁判所に少年友の会連絡会があり、会員のほとんどは、現役、OBの家庭裁判所調停員です。

⑷ 障害者総合支援法と介護保険法との関係

介護保険は、原則として65歳以上の人を対象に介護保険サービスを提供するものです。障害福祉サービスに相当するサービスが介護保険にもある場合、介護保険を優先して利用することとされています。そのため、障害のある人であっても、65歳以上になると原則として介護保険が優先されます。

しかし、一律に介護保険が適用されるわけではありません。2007年に発出された厚生労働省の通知（「障害者自立支援法に基づく自立支援給付と介護保険制度との適用関係等について」）においても、「心身の状況やサービス利用を必要とする理由は多様であり、介護保険サービスを一律に優先させ、これにより必要な支援を受けることができるか否かを一概に判断することは困難」であるため、一律に介護保険のサービスを優先的に利用するものとはしないとされています。そのため、65歳以上の障害のある人、もしくは65歳にさしかかる障害のある人の場合は、本人のこれまでのサービス利用状況や心身の状態のアセスメントを行ったうえで、介護保険サービスを利用するのか障害福祉サービスを利用するのか、行政の担当者（障害福祉担当課や高齢者福祉担当課）や相談支援専門員などと調整する必要があります。

(5) サービス調整をする際の留意点

更生支援計画は、罪を犯してしまった障害のある人が、地域においてその人らしく生活するための計画です。計画の作成にあたっては、本人がどのような生活を望んでいるのかを可能な限り聴き取り、本人や周囲の人が安心して生活できるために何が必要かを考えていかなければなりません。

そのうえで、フォーマル、インフォーマルさまざまな社会資源を視野に入れて調整することになります。この際、更生支援コーディネーターが、計画を立てるということにとらわれて、福祉サービスをパッチワークのように組み合わせ、当てはめてしまっていないかには注意が必要です。福祉サービスなどの社会資源は、本人の望む生活を実現するための手段に過ぎないので、福祉サービス等を単に羅列するような計画になっていないか、常に確認すべきです。

(6) 障害福祉サービスを利用するまでのプロセス

今まで見てきたとおり、障害のある人の利用できるサービスは、障害福祉サービスにとどまりません。しかし、ここでは一例として、障害福祉サービスを利用する場合の手続を確認していきます。

障害福祉サービスには、介護給付・訓練等給付・地域相談支援給付があります。介護給付とは、ホームヘルプ（居宅介護）や重度訪問介護などの介護に関する支援であり、訓練等給付は、就労支援やグループホーム入居などの生活および就労に関する支援です。また、地域相談支援給付は、病院や入所施設から地域へ生活を移行し、安定して暮らすための支援です。

これらの障害福祉サービスを利用するためには、申請の手続が必要となります。加えて、介護給付を利用する場合には、障害支援区分の認定を受ける必要があります。障害支援区分とは、利用者の心身の状態を総合的に表す指標であり、市区町村が支給の要否、サービスの種類や量などを決定するための判断材料のひ

図13　障害福祉サービスの支給決定プロセス（申請から利用までの流れ）

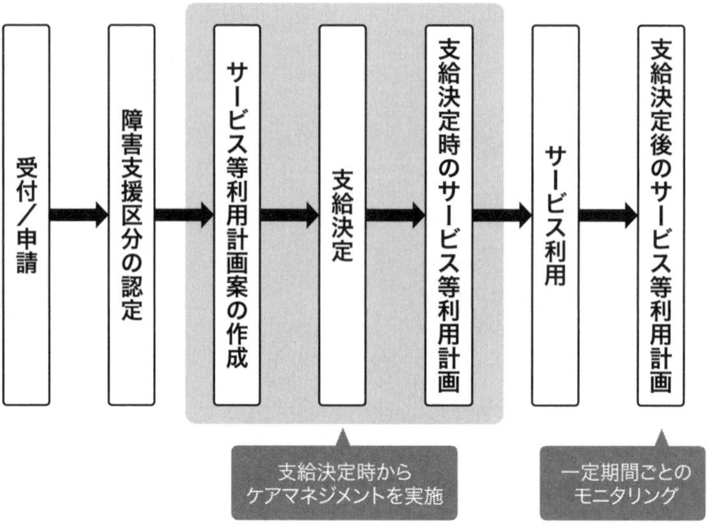

とつとして用いられます。区分１～区分６、非該当の認定となります。全体の手続のイメージは、**図13**のとおりです。利用の申請をしてから実際にサービスを利用できるようになるまで、概ね１カ月から２カ月ほど時間がかかるということに注意する必要があります。

利用申請は、本人が現在住んでいる居住地の保健所、福祉事務所、相談支援事業所にて行います。利用申請後、障害者の心身の状況調査（障害支援区分の決定／前記のとおり介護給付を受ける際には必須）、サービス等利用計画案の作成、サービス担当者会議を経て、支給決定となります。サービス等利用計画・障害児支援利用計画は、本人が有する課題や困難を解決し、希望する地域での生活を実現するために「どのサービスをどのくらい利用したらよいか」などを地域の相談支援事業者と一緒に考えながら作成するものです。原則として、市区町村が指定した「指定特定相談支援事業者・指定障害児相談支援事業者」の相談支援専門員が作成します。他方で、「指定特定相談支援事業者・指定障害児相談支援事業者」に依頼せずに、本人などがサービス等利用計画を作成することもできます（これを「セルフプラン」と呼びます）。

障害福祉サービスは地域に数多く存在し、似たようなサービス内容にもかかわらず対象となる障害が異なるなどして、何をどのように利用すればいいのかわからず、支援を受けたいと思われている人が混乱してしまうことが考えられます。更生支援計画を作成する際は、本人が地域で生活をするにあたりどのようなサポートを望んでいるのか、また適しているのかを聴き取ったうえで、地域の相談支援事業所と連携しながら慎重にサービスを選んでいくことが求められます。

Ⅵ　経済面での社会保障

1　障害年金

障害年金とは、病気やケガによって生活や仕事などが制限されるようになった場合に、現役世代も含めて受け取ることができる年金のことです。

障害年金には、「障害基礎年金」および「障害厚生年金」があります。

障害年金受給の要件は、以下のとおりとなっています。

① 初診日（障害の原因となっている病気やケガについて、初めて医師の診療を受けた日）が、以下のいずれかに該当すること

ⓐ 国民年金に加入している期間

ⓑ 20歳未満（年金制度に加入していない期間）

無拠出年金といい、例外的に支給されるもの。一定の所得があるときや、刑事施設に収容されたとき等、支給停止になる場合がある。

ⓒ 60歳以上65歳未満（年金制度に加入していない期間）

② 初診日の前日までに、以下の保険料納付要件を満たしていること（※①ⓑ〔初診日が20歳未満〕の場合を除く）

ⓐ 初診日の月の前々月までの公的年金の加入期間の３分の２以上の期間について、保険料が納付または免除されていること

ⓑ 初診日において65歳未満であり、初診日のある月の前々月までの１年間に保険料の未納がないこと

③ その病気・ケガが、障害の程度を認定する日（障害認定日または裁定請求日）に、法令により定められた障害等級表（１級・２級）による障害の状態にあるとき（障害認定日とは、対象となる傷病が治った日またはその初診日から１年６カ月を経過した日のいずれか早い日のことをいう）

厚生年金の場合には、厚生年金に加入している間に初診日のある病気やケガで障害基礎年金の１級または２級に該当する障害の状態になったときは、障害基礎

年金に上乗せして障害厚生年金が支給されます。また、障害の状態が２級に該当しない軽い程度の障害のときは３級の障害厚生年金が支給されます。

なお、初診日から５年以内に病気やケガが治り、障害厚生年金を受けるよりも軽い障害が残ったときには障害手当金（一時金）が支給されます。

実際に年金を申請する際には、住民票等の生年月日が明らかになる書類、病歴や就労状況の申立書等に加え、障害年金用の診断書を医師に作成してもらうことになります。

2　生活保護

生活保護は、最低限度の生活を送ることが困難な収入の場合に、その人の生活費、住居費、医療費等の援助を国が行う制度です。医療については、国民健康保険制度から脱退し、無料で最低限の医療を受けることとなっています。

生活保護を受給するためには、管轄する地域の行政において、生活保護受給を所管している部署に対して申請を行うことになります。申請後、実際に担当者が自宅等への訪問調査などを行い、要件を満たした要保護状態であると判断された場合、生活保護の支給が開始されます。

生活保護の申請を行った場合、行政は、申請から原則14日以内、最長でも30日以内に申請に対する回答を行わなければならないことになっています。そのため、そもそも申請を行おうとしても、それを窓口で申請として受け付けず、相談として処理して回答義務を免れようとする対応（いわゆる「水際対応」）が少なくありません。

このような対応に対して、現在、日本弁護士連合会は、弁護士に対して生活保護の同行申請に一定の報酬を支払う制度を用意しています。行政が厳しい対応をしてくることが予想されるケースでは、弁護士に依頼をすることも積極的に検討しましょう。

なお、生活保護受給中は、別途得た収入（人からの援助、就労して得た金銭等。金銭の借入れも収入として認定される）があれば、申告しなければならないことになっています。申告を行った分については、行政に対して返還をしなければならず、これを申告せずに費消してしまうと、不正受給とみなされてしまうケースも少なくありません。障害のある人の場合、意図せずに申告を失念してしまう人もいるので、この点には注意が必要です。

3　その他の社会保障関係の制度

自治体によっては、障害があることを理由とした障害者手当の制度があります。また、子どもがいる場合には、子ども手当や児童扶養手当などが受給できる場合もあります。

また、第2のセーフティネットとしては、以下のような施策があります。

① **雇用保険（失業手当）**――雇用保険に加入した状態で失業した場合に、雇用保険の基本手当の支給を受けることができる。

② **住宅支援給付**――離職して住宅を失った、または失うおそれのある場合に、原則3カ月間（一定の条件の下では、最大9カ月間）住宅支援給付を受けることができる。

③ **総合支援資金貸付**――失業等により生活に困窮している際に、求職活動中等の生活費（単身者：月15万円まで、2人以上の世帯：月20万円まで〔最長12カ月〕）等を借りられる。

④ **職業訓練受講給付金**――雇用保険を受給できない場合に、ハローワークの支援指示により、職業訓練を受講し、訓練を受けやすくするための給付金（月10万円）が受けられる。

⑤ **臨時特例つなぎ資金貸付**――公的給付・貸付制度を申請中で、決定までの間の当面の生活が立ちゆかず住宅もない場合に、10万円までの当座の生活資金の貸付を受けられる。生活保護申請後、受給決定までの間の生活費がないようなときにも、この制度を利用できる場合もある。

さらに、社会福祉協議会は、生活に困窮した人を対象とした無利息または低利率での貸付けなどを実施しています（前記の総合支援資金貸付や臨時特例つなぎ資金貸付も、社会福祉協議会にて担当）。

加えて、執行猶予または起訴猶予等で釈放された被疑者・被告人が、親族からの援助や公共機関等からの保護を受けることができない場合などに、緊急的に必要な援助や保護の措置を実施する制度として「更生緊急保護」があります。援助の内容としては、宿泊場所の供与（更生保護施設・自立準備ホーム等への宿泊保護委託）、金品の給貸与（食事・衣料の給付等）、宿泊場所への帰住援助（旅費給付）などがあります。更生緊急保護を利用したい場合には、事前に検察官にその旨を説明し、保護カード（更生緊急保護の要否に関する意見その他参考となる事項を記載した書面。検察官または矯正施設の長が発行できる）を発行してもらうことになります。この保護カードを保護観察所にて提出し、更生緊急保護を求めます。更生保護施設等の利用が困難な場合でも、宿泊所までの旅費給付の名目において、数千円程度の金銭を給付してもらえる場合もあるので、どうしても経済面で困難がある場合には相談をしてみましょう。

column　安易な施設入所や入院でよいのか？

更生支援コーディネートは、他の福祉的支援と異なり、特有の難しさがあることは否めません。たとえば、本文にもあるように、時間的な制約、本人が勾留されていることにより見学や種々の申請ができないといった、支援をするうえでの物理的制約などがあります。このような制約は、支援方針の決定や支援体制を構築するにあたって困難を生じさせます。

住まいが見つからない、生活環境が整っていない状態で、更生支援計画の提出期限が迫っているようなとき、この問題を一挙に解決してくれる入所施設や病院に頼ってしまいたくなることもあるかもしれません。

しかし、障害者基本法３条２号には、「全て障害者は、可能な限り、どこで誰と生活するかについての選択の機会が確保され、地域社会において他の人々と共生することを妨げられないこと」と規定されています。これは罪を犯してしまった障害のある人であっても同様です。むしろ、社会的に排除されがちな人と関わる場合こそ、この視点を忘れてはならないでしょう。更生支援コーディネーターとして、どこで誰と暮らしたいのかという本人の意思を抜きに支援を構築することがあってはなりません。

決して、施設への入所や病院への入院がすべて悪いということではありません。しかし、それぞれの施設にはそれぞれの目的・役割があります。その目的・役割と本人の望む暮らしが合致しているかについてしっかりと検討していく必要があるでしょう。

ただし、現実問題として、完全に本人の望みどおりの支援を構築することは困難です。施設への入所や病院への入院に限らず、釈放後すぐに本人の望む生活環境を調整できなかった場合でも、中長期的な目標として本人の望む生活を据え、段階的に実現へと向かうような姿勢を保つべきです。

そのためにも丁寧なアセスメント、プランニングはもちろんのこと、実行した更生支援計画を本人と共にモニタリングしていくことが大切です。

第2部

実践編

第1部では、更生支援コーディネーターとして活動し、更生支援計画を策定していくうえで必要な知識についてみていきました。
第2部では、更生支援コーディネーターの実際の活動の流れや実践のポイントについて、架空事例（Aさんのケース）をもとに、順を追ってみていきましょう。

第1章 更生支援コーディネーターの活動

最初に、更生支援コーディネーターの活動の大まかな流れをあらためて確認していきましょう。詳細については、次章から、架空事例の支援過程を追いつつ説明していきます。

①　相談受付

まずは、弁護士や家族、支援者から相談を受け、活動を開始します。

一般社団法人東京TSネットでは、ホームページ上のフォームを用いて、弁護士からの相談を受け付けています。この依頼を受け、担当となる更生支援コーディネーターを決定しています。

②　弁護士との打合せ（第２部第２章参照）

相談の受付後は、できるだけ早い段階で弁護士に連絡をし、打合せを行うことになります。この打合せが遅くなってしまうと、刑事司法手続上必要とされる時期までに支援を計画することが困難となってしまいます。

打合せでは、本人の様子や特徴、なぜ弁護士が支援を必要と感じたのか、などについて聴き取りを行います。

③　本人との面会（第２部第３章参照）

次に、本人と警察署などで面会して、事件のことや成育歴などについての聴き取りをします。

それとともに、更生支援コーディネーターは、弁護士に対して本人の障害特性や、効果的なコミュニケーション方法を伝えることで、いわば「通訳的役割」を担うことも必要でしょう。

④　必要な情報の収集（第２部第４章参照）

本人との面会だけでは得ることのできない情報もあります。そのような情報についても、積極的に収集する必要があります。

⑤　アセスメント（第２部第５章参照）

一定の情報が集まったら、本人がなぜ今回の行為に及んでしまったのかについて、アセスメントを行います。この際、必ずしもすべての情報を網羅的に収集できたと考えられなくても、早い段階からアセスメントを行い、適宜修正をしていきましょう。

⑥　基本的支援方針の決定（第２部第６章参照）

アセスメントが一定程度進展したら、今回の行為に至ってしまった背景要因に対応していくために、どのような福祉的支援が可能であるのかを具体的に考えていきます。本人にどのような支援が必要であるのか、その基本的な方針を決めていきます。

⑦　支援体制の構築（受入先の確保など）（第２部第６章参照）

基本的支援方針に合わせて、実際に支援を実施するための体制を構築します。たとえば、帰る場所がない人で、グループホームでの居住を計画したのであれば、実際に入ることのできるグループホームを探します。

その際、支援体制の構築状況をみて、更生支援計画自体を組み立て直していく必要もあるでしょう。

⑧　更生支援計画書の作成（第２部第７章参照）

それまでの活動を通じて更生支援計画の具体的な内容が確定したら、それを書面として構成します。これが更生支援計画書です。

⑨　更生支援計画の立証（第２部第８章参照）

その後、裁判などにおいて、実際に更生支援計画書を提出したり、その内容について証人尋問を受けたりすることになります。

⑩　更生支援計画の実行（第２部第９章参照）

最後に、速やかに更生支援計画を実行に移します。

以上の流れについては、必ずしも①から⑩へと段階的に進むものではありません。情報収集をしながらアセスメントをしたり、支援体制の構築をしながら更生支援計画を策定したりするなど、行きつ戻りつしながら支援を行っていきます。

以上の更生支援コーディネーターの役割と刑事司法手続の流れをまとめたものが、次頁の**図14**です。この流れに沿って、更生支援コーディネーターは活動を行うことになります。

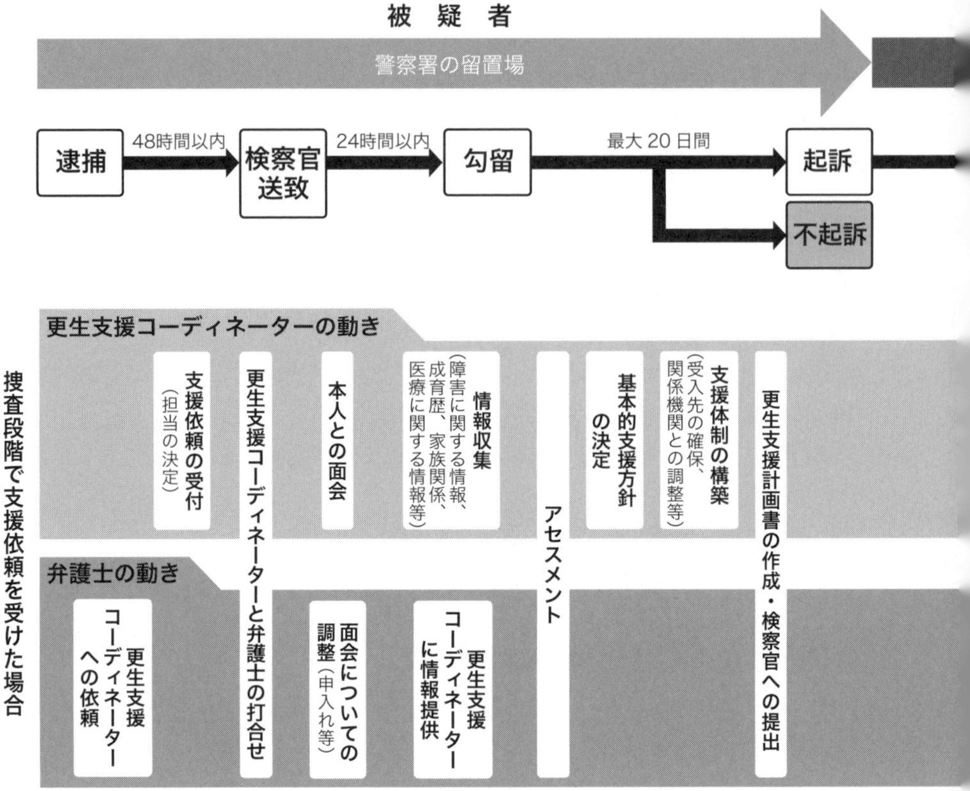

図14　逮捕・勾留されている場合の支援の全体の流れ

この流れは本人が逮捕・勾留されている場合を前提としたものです。ただし、本人が逮捕・勾留されていない場合にも、更生支援コーディネーターの動きに大きな違いはありません。

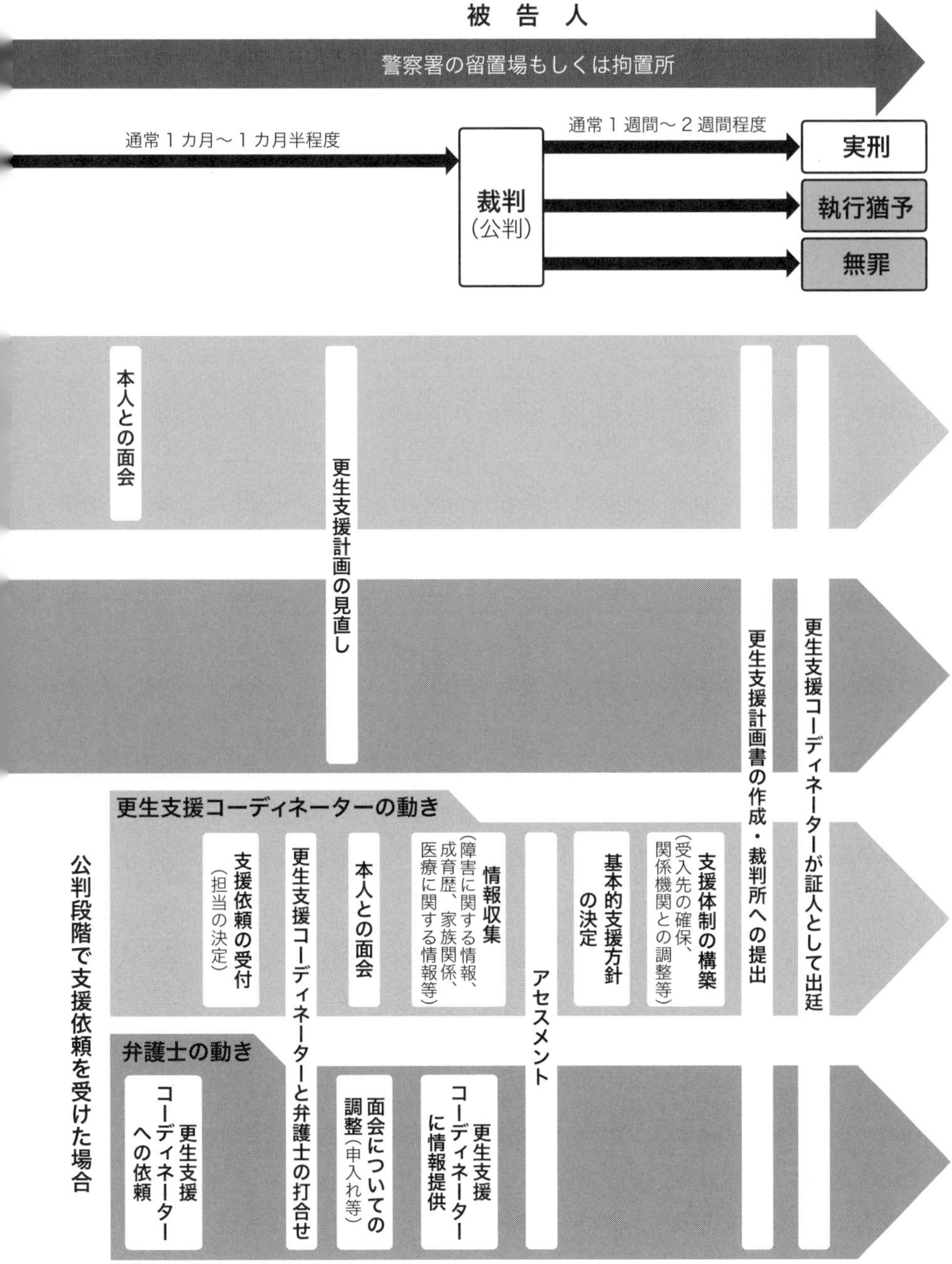
被告人
警察署の留置場もしくは拘置所
通常１カ月〜１カ月半程度
裁判
（公判）
通常１週間〜２週間程度
実刑
執行猶予
無罪
本人との面会
更生支援計画の見直し
更生支援計画書の作成・裁判所への提出
更生支援コーディネーターが証人として出廷
公判段階で支援依頼を受けた場合
更生支援コーディネーターの動き
支援依頼の受付
（担当の決定）
更生支援コーディネーターと弁護士の打合せ
本人との面会
情報収集
（障害に関する情報、成育歴、家族関係、医療に関する情報等）
アセスメント
基本的支援方針の決定
支援体制の構築
（受入先の確保、関係機関との調整等）
弁護士の動き
更生支援コーディネーターへの依頼
面会についての調整（申入れ等）
更生支援コーディネーターに情報提供

第2章 弁護士との打合せ

更生支援コーディネーターは、弁護士からの依頼を契機として刑事司法手続の中で本人の支援に関わることになります。そのため、本人の支援や、その前提としてのアセスメントを始めるにあたり、まずは事件を担当している弁護士と打合せを行うことが必要になります。また、実際にアセスメントを開始した後も刑事司法手続の進行とも関係するため、弁護士との打合せが必要になる場面は多々あります。

本章では、当初の打合せで意識すべきことや、弁護士との関わり方についてみていきましょう。

Aさんの事例①

○○○○年5月25日、弁護士から東京TSネットに相談依頼が来ました。
依頼の内容は、以下のとおりです。

1　連絡先について

弁護人：X
所属弁護士会：東京弁護士会
所属事務所：○○法律事務所
メールアドレス：××@×××××
電話番号：03-○○○○-○○○○
FAX番号：03-○○○○-○○○○

2　対象者について

対象者氏名：A
対象者氏名よみがな：A
性別：男性
生年月日：○○○○年8月17日（45歳）
現住所：東京都○○区……
帰住先の予定：未定
障害について：知的障害疑い
療育手帳（愛の手帳等）の所持：不明
その他の内容・特記事項：意思疎通が難しく、話がかみ合わないことがある。
学歴：○○市立小学校卒業、○○市立中学校卒業

３　事件について

罪名嫌疑：窃盗

身柄の状況：逮捕・勾留中（起訴後含む）

逮捕年月日：○○○○年５月10日

勾留年月日：○○○○年５月12日

逮捕・勾留場所：○○警察署

起訴年月日：○○○○年５月21日

受任種類：国選

現在の段階：公判段階

次回公判期日：未定

事件概要：○○○○年５月10日に、○○書店○○店で漫画本５冊を万引きし、お店を出たところで警備員に声をかけられ、通報される。その後、○○警察署で逮捕。10日間の勾留を経て起訴される。現在○○警察署に勾留されているが、近々東京拘置所に移送される予定。

依頼内容：当職が環境調整のため、本人が事件直前まで住み込みで働いていた工務店に話を聴きに行ったところ、本人に知的障害があるかもしれないという話があった。工務店は、経営が厳しく再雇用は難しいとのことであり、本人には身寄りもまったくないため、手帳を取得して福祉サービスを利用できないか相談したい。

支援対象者は、Ａさん。45歳の男性です。書店で漫画本５冊を万引きして逮捕・起訴され、現在はまだ警察署に勾留されています。

東京TSネットの更生支援コーディネーターとして、鈴木花子さんが担当することとなりました。鈴木さんは、まずは、Ａさんのケースを担当する弁護人であるＸ弁護士と打合せをすることにしました。

Ⅰ　初回の打合せ

初回の弁護士との打合せについては、通常、①更生支援コーディネーターとしていつまでにどのような活動を行うことになるか確認すること、②支援を開始するにあたり、本人に関する情報を事前に得ることが目的となります。初回の打合せに際して、意識すべきポイントとしては、以下の点が挙げられます。

1　弁護士の刑事司法手続上の方針と活動のめど

まずは、弁護士に対して、いつ頃までに支援の計画を立てなければならないのか、いつ頃、裁判の期日を迎えることになるのか確認し、活動の一定のめどを把握します。そのためには、弁護士の考えている事件の（刑事司法手続上の）方針について、確認する必要があります。

たとえば、捜査段階で、かつ、本人が勾留されている状況で支援依頼がなされた場合、弁護士としては不起訴をめざそうとしている可能性があります。この場合には、支援のために使える期間は本人が勾留されている20日間（支援依頼が来た時点によっては、もっと短い期間）に限られるため、かなり短期間で迅速な活動を求められることになります。

また、すでに起訴されているケースでも、執行猶予が見込まれる（判決とともに、ほぼ確実に本人が地域に戻る）ケースなのか、執行猶予がほとんど見込まれない（一定期間刑務所に収容される）ケースなのかによって、支援の方針は大きく異なります。

さらに、更生支援コーディネーターは、裁判の進行にあわせて更生支援計画を立て、その内容について公判で証言したりします。そのため、更生支援コーディネーターがいつまでに何をすることになるのか、スケジュールを把握することが必要です。

事件によっては、弁護士が裁判所に対して一定の申立てを行い、早期に本人が釈放されるように活動することがあります。捜査段階では、準抗告という申立てが認められ、前記の20日間よりも早く本人が釈放されるケースや、裁判段階でも途中で保釈が認められ、釈放されることがあります。こうした手続が行われる場合には、更生支援コーディネーターが想定しているよりも早く本人が社会に戻ってくる可能性もありますので、弁護士がこうした手続を予定しているのか、それが認められる可能性や時期などについても、事前に情報共有することが必要です。

2　弁護士が更生支援コーディネーターに期待している役割

次に、弁護士が、本人のためにどのような支援を必要としていると考えているのか、ひいては、弁護士が更生支援コーディネーターにどのような役割を期待しているのかということについて聴取しましょう。

ただし、弁護士の期待している役割が過大であったり、それが更生支援コーディネーターの本来的な役割ではないこともありえます（たとえば、本人が障害に関する確定的な診断を得ていないケースで、障害を診断してほしいといった依頼がある場合などがありえます）。こうした場合には、更生支援コーディネーターができることとできないことを弁護士にきちんと伝える必要があります。

3　弁護士が現状把握している情報と資料

弁護士は、更生支援コーディネーターに依頼をした段階で、本人に対して面会するなどして、本人に関する情報を一定程度取得しています。また、起訴されているケースでは、刑事裁判の記録・証拠等が手元にあるはずです。

後記のとおり、更生支援コーディネーターによる面会については、場所や時間が限られていることもあり、まったく事前情報を得ないままに本人との面会を行うと、情報の把握などに困難が生じることもあります。そのため、本人と面会するにあたって必要な情報については、当初の弁護士との打合せに際して提供してもらうことが考えられます。提供してもらうと有用な情報は事案によってさまざまですが、一般的には、本人の簡単な成育歴、本人をとりまく家族などの関係者、事件そのものの内容、抱えている障害や診断名といったことが考えられます。

ただし、弁護士が把握している情報は、基本的には刑事事件に関することが中心になりがちです。弁護士が本人から聴取する際に着目する点は、事件そのものや前後の状況、前科前歴等、やはり事件に直接関係する事実が多くなります。そのため、本人との面会に先立ち、弁護士から得た情報のみに依拠してしまうと、本人の今後の生活に関する希望、本人のこれまでの生活状況、本人をとりまく環境といったことに関する理解が不十分になることもありえます。また、犯罪行為やリスクに関する情報ばかりに目が行き、本人を全人的に理解する視点が欠けるおそれもありえます。本人のことを知るためには、あくまでも本人と面会し、本人が語る言葉に耳を傾けることが重要なのであって、弁護士から事前に得た情報は面会をより充実させるための補助的なものであることは意識しておく必要があります。

なお、弁護士から情報提供を受けるに際しては、事前に、弁護士が本人から、更生支援コーディネーターへの個人情報の提供について同意を得ておく必要があります。

II 弁護士との関わり方

1 連絡の頻度や方法

弁護士との連絡は、密に行いましょう。本人との面会などで困ったことや、支援の計画を立てるにあたって相談しておきたいことがあれば、弁護士に連絡して確認すべきです。更生支援コーディネーターや弁護士にもよりますが、簡単な報告や相談などについては、電話・メールなどでのやりとりを行っている人が多いです。お互いに、連絡のとりやすい方法を確認しておくと有用です。相談の用件や重要度により、電話・メールなどを用いる場合と、直接対面で打ち合わせる場合とを分けるといった方法をあらかじめ決めておくことも考えられます。

2 支援方針の変更

更生支援計画を策定するにあたり、仮に、検討していた支援の方向性が大きく変わりそうなときには、弁護士にも相談しましょう。弁護士は、本人の弁護を行うにあたって、更生支援コーディネーターの計画を前提に、裁判での意見や活動の内容を考えています。前提に変更があるにもかかわらず、それを伝えていないと、裁判での弁護活動に支障が出てしまい、結果として本人の不利益になってしまう可能性があります。

たとえば、グループホームに入所する予定だったものの、本人の希望に基づいて家族のもとに戻る方針に変更するというような場合には、裁判において今後の生活についてどのような主張をするかが大きく変わることになります。このような場合には、すぐに弁護士に相談しましょう。

3 弁護士の障害等に関する理解

弁護士は障害についての専門家ではないため、障害に関する理解の程度はさまざまです。障害や福祉制度についてある程度把握している弁護士もいれば、そうでない人もいます。また、弁護士は障害についてあくまでも責任能力の有無などの法的観点から見ることになりますので、本人の障害特性や、それによる影響や生活上の課題等についてまで着目することは多くありません。

障害者手帳の取得、福祉サービスの調整等の手続、必要な期間などについても弁護士はイメージを持っていないことが多いので、その点の見通しは更生支援コーディネーターから情報提供するように意識し、弁護士とも共有しておくとよいでしょう。また、本人の障害がどのようなものか、そのことでどのような困難が生じているのかといったことについて、弁護士に積極的に説明していくことが重要です。

弁護士が本人とのコミュニケーションに困難を感じているような場合には、更生支援コーディネーターから弁護士に対して、本人との面会において障害特性に配慮すべきことや、より伝えやすい方法（視覚化など）について助言することも検討しましょう。

第3章 本人との面会

アセスメントを行うための前提として、まずは本人を知ることが必要です。そのために第一にすべきことは、直接本人と会って話を聴くことです。関係者や書面などからどんなに資料を集めることができたとしても、本人と面会しコミュニケーションをとることなくしては、本人のニーズを満たす支援計画をつくることはできません。ですから、更生支援計画を作成するには、更生支援コーディネーター自身が本人に会いに行くことが必要不可欠です。

本章では、実際に本人と面会する際の注意点や、本人との面会に役立つ手法や工夫などについてみていきましょう。

Aさんの事例②

鈴木さんが弁護士と打合せを行い、より詳しい話を聴いたところ、Aさんには次のような事情があるということがわかりました。

Aさん自身からは、どのようにして話を聴くことができるでしょうか。

1　事件に至った経緯

Aさんはこれまで、窃盗で６回逮捕されたことがあり、うち３回については刑務所に服役したことがあります（１回は執行猶予の取消し）。最後に出所したのは６年前です。

出所後、工務店での住み込みの仕事に就くことができ、この６年間は一度も事件を起こしてはいません。

ところが、事件の２カ月前、Aさんは現場で腰を痛めてしまい、長時間の作業ができなくなってしまいました。しばらくは休み休み仕事をしていたのですが、不況のあおりを受けて、工務店の営業も苦しくなっていたため、Aさんは仕事を辞めざるをえなくなってしまいました。仕事も家も失ってしまったAさんは、漫画喫茶などを転々として日雇いの仕事を探しましたが、ついに所持金も尽きてしまいました。

そこで、Aさんは、本を万引きして、それを売って現金を得ようと思い、今回の事件を起こしてしまいました。

2　今後の展開

Ａさんのケースでは、法律上は執行猶予判決が出る可能性があります。

ですが、現時点では、Ａさんに帰る場所はなく、収入を得る手段もありません。これまで窃盗を繰り返してきたという過去もあります。換金目的の万引きであるということを考慮すると、裁判所としては、事案が悪質であり、かつ、再犯可能性が高いとして、実刑判決が言い渡される可能性も十分あります。

そこで弁護士としては、Ａさんが刑務所に行かなくても社会の中で十分更生できるということを立証し、執行猶予判決を獲得したいと考えているようです。

しかし、Ａさんには頼れる親族もなく、工務店で再度雇ってもらうことも難しい状況です。

Ⅰ　面会の実施

在宅事件（本人が逮捕・勾留されていない事件）の場合には、本人との面会を実施するのはそれほど難しいことではありません。弁護士の事務所や、本人の自宅、利用している事業所などに赴いて面談をすることができます。場所については、本人が安心して話ができる場所を選択することが重要です。

一方、身柄事件（本人が逮捕・勾留されている事件）の場合には、面会についてさまざまな制限があります。後ほど詳しく説明しますが、面会時間が制限されたり、立会いの人がいるなどといったことです。通常の面接とはかなり異質な場面となりますので、そのことを念頭に、対応を検討する必要があります。

なお、本人との面会については、初回は弁護士が同行し、その後は更生支援コーディネーターが１人で面会をするようになるのが一般的です。

Ⅱ　本人の心理状態と自己決定

本人が逮捕・勾留されている状態で面会する場合には、本人の心理状態についても理解しておくことが非常に重要です。本人にとっては、自由がなく、外部からの情報も入ってこず、限られた人と限られた時間でしか面会することができません。このような環境の中で、先の見通しも立たないことから、本人の関心は、どうしても現状のつらさや不安に集まることになります。たとえば、「この先どうなるのか」「早くここから出たい」といったことなどです。これは身体拘束されているという状況を考えれば当然の心理状態であるといえます。

また、本人の自己決定については、身柄事件に限らず、十分に注意することが必要です。障害のある人のなかには、これまでの生活の中で、そもそも自分の希望を聞かれる機会すらなかった人や、満たされた環境を経験していなかった人、自分自身で進路を決めることができてこなかった人、生活の体験の幅が非常に狭かった人が多くいます。そのため、自分の中で希望する生活をイメージすることが難しかったり、生活する場所や環境を自分で決めることが難しかったりする場合があります。

その結果、更生支援コーディネーターが本人と面会して今後の希望を聞いても、「早くここから出たい」「早く裁判を終わらせたい」という以上の希望が出てこないことも少なくありません。また、それらの希望が実現できると考え、自身の本来的な希望ではなく、更生支援コーディネーターの提案に沿うような回答をしてしまう場合もあります。そのため、更生支援コーディネーターとしては、同意を得たことでそれが本人の意思決定であると安易に捉えるのではなく、本人が今後の生活をイメージしやすいような工夫を行ったり、さまざまな話をするなかで本人の本来の希望が何なのかを知ろうとするなどして、可能な限り本人の自己決定を援助することが必要です。

ただし、そうした自己決定を援助してもなお、本人の意向を把握することが難しかったり、本人自身が今後の希望を決めることができない場合もあります。この場合に、「本人の希望が定まらないから支援しない」となってしまうことは、本人が前記のような心理状態にあることに配慮せず、必要な支援を行わないことを意味し、本人の権利を侵害することになります。そこで、このような場合には、更生支援コーディネーターにおいて、本人の意思決定をエンパワメントしたり、場合によっては一定の委任を受けて代わりにより良い支援を考えていくこともありうるでしょう。本人の意思決定の尊重を基礎として、時にそれを補助することも検討しつつ、本人の希望や今後の環境を考えていくことが必要です。

Ⅲ 刑事施設等での面会

1 警察署内の留置場

⑴ 本人の所在

逮捕された場合には、起訴されてしばらくの間、警察署内の留置場において身体拘束されることがほとんどです。

起訴されてしばらくすると、警察署から拘置所に移動することになります。拘置所に移動した場合には、検察庁から弁護士に連絡があります。そのため、弁護士から連絡があるまでは、起訴されたとしても従前の警察署の留置場にいると考えていいでしょう。

⑵ 面会に関する注意点

弁護士以外の人が面会する場合（これを「一般面会」といいます）には、面会について、以下のような点に注意する必要があります。

(i) 面会時間の制限がある

通常、面会を実施できるのは平日の日中の時間帯に限定されており、面会時間も15～30分程度に限られています。面会時間などは各警察署で異なることがありますので、事前に確認してから面会に向かうようにしてください。

この程度の時間の長さでは、面会時間としては足りないという場合が多いと思います。そこで、面会にあたっては、事前に時間を延ばす「特別面会」の申入れを弁護士にしてもらうようにしましょう。

特別面会は、弁護士を通じて警察署や拘置所に申入れをすることで、通常よりも面会の時間を延ばしたり、立会いのない面会をすることを求めるものです。ある程度、面会時間を要する場合や、第三者がいる場所では十分な聴き取りができないという場合には、弁護士に依頼して、特別面会の申入れをお願いしてください。

(ii) 面会状況が特殊である（アクリル板越し・立会いがつく）

面会の状況は次頁の挿絵のとおりです。

本人とはアクリル板越しでしか面会できません（その場で物の受渡しをすることもできません）。また、面会には、原則として、警察官が立ち会います。本人と2人で話をしていても、横にその話をメモしながら聞いている人がいる状況になります。

とくに立会いについては、本人の自由な発言を制限してしまう可能性があります。前記の「特別面会」の申入れを積極的に検討しましょう。

(iii) 面会が禁止されることがある

逮捕から勾留決定がされるまでの最長72時間は、弁護士以外の人は面会できないことが多いです。身体拘束されている場所によって運用が異なりますので、事前に問い合わせてください。

勾留決定後は、弁護士以外の人も面会することができます。ただし、裁判所が許可した範囲の人しか面会できない制限が付される場合があります（これを、「接見禁止」といいます）。

(iv) 警察署の留置場にいないことがある

逮捕勾留中であっても、本人の身体が一時的に他の場所に移されている場合があります。

逮捕勾留中、本人は捜査機関から取調べを受けています。留置場のある警察署の警察官が取調べを行う場合には本人は警察署にいますが、検察官が取調べを行うため警察署を出て検察官のいる検察庁に呼び出されている場合があります。事件現場などで本人の指示説明に基づいて写真撮影などが実施される場合も、警察署を出ることになります。

また、勾留の可否を決するために、裁判官が本人を呼んで面会する「勾留質問」の手続のために、裁判所に行っている場合もあります。

これらの場合には、警察署に本人を訪ねても面会できません。事前に警察署にいることを確認してから面会に行くようにしてください（本人がいる警察署の「留置係」というところに連絡をすると教えてもらえます）。

⑶ 面会の手順

面会する場合は、事前に、本人が勾留されている警察署に電話をし、面会しようとする日に本人が留置場にいるか（検察庁・裁判所に行っていないか）や面会受付時間などの確認をしてください。

また、面会には身分証明書（運転免許証など）が必要となりますので、忘れずに持参しましょう。

警察署に行ったら、受付に面会をしたい旨を伝えてください。その後、留置係に案内されますので、その窓口で面会申込書に記入をし、面会をします。

警察署には面会室の数が十分に用意されていないことも多く、他の人と面会がバッティングした場合には、待たされることがあります。月曜日や金曜日など、面会が集中しやすい日についてはとくに注意しましょう。

⑷ 物や書類の授受

身体拘束されている人と物や書類の受渡しをする場合、直接手渡しで行うことはできず、留置担当の警察官に申し出て、手続を経なければなりません。

本人に対して何かを渡す場合には「差入れ」、本人から何かを受け取る場合には「宅下げ」と呼ばれる手続をとることになります。詳しい手続の方法などについては、窓口で聞いてみてください。地域によっては、印鑑が必要となるところもあります。

また、差入れは、どんなものでも可能なわけではありません。留置場の規則によって、かなり広く制限されます。何か差し入れたいものがある場合、それが可能か、まずは弁護士に相談してみましょう。

2 拘置所

⑴ 本人の所在

起訴されてしばらくすると、多くの場合、留置場から拘置所へと移送されます。拘置所は各都道府県に設置されており、東京では、小菅の「東京拘置所」と立川の「立川拘置所」があります。

なお、控訴審の場合には、高等裁判所の所在する場所の拘置所に移送されることになります（たとえば第一審がさいたま地方裁判所の場合、控訴審は東京高等裁判所が管轄となり、東京拘置所へ移送されることになります）。上告審の場合には、高等裁判所の所在地の拘置所からは移送されず、そのままそこに勾留されます。

⑵ 面会に関する制限

拘置所の場合、警察署と比べて、さらに厳格に接見の受付時間や面会時間が制限されます。また、拘置所の場合、施設にいるか否かや面会可能かなどの情報について電話で問い合わせても回答してもらえないことが多く、本人が拘置所内部の規則に違反して懲罰を受けていると、拘置所まで行っても面会できないこともあります。

しかし、2023年３月に法務省矯正局から各拘置所長などに宛てて発出された通知（令和５年３月28日法務省矯正第474号）においては、更生支援計画作成に向けた社会福祉士等の面会について

① １回の面会時間を一律に制限することなく、必要に応じて面会時間をできる限り長く確保

② 検察官に意見を求めたうえで、立会いを省略することも可能

③ 面会回数に含めない（１人の更生支援コーディネーターが複数人の人と面会したり、更生支援コーディネーターと面会した人が同日に家族などの他の人と面会することが可能）

などとするよう求めています。これらの運用が定着すれば、少なくとも面会時間や立会いについては、十分な面会を実現できる方向に変化してくるかもしれません。

また、拘置所では、差し入れた物品・書類が当日中には本人の手元に届かないことがあります。数日の余裕をもって差入れを行うことが望ましいです。

⑶ 面会の手順

拘置所に移動した場合、すでに捜査は終わっていますので、裁判所に出頭する日以外は、本人は拘置所にいることとなります。拘置所に赴き、面会申込用紙に記入して手続をします。拘置所においても、面会には身分証明書が必要となります。

東京拘置所や立川拘置所のような大規模な拘置所の場合、十分な数の面会室が用意されているので、長時間待たされることはほとんどありません。

なお、弁護士の接見と重なってしまうことがありえます。そのため、事前に弁護士に連絡して、日時を調整するとよいでしょう。

3　病院

⑴　本人の所在

鑑定のために留置されている場合には、一定期間を定めて病院に移されることがあります（第１部第２章Ⅲ参照）。また、医療観察法の当初審判においては、鑑定入院命令を受けて、病院において強制的な入院をする状態となります（第１部第２章Ⅷ参照）。

このように病院にいる場合には、病院において面会を実施することになります。

⑵　面会に関する制限

鑑定留置されている場合においては、弁護士以外の面会が許されるかどうかや面会時間の制限をどうするかなどについては鑑定医の意見に委ねられていることが多く、場合によってはまったく面会ができないこともあります。

面会を拒まれた場合には、弁護士と十分協議して、どのように面会を実現するかを検討しましょう。たとえ病院の方針があるとしても、本人の支援のために必要な面会については、本人の権利として行われるべきです。弁護士を通じて、面会の必要性などを具体的に説明することなどが考えられます。

4　少年鑑別所

⑴　本人の所在

本人が少年であって観護措置がとられている場合には、少年鑑別所において身体拘束されます（第１部第２章Ⅶ参照）。

⑵　面会に関する制限

面会できる者は、付添人である弁護士のほかには、近親者・家族など、裁判所が「少年と面会する必要性が高い」として許可する者に限られています。面会許可を得るためには、弁護士を介して、裁判所に対し、更生支援計画を作成する必要があること、そのために更生支援コーディネーターが少年と面会する必要があることを説明することが有効です。

⑶　面会の手順

少年鑑別所においては、心理検査や鑑別面接が実施されたり、家庭裁判所の調査官や弁護士の面会が実施されるなどしています。そのため、面会日については、事前に弁護士を通じて調整することが必要です。

Ⅳ 面会におけるコミュニケーション

本人との面会においては、その障害特性や本人の状況を踏まえたコミュニケーションをしなければなりません。ここでは、そのようなコミュニケーションを行うための工夫について説明していきます。

1　コミュニケーションの前提

まず、コミュニケーションにおいては、本人の障害特性と状況を理解することが必要です。

障害のある人のコミュニケーション上の障害特性としては、以下のようなものが挙げられます。

① コミュニケーションの基本スキルが十分でない（語彙が少ない、抽象的表現が困難、相手の質問の意味が理解できない、応答に時間がかかるなど）ことがある。

② 迎合性・被誘導性（相手に迎合しやすく、誘導に乗りやすいという特徴）がある。

③ 重要な事柄に関する記憶は可能だが、それに関連する周辺情報は記憶していないことがある。

④ 情報を短期記憶として保持することが困難なことがある。

⑤ 抽象的な概念を理解できないことがある。

⑥ 他者の気持ちを想像することが困難なことがある。

そのうえで、面会相手である本人は、いずれも刑事司法手続の中に置かれており、国家権力から捜査・訴追されている立場にあります。このような立場に置かれていること自体、先行きについての見通しを持つことが難しく、大きな不安を生じさせます。加えて、逮捕・勾留されて身体拘束をされている場合には、非常に特殊な環境の中で多くの制限を受けて生活しており、前記のような独特の心理状態にあります。この点は、常に頭の中に入れておく必要があるでしょう。

このような障害特性や本人の状況を前提とすると、面会においては以下の点に配慮する必要があります。

① ラポールの形成を重視する（信頼関係が基盤にないと十分なコミュニケーションを実現できない）。

② 強すぎる感情表出は避ける。

③　批判的な話し方をしない。

2　面接の開始

ここからは主に逮捕・勾留されている人との面会を念頭に置いて説明していきます。

まず、本人とはアクリル板越しに出会うこととなります。通常の面接場面と異なり、同じ空間を完全に共有できているわけでもなく、非常に特殊な環境下で出会うこととなります。そのため、ノンバーバルコミュニケーションに気を配ることがより重要となります。

最初は、適度な笑顔で挨拶をしましょう。また場合によっては、自分が先に面会室にいて、後から本人が面会室に案内されてくることがあります。その際には、当然ですが、一度立ち上がって挨拶をしましょう。そのような一般的なコミュニケーションのルールをしっかりと守ることが、本人に対して、対等な人としてコミュニケーションしようとする姿勢を示すことになります。相手の体調（食欲や睡眠の状態など）を気遣ったりすることも、このような姿勢を示すことにつながります。

そのうえで、まずは自己紹介をしましょう。

①氏名、②どうして面会に来たのか（弁護士からの依頼を受けたことなど）、③更生支援コーディネーターが何をする役割なのか（刑事司法関係者とは異なる立場であることも含めて）などの事項について、丁寧に説明をすることが重要です。

この自己紹介は、面会のたびに再度説明をすることが必要です。場合によっては、視覚資料などを用いて、わかりやすく説明することが重要になります（**書式1**）。このような説明が十分になされないと、本人は更生支援コーディネーターがどのような立場の何をする人かもよくわからないままに面会を強いられることとなり、大きな不安を感じてラポール形成をすることが難しいでしょうし、自分の思いを素直に話すことができません。

本人は、それまで福祉的支援をまったく利用してこなかったことも多いでしょうし、利用したことがあっても偏ったイメージのみを持ってしまっている場合もあります。そのため、福祉的支援とは何なのか、更生支援コーディネーターは何をする人なのか、何度も丁寧に説明することが必要不可欠です。

3　面接のルールを説明する

次に、面接に入るにあたっては、最初の場面において、以下のようなルールを確認しましょう。このような説明が十分にされていないと、適切に事実や意向を確認することが難しくなります。

①　本当のことを話すことが、とても重要である。
②　想像して話してはいけない。
③　わからないことについては、「わからない」と言ってよい。
④　相手が言ったことが間違っていれば、「違う」と言ってよい。
⑤　自分自身のことやこれまでの生活についてよく知っているのは○○さん本人である。
⑥　同じことを何回か聞くことがあっても、それは○○さんが間違ったことを言っているからではない。

4　面接の方法

そして、面接を実施していきます。

障害がある人のコミュニケーションにおいては、その障害特性にあわせて、以下のような点に留意することが有用です。

①　短い単語と文章を使い、理解が乏しいようであれば文章の構造を単純にする。
②　短い節の文章を使う。
③　能動態を使う。
④　できるだけ現在形を使う。
⑤　抽象的な概念を用いない。
⑥　二重否定を使わない。
⑦　専門用語を使わない。
⑧　比喩的な言葉は使わない。
⑨　口語的な表現は使わない。
⑩　事前に質問を準備し、その質問がわかりやすいか検討する。

また、面接においては、更生支援コーディネーターから本人に質問をすることで対話が展開していくことが多いでしょう。

この際、事実を確認するためには、誘導をせずに質問することが必要となります。面接においては、知的能力に制約がない人でも誘導される可能性があります（みなさんも、お医者さんの診察などで、事実と違う質問なのにもかかわらず、思わず「はい」と答えてしまったことがあるかと思います）。知的能力に制約がある人の場合には、このような誘導の影響力はさらに大きくなります。誘導のリスクを減らすためには、面接者から出す情報（言葉、表情など）を最小限に抑え、質問の仕方に配慮する必要があります。

しかし、一方で、障害のある人の場合には、あまりに自由度が高い質問だと、それに対して答えることが難しいという人もいます。自由度の高い質問ほど、抽象的なものになってしまいがちなので、何を答えればよいかわからなくなってしまうのです。

そのため、更生支援コーディネーターとしては、まずは自由度の高い質問をしつつ、本人の様子を確認して、その人が答えられる内容で、かつ誘導性が低い質問形式を探っていく必要があります。

それにあたっては、質問形式について知っておくことがよいでしょう。自分がしている質問がどのような種類の質問なのか、その誘導性がどれだけあるのかを考えていくことが必要です（**図15**参照）。

図15　質問形式の種類

より信頼できる自由度の高い質問

より誘導的な自由度の低い質問

① 自由再生質問
② 焦点化質問
③ 選択式質問
④ はいーいいえ質問
⑤ 誘導質問

⑴ 自由再生質問

面接者の介入がないまま、本人に出来事の詳細を話してもらうための質問です。最も正確で、多くの情報を得られる質問形式となります。

たとえば、「そのとき何が起こったか話してください」「A時点からB時点までのことについて話してください」などの質問です。

自由再生質問では、本人が自分の言葉とペースで話せる、相手がより注意深く話すことを求められ記憶を刺激する、面接者の思い込みによって回答が汚染される可能性が減る、相手を評価するような質問がなされることがない、相手の知的能力に関して大まかな指針が得られて、その後の面接に参考になる、などのメリットがあります。

そのため、面接においては、まず自由再生質問を使って質問していくのがよいと思います。

⑵ 焦点化質問

本人がすでに言及したことについて、さらに詳細な情報を引き出すために用いる質問です。

何～？、どこ～？、いつ～？などのオープンな疑問形式で尋ねます。たとえば、「どこで、それが起こったのですか？」「いつ、そこに行ったのですか？」などの質問です。

この質問は、なるべく、自由再生質問の後で使うようにしましょう。具体的には、①の自由再生質問で相手方に自由に話してもらった後、②の焦点化質問でより具体的な情報を得る、その後、また①の質問に戻るという方法です。

ただし、焦点化質問は、相手方からの回答が短く、面接者の待ち時間が短くなるため、すぐ次の質問に移らざるをえず、その分、面接の進行が難しくなる側面があります。

⑶ 選択式質問

いくつかの選択肢から、１つの回答を選ぶように尋ねる質問です。

本人が言及していないことに関して、詳細な情報を引き出すために用います。

たとえば、「あなたは今朝ゴハンを食べたそうですが、お米を食べましたか、パンを食べましたか、それとも何か他の物を食べましたか？」というような質問です。

選択式質問を使うと本人の回答の自由度が減ってしまうので、最後にその他の可能性を提示することで、本人の回答をある特定の回答に強制することを避けるようにすべきです。

また、本人の回答傾向に偏りがないか（たとえば常に最初の選択肢を選んでいないか）を確認し、偏りがあれば質問の順番を変えるなどの工夫をすることが重要です。

障害のある人との面接においては、自由度の高い⑴⑵の質問ではうまく本人が答えられないこともあります。その際には、この選択式質問を使い、誘導性が高い内容になっていないかを留意しつつ、質問していくのがよいでしょう。

⑷ はい–いいえ質問

これは、「はい」「いいえ」という回答を求める質問です。

たとえば、「あなたは○○を使いましたか？」などと質問します。

本人に回答を強制するため、本人自らが完全な回答をする気力を失わせる質問です。ただし、具体的事実を確認する際には有用な場面もあります。その場合、はい―いいえ質問をした後に自由再生質問を組み合わせることで、回答の正確性を確保することが可能です（たとえば、「あなたは○○を使いましたか？」「はい」「○○を使った時のことを話してください」など）。

⑸ 誘導質問

本人にある回答を期待したり、相手方が言及していない詳細な部分をほのめかすような質問です。

たとえば、「あなたは○○に行ったんですよね？」という質問には、面接者が○○に行ったと仮定していることが質問に反映されています。

このような質問は、面接中に極力用いるべきではありません。

5 視覚化の有効性

障害のある人のなかには、聴覚情報よりも視覚情報のほうが認識・記憶しやすいという人がいます（「視覚優位」などともいいます）。また、知的能力に制約がある人の場合、話を聞いているだけだとどうしてもその内容を保持しておくことができず、覚えられないという人もいます。

そのため、このような障害特性のある人がいることを念頭に置いて、面接の際には言葉だけに頼るのではなく、視覚化を活用していきましょう。

面接の際には、必ずノートや太字のペンを持っていきましょう。そして、自分が伝えたい話のポイントを書き出したり、本人の話で出てきたキーワードを書き留めます。それをアクリル板越しに本人が見えるようにして共有すると、会話だけでコミュニケーションしているよりも、スムーズにコミュニケーションがとれる可能性が高くなります。そして、作成したメモは、後でコピーをとって本人に差し入れることもできます。

そのほかにも、たとえば事業所について説明する際には写真を用いたり、今後の手続の流れについて図を描いて説明するなど、視覚化の方法はいろいろあります。

第4章　情報の収集

本人を知るには、関係者、本人をとりまく環境なども含め、広く情報収集を行うことも必要になります。

更生支援コーディネーターは、本人の犯罪行為に至った経緯などについて見立てなければなりません。この見立てに際しては、単純な想像・推測などではなく、本人に関する具体的な情報・資料等から読み取ることのできた事実に基づいて考えることが必要です。そのための前提となる情報収集も、見立てをより正確なものとし、内容を深めていく前提となる非常に重要な活動です。

本章では、情報収集の具体的方法や、収集を行う際の役割分担等についてみていきましょう。

Aさんの事例③

鈴木さんはAさんと面会を行いました。そのなかでは、Aさんは難しい言葉を使ったときの理解が難しかったり、鈴木さんの言葉に対してオウム返しになってしまうことなどがあり、意思疎通が難しいところがあるように感じました。そのため、鈴木さんは、やはりAさんには知的障害があるのではないかと考えるようになりました。

鈴木さんとしては、Aさんの知的能力の状態や、Aさんの能力・特性などからくる生活上の困難の内容について、さらに別の情報を得たいと考えました。

今後、鈴木さんがAさんの更生支援計画を立てていくうえで、誰から、どんな情報を集めたらよいでしょうか。

I　本人からの聴き取り

情報収集の基本は、なによりも本人の話を聴くことです。本人からは、これまでの生活歴や経験などを聴くことをはじめ、今後の希望も含めてさまざまな内容

Ⅲ　カルテ等の資料の取寄せ

関係者からの聴取だけでなく、関係者が作成した記録など、資料を取得することも、本人の状況把握に役立ちます。医療機関におけるカルテ等の医療情報、福祉事業所での支援記録、生活保護を受けていた場合のケース記録など、さまざまなものが考えられます。

カルテ等の資料は、本人の個人情報であり、関係機関は本人からの依頼がなければ提供できないことがほとんどです。そこで、本人に対して「更生支援計画作成のためにカルテ（あるいは支援記録等）を取り寄せたい」と説明し、更生支援コーディネーターが代わりにカルテ等を取り寄せることの了解をとれば、本人の代理人として取り寄せることができる場合があります。この場合、通常は委任状が必要になるでしょう。具体的な手続については、関係機関に問い合わせてください。

本人が身体拘束されている場合も、警察署等に面会に行き、委任状を差入れして本人の署名をもらったうえで、委任状を「宅下げ」（第３章Ⅲ**1**⑷参照）してもらうことができます。

なお、カルテ等の資料の取寄せについては、弁護士に依頼するほうがスムーズなこともありますので、相談してみるとよいでしょう。

Ⅳ　弁護士会照会

弁護士会照会とは、弁護士が、所属している弁護士会の名前で、特定の相手に対して、特定の資料を提出するように依頼する方法です。必要な書類の提供を依頼しても手に入らないというときには、弁護士会照会を行えないか弁護士に相談してください。

取得が可能なもので、支援を行っていくうえで重要になりうるものの例は、以下のとおりです。

①　本人が在籍していた学校の指導要録等の記録（成績や学校生活の様子）

②　本人の利用していた福祉サービスの支援記録（生活状況や障害特性）

③　過去に収監されていた刑務所で実施されたCAPAS（知能検査）の結果（本人

を聴取することになります。

弁護士も本人からの聴取は行っていますが、立場上、事件のことが中心に ます。そのため、本人の事件に関する動機、過去のトラブル、前科前歴のこ ど、ネガティブな情報だけを集めがちです。それだけに、更生支援コーディ ターは、これまでに安定して過ごすことができていた時期のこと、本人の得 こと、今後やりたいことといった、本人の強みやニーズに着目した内容につ も意識的に聴き取ることが重要です。

こうした聴取の内容やテーマについては、弁護士と更生支援コーディネー の間で役割分担が必要になるでしょう。

また、本人が身体拘束されているケースでは、更生支援コーディネーターが 人と面会する際には、時間的・場所的な制約があります。これに対して、弁護 による接見では、こうした制約が一定程度緩和されますので、弁護士が接見時 聴取した内容を共有したり、知りたい情報について弁護士に聴取依頼を行った することで、本人自身からの情報をより広く得ることができます。

面会についての注意点は、第２部第３章を参考にしてください。

II　関係者からの聴き取り

本人自身からの話だけでは、客観的な本人の状況などについて知ることがで ないことも少なくありません。そこで、本人の家族、就労していれば就労先の 係者、通っていた学校の関係者、利用していた障害福祉サービスの支援者など これまでの人生において本人を支援してきた人や関わりの深かった人から話を くことも重要です。弁護士とも協議のうえ、必要と思われる関係者に連絡をと てください。

本人が連絡先を把握していない場合でも、弁護士を通じて、捜査機関から家 などの連絡先を教えてもらえることもあります。公的な機関の場合、弁護士の 場を用いたほうが、回答を得やすいこともあります。こうした場合には、聴取 弁護士に依頼することも有用です。

他方、関係者に問い合わせるにあたり障害福祉の知識が必要だったり、本人 障害特性に関する内容を聴取したい場合には、更生支援コーディネーターが聴 を担当したほうがよいでしょう。

の知的能力等)

④　福祉事務所にあるケース記録(生活保護受給の有無や生活状況)

⑤　留置施設でつけた動静簿・留置簿冊(留置施設での本人の状況)

⑥　留置施設での服薬内容(現状の服薬状況)

弁護士会照会を利用するには、１万円前後の費用を弁護士会に納付する必要があります(国選弁護人がついている事件の場合には、減免される場合があります)。また、照会先から、別途、書類発行などに要する手数料等を請求されることがあります。

加えて、回答が得られるまでには数週間をみておいたほうがよいでしょう。

《学校に対する照会事項例》

> 下記事項をご回答ください。
>
> 記
>
> 第１　学籍の記録
> 　１　児童および保護者氏名
> 　２　入学前の経歴
> 　３　卒業または退学後の進路
> 第２　学校に関する事項
> 　１　在籍年度
> 　２　各在籍年度における校長および学級担任氏名
> 第３　特別支援学級における学習記録
> 第４　交流学級における学習記録
> 第５　行動の記録
> 第６　出欠の記録
> 　１　授業日数
> 　２　出席しなければならない日数
> 　３　出席日数
> 第７　その他
>
> 以上

照会先には、照会内容に応じた回答・報告を行う義務があるとされています。照会先が公的機関である場合は、拒否する正当な事情がある場合を除き、照会に応じてくれることが多くなっています。

しかし、求める資料を照会先が必ず提出してくれるとは限りません。もし、照会を行っても必要な資料が手に入らない場合には、弁護士と対応を協議してください。

Ⅴ 裁判所を通じた証拠収集

1 公務所照会

裁判所が特定の相手に対して特定の資料の提出を求める「公務所照会」という制度があります。利用できるのは起訴された後に限られますが、弁護士会照会に比べて回答に要する期間が短く、かつ、回答に応じてもらえる可能性が高いことから、利用できれば有用な資料収集方法です。利用を検討したい場合は、弁護士に相談してください。

2 記録の取寄せ請求

裁判所は、裁判所が保有する裁判記録を取り寄せることができます。本人の前科や少年時代の非行事件などの記録を取り寄せたい場合には、弁護士に相談して利用を検討してください。

Ⅵ 検察官に対する証拠開示請求

起訴後、検察官は、裁判の前に、裁判に提出する予定の証拠を弁護士に開示しなければなりません。それ以外にも、特定の証拠が検察官の手元にあると想定され、それを確認したり、証拠として利用したりしたいときには、弁護士から検察官に対して証拠を開示するよう請求することができます。

捜査機関は、捜査段階で多くの証拠を収集しますが、最初の段階で検察官が弁護士に対して開示するのはそのごく一部のみとなっています。たとえば、本人の医療記録、起訴前精神鑑定の鑑定書やその基礎となる検査結果などについては、検察官の手元にあっても通常は最初の開示の対象となりません。そこで、更生支援コーディネーターとしては、弁護士と相談のうえ、捜査機関が収集しているであろう証拠について、弁護士に開示を求めてもらうことが考えられます。

Ⅶ 収集した情報の整理

支援のために必要な情報を漏らさず収集し、整理するためには、フェイスシートなどの一定の書式を活用することが有効です。そのような書式の一例として、本書の書式集にはフェイスシートを収録しています（**書式2**）。本人からの事情聴取だけに限らず、家族や関係機関、各種資料などから情報収集をし、情報を整理して記載していきます。

このようにさまざまな角度から情報を収集し、整理していくことで、適切なアセスメントにつながります。

Ⅷ 情報収集にあたっての留意点

1 得られた情報を精査する

情報は幅広く収集することが必要ですが、それらに記載された内容を当然の事実として受け入れることはできません。そうした情報資料については、作成した機関ごとの目的が反映されているため、内容や評価にも偏りが生じるためです。

たとえば、捜査機関が作成した本人の供述調書や、捜査機関が聴取した本人の関係者の供述調書や聴取報告書といったものについては、本人を刑事司法手続の中で処罰するための証拠とすることを目的として作成されています。そこで記載されている内容は、犯罪行為や問題行動に焦点化されていることが通常です。本人の強みや積極的な評価が捨象されていたり、日常の様子などは反映されていなかったりすることがよくあります。また、そもそも本人が話していないような内容が記載されていることもあります。

他方、特別支援学校の教員などによって作成された資料や、教員から聴き取った話については、本人の成長や今後の生活などのことを考えたものになるはずです。

更生支援コーディネーターがアセスメントをするにあたっては、事件の内容を知るうえで前者のような証拠を無視することはできませんが、後者のような情報のほうが、本人の普段の生活状況を知ったり、今後の望ましい環境等を考えたりするうえでは有益なことが多いと思われます。

2　本人の情報を第三者に伝えることにつき同意を得る

刑事司法手続の中で収集する情報には、障害の種類や程度に関するもの、前科前歴に関するものなど、重要な個人情報が含まれています。これを第三者に提供する場合、原則として本人の同意が必要です(個人情報保護法27条参照)。本人にとってプラスの情報であっても、マイナスの情報であっても、同意を欠くことはできません。

更生支援コーディネーターが福祉サービスの調整を行ったり、関係機関との調整を図るに際しては、相手方に対してある程度の情報提供をすることになります。そのため、更生支援コーディネーターとして活動する際には、あらかじめ本人に十分説明のうえ、個人情報の提供・使用についての同意書を作成することが必要です。

そのうえで、個人情報を第三者にどこまで伝えてよいか本人に対して確認しましょう。家族などの本人に近しい関係への開示であっても同意が必要なことに変わりはありませんし、支援に必要な場合であっても、本人の同意がない限り、行政機関などに対しても安易に情報を開示することは許されません。

3　関係機関等に伝えるべき内容を精査する

本人の同意があった場合でも、どのような情報を関係機関に提供すべきかについては検討を要します。たとえば、今後に利用を予定している事業所等に対して、安易に「銃刀法違反」や「窃盗」といった罪名のみを伝えると、言葉だけが一人歩きしてしまい、かえって本人への偏見や警戒感を強める結果につながることにもなりかねません。

むしろ、犯罪に至ってしまった経緯や背景の部分であったり、どのようなときに本人がトラブルに至りがちなのかといったことなどを伝えるほうが、実際の受入先での支援において有益なはずです。また、本人は、常に犯罪行為だけをして生きているわけではないにもかかわらず、罪名に目を奪われ、日常生活などの様子が関係機関でも見落とされがちです。そのため、本人の得意なことや生きがいなど、本人の強みやポジティブな事情についても、意識的に共有していくことが重要です。

4　資料や情報の漏洩に注意する

収集した情報が他者に漏れてしまうおそれのある行動は厳に慎み、関係資料は慎重に取り扱ってください。たとえば、自宅へ持ち帰って家族に見せたり、公共の場でおおっぴらに広げたりすべきではありません。また、ファックスや電子メールでのやりとりには誤送信のリスクもあるので、送信前に宛先を必ず二重に確認したり、届いたメールに返信する、宛先の限定されているチャットツールを活用する、送信するファイルにパスワードを設定するなどの対応が必要になります。

資料を紛失した場合、本人のプライバシーが侵害され、更生支援コーディネーターの個人的な責任が問われる可能性があります。鍵のかかる場所等で保管し、持ち出す際はカバンの置き忘れなどに注意する必要があります。

刑事裁判の記録を提供してもらう際には、弁護士から預り証等の発行を求められる場合があります。これは、前記記録については法律上弁護士に記録の適正保管義務が課されていることに対応したものですので、受け取った書類の内容を確認したうえ、協力しましょう。

なお、公判記録や証拠には、被害者やその関係者等の氏名・住所などが含まれています。裁判所や検察庁から、これらの情報について取扱いの配慮を求めたうえで開示が行われている場合もあります。弁護士からこれらの情報を本人に伝えないことに関する注意などがあった場合は、厳守するようにしてください。

5　捜査機関や裁判所へどこまで情報を伝えるか協議する

更生支援コーディネーターが収集したり、弁護士から提供されたりした情報のなかには、捜査機関には伝えていない内容が含まれていることがあります。

とくに、捜査機関が把握していない本人の余罪など、本人の刑事司法手続上不利益になる情報の場合、弁護方針との関係上、更生支援計画に記載するかどうかについては、弁護士と支援者とで意見が分かれることもありえます。弁護士からは、不利な事実を計画書に載せないでほしいと求められる場合もあるので、その際には十分に協議しましょう。

また、判決後に捜査機関から、「被害者が知りたがっている」「本人が再犯して逮捕したが、本人の情報やこれまでの支援状況を知りたい」といった理由で、更生支援計画書の写しの提供を求められるケースも散見されます。この場合、計画書に記載された情報は本人の重要な個人情報であり、捜査機関からの求めだとしても、安易に応じてよいものとは思われません。こうした場合には、まずは当時の事件を担当した弁護士に対応を相談するとよいでしょう。

6　終了後の記録の取扱い

刑事司法手続に関する記録は、裁判以外の目的での使用が認められていません。そのため、手続が終了したら速やかに弁護士に返還し、保管ないし処分を依頼します。

それ以外の記録については、責任を持って管理し、処分する場合には個人情報の保護に十分に留意しましょう。なお、更生支援コーディネーターが作成した書類については、公的なサービスに基づく書類ではありませんので、現状、法定保管年限はありません。

第5章　アセスメント

情報がある程度集まってきた段階で、アセスメントをしていきます。このアセスメントを丁寧に繰り返し行っていくことが、適切な支援体制の構築のために必要不可欠になります。いわば、更生支援計画の「肝」ともいえます。

この章では、そもそもアセスメントとは何なのか、どのようにアセスメントしていくのか、について説明をします。

I　アセスメントとは

1　アセスメントの目的

「更生支援計画」の最終的な目標は、本人の人生の質を高めることにあります。その結果、犯罪行為をすることなく、あるいは再犯の不安に駆られることなく、社会の中で本人の意思に基づいて幸せに暮らせることをめざす、そのためのプロセスの一部が更生支援をするということであり、そのための指針・計画が更生支援計画になります。

ただし、幸せに暮らすための計画といっても、そもそも思い描く幸せな生活、幸せな未来像は、みなそれぞれに違います。そして、生まれ持った得手不得手、特徴、好みも違えば、育ってきた環境、学び身につけてきたものも違いますし、暮らしている状況、環境もさまざまです。したがって、本人との対話のなかで、思い描く将来を共有し、それを目標に設定することが最初の一歩になります。またそれに向けて、生まれ持った得手不得手、特徴、好み、育ってきた環境や学び身につけてきたもの、暮らしている状況、環境などの一つひとつの点を丁寧に把握する必要があります。

それが「アセスメントする」ということです。そして、それらの一つひとつの点をつなぎ、目標に向けて線としてつなげていく作業、これを「支援の計画を立てる」といいます。さらにその計画を実現するために、周囲の人たちをつなげて面にしていく作業を「ネットワークをつくる」といいます。

したがって、支援を実現するための土台となる部分がアセスメントということになります。この土台が不完全だと、それをもとにした支援計画や目標を実現するためのネットワークに不具合が生じてしまいます。

社会内で生活しているときに、生まれ持った得手不得手、特徴、好み、育ってきた環境や学び身につけてきたもの、暮らしている状況、環境などのうちのいずれか、あるいは複数にズレが生じても、それが周囲にとって明確であった場合には、周囲からのサポートを自然に受けたり、あるいは自ら周囲に頼って利用したりすることも容易です。しかしなかには、そのズレがわかりにくい人や、周囲から気づかれずに過ごしてきた人などもおり、ズレが生じた不都合な状態が長期化・常態化している場合があります。そしてその結果、自己肯定感が下がってしまったり、周囲との関係性が悪くなってしまったり、精神医学的な不調をきたしてしまったり、あるいは時として犯罪行為に至ってしまうことがあります。

このように、犯罪行為に至った人のなかには、そのズレがわかりにくく、必要な点に対する十分なサポートを受けることなく過ごしてきたという場合も少なくありません。そのズレを見出すためには、丁寧さと専門性が必要な場合も多くあるように思います。また目立つ問題点を見つけることは容易ですが、問題がないことを確定するのは非常に難しい作業になりますので、目立つわかりやすいズレだけに目を奪われることなく、包括的にアセスメントを進めていくことが漏れを防ぐために必要な点になります。

2　アセスメントの視点・方法

包括的にアセスメントするためには、アセスメントをする人の頭の中にフレームがあったほうが漏れを防ぎやすいと思います。ひとつの代表的なフレームに、生物・心理・社会モデルがあります（第１部第１章Ⅲ**4**参照）。このモデルはもともと、1977 年にアメリカの医師George Engelによって考案されました。それまでの単一の要因で問題を説明し、アプローチしようとする教条主義に対してのアンチテーゼ、問題提起になります。本モデルでは、一人の人を、あるいは１つの現象を、生物学的な側面、心理学的な側面、社会的な側面の３つの側面から理解していくことを提案しています。更生支援計画を作成するうえで関係しそうなことを中心に、それぞれの側面に関して説明します。

生物学的側面とは、生得的な問題・特徴や、種々の疾患などを指します。たとえば、知的発達、自閉スペクトラム症や注意欠如・多動症などの発達的な特徴、統合失調症やうつ病などの精神医学的疾患、認知症などの神経変性疾患、癌などの身体的疾患、身体の機能制限などが含まれます。

心理学的側面には、その人の気分や性格・パーソナリティーなどを中心に、行動傾向なども含まれます。同じような状況に置かれても個々に選択する行動は異なりますし、同じ経験をしても、個々に感じ取り、学ぶものは異なっています。良し悪しの問題ではなく、こうした個々の心理・認知的側面の特徴を把握することが重要です。

社会的側面には、これまで育ち、過ごしてきた環境的な面や、現在置かれている個人の生活といったミクロな環境・状況、さらにはどういった地域で暮らしていくのかなどといったマクロな環境が含まれます。これらがそれぞれ、どういった文化や価値観を持っていたのか、どういった人たちが関係していたのか、経済的にはどうか、利用できる社会資源にはどういったものがあるのか（地域アセスメント）などが含まれます。

これらは３つがそれぞれ独立しているものではなく、互いに影響を与え合っている場合も多くあります。たとえば、身体的な不自由（生物学的）があるために、仕事に就けず経済的に困難な状況に陥っており（社会的）、その結果、不安や抑うつ気分が著しく、周囲に攻撃的となっており（心理的）、周囲からの人的サポートが乏しくなっている（社会的）などです。また１つの現象が、生物学的なのか心理的なのかなどの区分が難しい場合も多くあります。さらにいずれの側面にも何らかの検討すべきことが必ずあるというものでもありません。生物学的な側面は特記すべき問題がないなどという場合も当然あります。そして、３つの側面を整理することで、直接的に支援の方針が導かれるわけではありません。そのため、このモデルに対する賛否もあります。しかし、包括的、全体的に情報を収集するうえで、フレームとしては非常に有益なものです。

本章では、これらの３つの側面に則って、アセスメントに関して記載していきます。

3　アセスメントにおいて留意すること

アセスメントする際に重要となることは、前記のとおり、一人の人についてその個人と環境、地域とを包括的・全体的にみて把握しようとすることです。またそれは現時点での状況のみならず、過去から遡り、縦断的に把握していくことが必要です。過去が積み重なり現在となります。過去からの縦断的な文脈なしには現在を理解することはできません。さらにどうしてもネガティブな側面に目が行きがちですが、本人がうまくできていること、うまくやってきたこと、強みなどのポジティブな側面も、更生や今後より良い人生を送るうえで重要になります。したがって、ネガティブな側面のみならず、ポジティブな側面にも留意して情報を収集していくことが重要と考えます。

また当然ですが、アセスメントは、客観的な事実に基づいて行い、自らの経験則だけに頼ったようなものではないことが重要です。客観的とは、あとからアセスメントし直しても、あるいは他の支援者がアセスメントしても、同じ結果が得られるということです。たとえば「触法障害者はみなすべて生きづらさを抱えている」など個人の抱いているイメージに当てはめて考えるのは非常に安易ですし(それに抽象的・概念的で支援プランには役立ちません)、心理的に「こうであろう」「こうに違いない」など支援者や周囲の人間の一方的な解釈を交えると客観性が失われ、正しく本人の困難な状況を理解できず、妥当性に乏しい、ズレたアセスメントとなってしまいます。心因的に解釈せず、行動などの客観的で具体的な現象から情報を収集していくことが肝要となります。さらに、標準化されている検査を活用することなども有益です。

また、得ている情報が少なかったり偏ったりしていると、いっそう個人の経験則に頼った解釈が増える傾向があるので注意が必要でしょう。

アセスメントする更生支援コーディネーターは支援の専門家ですので、常に専門性を高めるため、学び続けることが求められています。自分が学んでいなかったことで本人を支えられなかったら、お互い後悔してしまいます。ただし、所属組織の内部研修だけだと、どうしてもその組織の考え方・方針による偏りが生じ、そこからの脱却が難しくなってしまいます。したがって、所属組織外に学ぶ場を持ち、情報を更新し技術を向上させ続けることが重要です。

また、単独でアセスメントをしていると、誰であっても個人に内在するさまざまなバイアスが入り込みがちになります。複数の同僚に目を通してもらい、時に議論をしながらアセスメントを進め、まとめていくと、より客観的で、潜在するバイアスを少しでも減らすことが可能となるでしょう。相談できる場を確保しておくことも、アセスメントをする者にとっては必要不可欠な準備となります。

II 生物学的な視点でのアセスメント

前項で述べてきたように、一人の人を包括的・全体的にアセスメントする必要があり、そのひとつのフレームが生物・心理・社会的アプローチになります。本項では生物学的な面からの評価について述べていきます。

生物学的な側面から、本人の特徴を把握する際に医学診断は有益な情報となります。診断方法や診断名、またその背景になる病態ということに関して述べていきたいと思います。

1 診断プロセスと診断名

ある種、共通な特徴を持った人たちがいて、その特徴が生活上の不利益につながりやすい、つながる可能性のある場合に疾患と呼びます。その疾患のあるものと、ないものとを区分し、その状態を把握する行為を診断といいます。またそのために用いる基準を診断基準、その結果与えられる名称を診断名といいます。診断に際しては、疾患のあるものに疾患のないものが混在すること（偽陽性）も、疾患があるにもかかわらずないとして見逃してしまうこと（偽陰性）も、最小にしたいというのが診断する人たちの願いですが、この両立というのが相対するものをかなえる作業になりますので、現実的には非常に難しいことになります。したがって、目的によってさまざまな基準・アセスメントを使い分けたり、組み合わせたりして診断を進めていきます。ひとまずは疾患があるものの見逃しを最小限にする（偽陰性を最小限にする）ためにスクリーニングを目的としたアセスメントを実施し、そのうえで、疾患のないものをないときちんと識別できる（偽陽性を最小限にする）ためのアセスメントを行うなどのプロセスで進めていきます。

しかし、このとき用いる診断基準が、みなバラバラのものを使っていたらどうなるでしょう。かつて地域によって疾患の有病率が異なるということがありました。疾患の発症しやすさが地域によって異なるのか、そもそも基準が異なるのかが議論され、診断基準の統一化が図られるようになりました。そこで生まれてきたのが、ICDやDSMに代表されるような操作的診断基準になります。診断者によるバラツキを防ぐため、エキスパートではなくても使用できるよう、表面上の現象に重きを置いてチェックしていき、チェックのついた項目数で診断の有無を判断します。そのことによって、誰がつけても同様の診断に至るという診断の信頼性を担保することができるようになりました。
他方で、真にその疾患を診断しているのかという妥当性の問題が生じています。たとえば、支援をしているなかで、うつ病と診断されている人たちでも、背景にある病態がさまざまだと感じられたことがあるのではないでしょうか。つまり、同じ診断名がついていても、その中にいくつかの病態が混在してしまうということが生じています。この問題を減らすために、たとえば遺伝子とか画像とか他の生物学的な指標を基準に含めようとする取組みがなされていますが、実用にはまだしばらくかかりそうです。

2 病態をみる

実際に支援するときには、もちろん診断名も大切ですが、その背景にある病態がどうかも非常に重要になってきます。先ほどうつ病を例に挙げましたが、うつ病と診断されている人をとっても、パーソナリティーやキャラクターの問題から抑うつ状態が生じている人もいますし、環境要因の影響を強く受けている人もいます。他方で、脳内のホルモン、つまり神経伝達物質のアンバランスが想定される人もいます。ちょうど生物・心理・社会的モデルのようなものでしょうか。その人の背景にいずれの病態が仮定されるかで介入の方針が大きく変わります。
パーソナリティーやキャラクターといった認知パターンの問題、つまり心理的要因が強ければ、認知的側面からの介入が必要です。環境要因といった社会的要因が強ければ、環境への介入などが必要になります。神経伝達物質の影響が強ければ、生物学的な介入、つまり狭い意味での医療・薬物療法が優先されるべきでしょう。それに合わせた環境・機会の設定を検討する必要があります。
また、たとえば「アルコール依存の状態→アルコール依存症→アルコール依存症のプログラム」「窃盗を繰り返している→クレプトマニア→クレプトマニアのプログラム」といった安易な支援計画もよく目にします。「アルコール依存の状態」「窃盗を反復する」という現象のみでは、病態が不明です。そのような現象に至った背景にはどのような病態やどのような環境・状況があったのか、丁寧に紐解く必要があります。そのうえで、専門プログラムが必要であればそれを調整する必要がありますし、他の側面での支援が必要であればそれを検討する必要があります。
たとえば実際のケースでも、神経伝達物質のアンバランスに基づくうつ病が先行しており、その結果不眠や逃れられない不安が強く、それらを一時的に回避するためにアルコール依存様の状態となっていたにもかかわらず、しばらくの間、アルコール依存症として介入され、不安定な状態が持続していたということがありました。面接の結果、背景にある病態として生物学的な問題が想定されたため、薬物療法を実施した結果、アルコールの問題含むすべての症状が速やかに改善し、完全に社会復帰され、良好な状態をその後もずっと持続されました。

どのような病態かは、横断的、表面的で目立つ症状・問題点だけでは判断が難しく、元来のパーソナリティーや社会適応がどうだったかといった病前の状態や、どのような時系列で問題が生じているのかなどをきちんと整理し、その人に何が起こっているのかを明確にしていくこと、さらにはそれを対象となっている人と共有していくことが、疾病教育としても、また支援の方針を共有するという意味でも重要です。

3　身につけるべきこと

疾患の勉強をするときに、DSMなどの分厚いマニュアルを熱心に読むという人がいます。あるいは疾患を説明する際に診断基準を挙げる人もいます。それらの書籍にはもちろん疾患の解説も記載されていますが、あくまで診断基準の話です。疾患を魚にたとえるなら、特定の魚を網ですくおうとしたときに、どのような網を使うと、他の魚が混在することなく、またその魚を漏らすことなくすくえるかということのための、道具としての網が診断基準に該当します。したがって、診断基準を勉強しても、それは魚自体を学んだことにはならず、網の勉強をしたということになります。魚自体は昔も今も、今後も変わることはないと思いますが、網は時代とともにその必要性に応じて改良され変化していきます。診断基準は未だ発展途上にあることを理解し、ぜひ疾患自体を正しく学んでいくことが必要です。

その際には、情報の質を見極める肥えた目が必要です。書籍やインターネット、講演会などからの情報の質はさまざまです。一方で、学術集会(学会)は、質、規模などはさまざまですが、規模の大きいものなどはある程度バランスのとれた情報発信を行っています。また、質の高い学術雑誌の総説(GoogleScholarやJ-Stage、CiNiiなどで検索ができます)なども、情報のバランスが良い場合が多いです。それらなどを活用し、それぞれの疾患の全体像を捉えながら、各領域の細部を専門的な論文や本などで補っていくと、偏りが少なく多くのことを習得していくことができるのではないでしょうか。

Ⅲ 心理的な視点でのアセスメント

1　心理的な視点の必要性

前項では生物学的な視点を中心に整理してきました。本項では心理学的な面からの評価について述べていきます。

本人の行動を理解するためには、認知特性（どのように物事を捉えたり、感じたりしているのか）を知る必要があります。なぜなら、どのように状況や情報を捉えたかによって、同じ状況でもその後にとる行動は異なるためです。

たとえば、耳から聞いて理解することは非常に苦手で、聞き漏らしが多い人の場合には、それはやる気などの問題ではなく、その人の情報の受け取り方の特徴ですから、何度も繰り返し口頭で伝えるよりも、紙に書いて伝えたほうが本来伝えたいことが伝わりやすく、お互いの不利益を減らせるでしょう。

したがって、どのような認知特性があるのかを把握することは、どのように関わるのか（支援するのか）を考えるうえで、非常に有益であるといえます。また、アセスメントでは、主観的な解釈ではなく客観的な情報が重要です。こうした客観的な情報のひとつに心理学的な検査が用いられることがあります。本項では、知っておく必要のある認知特性やアセスメントツールについて述べていきたいと思います。

2　実行機能と聴覚的ワーキングメモリー

支援を考えていく際には、現状においてどのような点で困り、その背景にはどのような認知特性が関係しているのかを知ることが非常に重要です。日常生活に影響を与える認知特性のひとつとしては、「実行機能」というものがあります。これは、適切かつ現実的な物事のプランを立て、そのプランを実行し、うまくいかないときに臨機応変に調整していくことで、最終的に達成したかったことを達成するための力のことです。この実行機能に偏りがみられると、適切なプランを立てて物事に取り組むことや、何にどこから手をつければいいのか段取りが立てられず、うまく行動を開始できないなど、日常生活に与える影響は決して小さくありません。

たとえば、片付けがうまくできない、一度取り組んだことを途中でやめてしまう、後先考えずに行動してしまうなどがみられます。周囲からは「やればできるはず」「不真面目」など、やる気や性格の問題と誤解されやすいのですが、実際には能力的な難しさが関係していることもあります。実行機能に困難があれば、以下のような視点でのサポートが必要になってきます。

① 目標設定を一緒に考え、明確にする（現実的に達成可能なものにする）。

② それを達成するためには、どこから手をつけていくのがよいのか、優先順位を伝える。

③ そのための選択肢と、それぞれのメリットやデメリットなどのポイントを伝える。

④ そのうえで、自分がどうしたいのかを決めてもらう。

また、目的を達成するために、一時的に頭の中に情報を留めておく記憶の働きを、作動記憶（ワーキングメモリー）といいます。そのなかでも、耳から聞き取ったことを覚えておく記憶のことを「聴覚的ワーキングメモリー」といいます。聴覚的ワーキングメモリーは、日常生活のさまざまな場面で使われます。

たとえば、会話はそのひとつです。他者と会話していく際には、前の質問や文脈を覚えながら会話をしているために、文脈に沿ったやりとりができます。この力に偏りがあると、口頭で言われていることの意味が十分に受け取れず、部分的な理解になる、話を聞こうと思っているのにうまく聞けない、そもそも何を言われたのかを覚えていられないなどの不都合が生じやすくなります。これらも、実行機能と同様に、その人のやる気などの問題ではなく能力的困難という視点を持って捉えていくほうが、実際の支援を考える際には有効でしょう。

なお、ワーキングメモリーは、不安などのコンディションに影響を受けることが知られています。そのため、生活の中で不安が大きいと思われる状況では、より顕著に困難がみられます。したがって、実際のサポートとしては、いかに安心してやりとりができる状況をつくっていくかが、まずもって重要になります。そのうえで、以下のような視点でのサポートが役に立つでしょう。

① 口頭だけではなく、情報を見える形にする（いつでも確認できるようにする）。

② メモやチェックリストなどを活用する。

③ その際には、「○○をすべき」と周囲が決めつけるのではなく、本人が納得して取り組めそうなことについてまとめていく。

とくに、知的能力の困難については、見逃されやすいために注意が必要です。大学進学をしている、口頭でのやりとりに違和感がない、漢字をよく知っており、文字が綺麗などの理由で、知的能力に困難はないという思い込みで関わることは避けたほうがよいでしょう。実際には、軽度知的障害や境界域知能（法律上、知的障害にはならないが、同年齢平均よりも知能指数は低く、日常生活上の困難は決して小さくない）にあたる人でも、前記のような状態にある人は少なくありません。

3 アセスメントツール

心理学的アセスメントの際には、主観的な印象や解釈ではなく、客観的な根拠が重要です。たとえば、「会話ができるから」「大学に行っていたので」「やりとりに不自然な印象はないので」という情報は、その人を理解するうえでは大切な情報ですが、知的能力の困難を否定する情報ではありません。実際には、知的能力に困難を抱える人でも、会話ができたり、大学進学をしている人々は少なくありません。

知的能力については、知能検査で判断していくことが一般的です。しかし、検査の実施には資格やトレーニングが必要になるために、更生支援コーディネーターが実施することは現実的ではありません。したがって、過去に知能検査を実施していないかどうかを確認したり、そうした記録がなければ専門機関に依頼することも方法のひとつでしょう。また、いずれも難しい場合には、過去から現在に至るまでの所属先での適応状態や成績なども確認することで、能力的な困難の程度について推測する一助となるでしょう。

一方で、家族や本人をよく知る関係者の不在などの理由から、そうした情報を直接確認していくことが困難な場合もあります。この場合でも、成績表、学齢期の作文、連絡帳などから情報が得られることも多く、過去の情報収集の努力を放棄すべきではありません。そのうえで、過去の情報が不十分な場合には現在の行動観察をより綿密に行う必要があります。いずれにせよ、知的能力の困難の有無については印象的な見立てではなく、検査結果などの根拠をもって見立てをしていく必要があるでしょう。

障害特性をアセスメントしていくためには、心理検査が役に立ちます。心理検査は、本人に直接実施するだけではなく、家族との面接なども含まれます。よく用いられるアセスメントツールについては、**表4**にまとめました。アセスメントについてより詳しく勉強したい場合は、辻井正次監修／明翫光宜ほか編『発達障害児者支援とアセスメントのガイドライン』（金子書房、2014年）が参考になるでしょう。しかし、多くの検査は、実施するための資格が必要であり、また個人へ

表4　主なアセスメントツール

	検査の種類	ポイント	留意点
知能検査	田中ビネーV ウェクスラー式知能検査 （WISC-Ⅴ / WAIS-Ⅳなど）	知的能力について客観的な評価ができるとともに、認知特性についても評価ができる。	認知特性を把握するためには、取組みの様子から質的に検討していく必要があるため、高い専門性が求められる。また、得点のプロフィールのみで診断や認知特性の把握はできないし、すべきでもない。
発達検査	PARS-TR	自閉スペクトラム症の特性について、養育者からの聴き取りで比較的簡便にスクリーニングが可能。	スクリーニングが目的であるため、PARS-TRの結果のみで判断はできないし、すべきでもない。また、養育者がどの程度発達歴を把握しているのかという点も結果に影響を与える。
適応行動	Vineland-Ⅱ	本人の生活などの状況をよく知る人に対する半構造化面接法で、社会生活上における適応状態を客観的に把握できる。	支援プランを立てる際には、適応行動の得点を上げること（つまり、一人で自立的な生活ができるようになること）が目的になるわけではなく、日常生活において、どこにサポートが必要なのか、支援ニーズを明らかにするものである。
質問紙検査	AQ-J	50項目の自記式質問紙で、自閉症特性が強ければ総スコアが高値となり、短時間かつ簡便に行える。	不安や抑うつ状態も強く反映することが知られており、そういった状態でもスコアが高くなる。また、自己認知の程度も結果には反映されるため、適応や解釈は慎重に行う必要がある。スクリーニングを目的とするため、AQ-Jの得点の高低のみで自閉症かどうかの判断はできないし、すべきでもない。
	CAARS	18歳以上の成人のADHD症状を評価するためのツール。自記式と観察者用があるが、質問項目は同じであり、主観評価と他者評価を行うことが可能である。いずれも所要時間は15～30分程度で実施できる。	スクリーニングが目的であるため、CAARSのスコアのみでADHDに関する症状を断定することはできないし、すべきでもない。
投影法検査	ロールシャッハテスト、SCT、バウムテストなど	意味の曖昧な情報を提示し、そこから想起されることを自由に回答してもらうことで、本人の深層心理を把握するための検査。	他の検査のように結果が数値として出るわけではないため、検査者の主観的な解釈が入りやすく、検査の信頼性、妥当性にはやや難点がある。また、物事の捉え方の違いなどは考慮していないため、解釈そのものを慎重に行う必要がある。

の販売もしていないことがほとんどです。したがって、客観的かつ専門的なアセスメントのためには、専門機関へ検査の依頼をする、または専門家を支援チームに入れる視点も必要でしょう。

Ⅳ 社会的な視点でのアセスメント

1 社会的な視点の必要性

社会的な視点でのアセスメントは、本人の行動に影響を与える要因を深く理解するためにも重要です。

犯罪行為は、単に個人の生物学的要因や心理的要因だけで説明できるものではなく、社会的な要因も含めて相互に影響していることは、すでに触れました。したがって、犯罪行為に至った理由のひとつとして、過去の生活歴や生活環境、家族関係、社会的サポート等の社会的な要因も含めて把握することで、それぞれの人の今後のより良い人生に向けた指針となる支援計画を立案することができるでしょう。本項では、環境的な視点でのアセスメントについて述べていきたいと思います。

2 生活歴と家庭環境

これまでの生活歴や家庭環境において、被虐待体験やいじめなど過去のネガティブな経験が犯罪行為に影響を及ぼし、再犯リスクを高めることが知られています。他方で、再犯リスクに対する障害特性そのものの影響は小さく、むしろこれまでの生活の中で障害特性に見合った支援が受けられていないことや、不適切な対応をとられることで二次的に破壊的行動を呈さざるをえなかった点に注目すべきであることが指摘されています。

したがって、何らかの障害があったとしても、犯罪行為に至る背景には、生活環境への不適応や、それによって生じる二次障害、とくに非社会的問題(引きこもり、孤立など)があると考えられます。そして、更生支援計画を立てるうえでは、どのような生活環境が現在の問題に影響しているのか、個人の障害特性とどのようなミスマッチがあったのかを紐解いていくことが、障害特性にあった環境調整をしていくための手がかりになります。

3　生活状況と社会資源

生活状況や地域における社会資源の確認は、今後の具体的な支援を考えていく際の重要なポイントのひとつです。何らかの犯罪行為に至ったとしても、その人のこれまでの人生の中で、そうした問題が常態化しているわけではありません。つまり、程度や頻度の差はあれども、犯罪行為に至っていない時期もあるわけです。そのため、どのような生活状況の際には犯罪行為がなく、どのような生活状況の際に犯罪行為がみられたのかを整理していくことで、本人にとっての社会的なストレングスを見つけやすくなるでしょう。

また、医療、心理、福祉、教育等の特定の分野のみで課題が解決することは少なく、地域の中で支援に活かせるような社会資源がどの程度あるのか、そうした地域の現状をアセスメントする視点も必要です。その際には、障害福祉制度に関するものだけではなく、地域の中核的相談窓口を把握したり（たとえば、基幹相談支援センターや地域生活定着支援センターなど）、誰がキーパーソンとなって行動していくのか、誰がどのような役割を担えるのか、それぞれの役割を明確にしていくことも、社会における支援ネットワークをつくっていく際には欠かせない点です。

なお、地域における支援体制をつくっていくためには、本田秀夫「発達障害のある子どもと家族を支援するための地域支援体制づくり ―― Q-SACCSを使った地域診断マニュアル」（2021年）（https://q-saccs.hp.peraichi.com/）が参考になるでしょう。

4　支援ニーズの把握

ここまで社会的なアセスメントを中心に述べてきました。社会的アセスメントには、上述したように社会資源も含まれます。当たり前ですが、支援プランは本人のより良い人生のためのものですから、本人のニーズを把握することも非常に重要な視点です。しかし、時に再犯防止という視点ばかりが先行してしまい、より強い見守りなどがあるサービスを選択してしまうことがあります。また、既存の社会資源等の福祉サービスありきで、いかに福祉サービス等の資源につなげるかのみを考えてしまうことがあります。

実際には、再犯防止を強調したり、既存の社会資源という枠組みありきで考えるのではなく、それぞれの生活状況や環境、ニーズに応じた支援を提供することで、結果として再犯リスクを軽減し、本人の幸せな生活へとつながる支援プランになるものと思われます。したがって、社会的な観点でのアセスメントをしていく際には、「本人のニーズ」という視点も欠かさずに持っておくことが大切です。

Ⅴ 事件の背景のアセスメントと課題／強みの抽出

1 事件の背景にある人生

アセスメントする際には、これまで述べてきたように生物・心理・社会という多軸で状況を整理し、それを時間軸という流れの中で把握していくとわかりやすいと思います。少し極端な言い方かもしれませんが、その人が生まれてきてから更生支援コーディネーターと会うまでに、どのような人生を送ってきたのか、それを専門家としての視点と、また同時に、同じ人間としての共感的な気持ちを持って確認していくことだと考えています。このプロセスによって、その人との関係性が生まれてきますし、その人にとっても客観的に自身の人生を見つめ直す治療教育的な機会となります。

多くの場合、その人の人生史の中で事件が突如として起こるものではなく、必然として起こっているように感じます。自分自身だったら違う選択をしただろうと思うことであっても、その人のそれまでの背景などを考慮するとそういう選択になるかな、そうせざるをえなかったかなと感じることも少なくないです。したがって、事件の背景をアセスメントする際に、まずはその人自身とその歴史をアセスメントする必要があります。その過程のひとつの重要なポイントとして事件が起こっています。

ただ、周囲が事件を重要なひとつのポイントと思っているほどには、当人は重要視していないこともしばしばです。その人にとってはそれ以上に大きな出来事が人生の中に起こっているからです。そういう意味からも、事件だけをクローズアップしても、本人にとっての必要な支援には至らないことも多いように思います。

2 強みに目を向ける

限られた時間の中で、効率的にアセスメントを進めていこうと思うと、つい周囲から問題と思われる点にフォーカスが当たってしまいがちです。たしかにそれも重要なことではありますが、同時に本人がうまくいっているときというのも存在しているはずです。本人の特徴は、環境との相互作用のなかで、強みとも困難ともなりうるものがほとんどです。

したがって、どういうときにうまくいっていないのかと同時に、どういうときにうまくいっているのか、それはなぜなのか、本人のどういう強みがどういう状況下でうまく機能し、自身の中で良い状況と認識されているのかを探すことも支援計画を立てるうえでとても参考になります。

3　集まった情報を統合する

これまで述べてきたように、その人の特徴や人生を生物・心理・社会的な視点から、時間という軸も加え整理できると、事件も含め、なぜ現在このような状況にあるのかが少し見えてきます。この集まった多くの情報を整理し、まとめるプロセスが重要で、最もバイアスの生じやすい部分です。いかに先入観や自身の価値観・考え方を排除し、客観的事実に基づいて整理できるか、細部にとらわれ過ぎて全体像を見失わないかなどが求められます。日頃から多様な価値観・考え方に触れ、知っておく必要がありますし、先にも述べたとおり、相談できる場を確保し、自身に内在するバイアスの存在を把握しておくことが大切です。

また、更生支援計画においては、障害が事件に与えた影響についてアセスメントすることが求められます。本人と対立する立場にある検察官からは、「障害は事件に影響を与えていない」と主張されることもあるでしょう。しかし、障害による事件への影響があったかなかったかという二元論的な考え方で捉えるべきではありません。

生まれ持ったハンディや特性などは、その後の人間関係、経験、学習、人生選択に大きな影響を与えます。そして、それらの相互作用によって表現形が作られます。それがまた次の人間関係、経験、学習、人生選択に影響を与え、相互作用を生じさせ……をずっと繰り返し、その結果、現在目の前にいるその人の表現形となります。そしてその人生史の中に事件が生じます。

したがって、基本的には更生支援計画を作成する際には、障害が何らかの影響を与えている可能性があるということを前提に、その影響がどのようなものであるのかを検討していきましょう。たとえそれが一見直接的に事件に結びついていないように感じる場合にも、生活歴の中で間接的な影響を及ぼしている場合も多く存在します。「この事件は本人の障害と無関係である」と判断してしまうことは大変危険です。生得的なハンディや特性でどうしても説明がつかないことがあれば、そこであらためて他の要因も含め検討するべきです。

4　統合した情報から支援計画に

こうして情報を統合したら、ようやく支援計画を作成していくことが可能となります。その際、このプロセスを本人ときちんと共有していることが重要です。先にも述べたとおり、このプロセスは本人にとって、自身の人生を振り返り、どこが今自分の困っている部分や修正するべき部分と関係していたのかを明らかにする助けになるでしょう。またそれを共感的に共有するプロセスは、本人との良好な関係を築くきっかけになります。それを踏まえて、ではこの先どのように暮らしていくのか、生きるのかを検討することで、支援の目標が見えてきます。そしてそれに向けた計画を検討することができます。

更生支援コーディネートを行う場合には、支援体制を構築していく前にアセスメントを行い、基本的支援方針を決めることになります。まず、その人にどういった取組みが必要か、統合された情報、そして本人のニーズなどから、できるだけ具体的に洗い出す必要があります。これで洗い出されたものを「基本的支援方針」といいます。その基本的支援方針が具体的であるほど、より支援が達成されやすいと思います。反対に抽象的、概念的、曖昧であると形骸化してしまい、あまり有効な計画とならないことが多いように思います。

基本的支援方針が抽出されたら、ではそれを現実的にかなえるためにはどうしたらいいかを検討する必要があり、そのために地域のいろいろな機関との調整、交渉などが必要となります。つまり、そこではじめて支援体制の構築のためのケースワークが必要となります。したがって、既存のサービスにただ当てはめていくだけでは計画になりません。むしろそれでは、本人も支援機関に何を求めてよいのかわかりませんし、受けた支援機関としても、自身が支援全体のどこに位置づけられ、何をしたらいいのかが曖昧となってしまい、支援機関の力を十分活用・発揮できなくなってしまいます。

まずは支援の全体像をきちんと組み立て、それをどこの機関・個人にお願いしていくのかという流れで検討を進められるとよいでしょう。日頃よく関わる地域では、既存の地域資源の特徴を把握（地域アセスメント）し、まとめておくと便利でしょう。とりわけ組織で働く支援者の場合、地域アセスメントシートなどを用意し、共有しておくと有益です。支援体制の構築や支援計画の立案の詳細に関しては次章以降を参照してください。

Ⅵ アセスメントシートの活用

本章では、アセスメントの意義や具体的な視点について整理してきました。繰り返しになりますが、アセスメントとは、その人自身のことやこれまでの歴史、周囲の環境を含めて、さまざまな視点から包括的に、丁寧にまとめていくことです。

そして、何のためのアセスメントかというと、それは当然のことながら、支援のためです。支援を考えるうえで、最低限必要な情報を漏れなく把握することが、支援計画の第一歩となるでしょう。

本章で述べてきたアセスメントの視点に関して、そのフレームとなるワークシートを書式集に入れました（**書式3**）。ぜひ、更生支援計画を立てる際の一助にしていただければと思います。

第6章 基本的支援方針の決定・支援体制の構築

アセスメントをもとに、本人のニーズや課題に対応した福祉サービスを受けるための調整を行っていきます。この際、フォーマルな社会資源だけではなく、インフォーマルな社会資源にも目を向けていく必要があります。この章では、アセスメントからどのように基本的支援方針を導くのか、そして基本的支援方針に従った支援体制の構築について説明をします。

Aさんの事例④

更生支援コーディネーターの鈴木花子さんは、更生支援計画を作成するため、次のような活動をしました。

1日目：X弁護士と打合せ
2日目：○○警察署でAさんと面会
4日目：Aさんが勤めていた工務店の方と面談、聴き取りを行う
5日目：○○警察署でAさんと面会
12日目：○○警察署でAさんと面会、X弁護士と打合せ

鈴木花子さんは、これまでの活動で得られた情報をもとに、次のとおり、アセスメントを行いました。

1　事件と就労の関係

(1)　情報

Aさんは、中学校卒業後、自動車の修理工や塗装工、内装業などの仕事を点々としているが、どの仕事も1年以上続いていない。本人曰く、「仕事の覚えが悪く、辞めさせられるか、悪口がつらくて自分から辞めることがほとんどだった」とのこと。

仕事に行くのが嫌でさぼっていたときや、仕事を辞めて収入がなくなったときに万引きをしていたようである。

他方、最後に出所してから6年間は、万引きはしていない。事件の直前まで働いていた工務店での仕事が6年間続いた理由について聞くと、「親方がすごく優しかった。作業にどれだけ時間がかかっても、『お前はのんびり屋だな』とは言うけれど、ちゃんと仕事を教えてくれた。仕事を覚えられたから、あの工務店で働いていたときは楽しかった」と話している。

⑵ 考察

前回の事件から6年間は、住み込みでの仕事を続けており、事件を起こすことなく生活している。一方で、これまでのエピソードからは、就労の継続に関して難しさがあり、後記の知的障害が疑われる点への配慮も必要である。この点に配慮したうえで、Aさんの特性に理解があり、本人が安心して就労できる環境を構築することができれば、生活そのものも安定するものと考えられる。そのことが、本人を再び罪を犯すことから遠ざける一因となることが考えられる。

2 事件と障害の関係

⑴ 情報

弁護士に依頼して刑務所で行われたCAPAS能力検査の結果を弁護士会照会で取り寄せたところ、Aさんの能力検査値は65であった。また、面会の際のやりとりでも、工務店の給料から寮の家賃を差し引くという計算に時間がかかったうえに間違っていたことや、複雑かつ抽象的な会話になると更生支援コーディネーターの言葉をそのままオウム返しするなど、意思疎通が困難な場面がみられた。さらに、起訴後に開示された簡易鑑定の結果、「知的障害が疑われる」との医師の所見が記載されていた。このことからすると、Aさんは軽度の知的障害である可能性が高い。

⑵ 考察

知的障害が疑われることと事件との間に直接の関係があるか否かについては慎重に判断する必要があるが、知的障害が疑われる状態であることは、Aさんに生きづらさを生じさせていたことが推察される。これまで就労をしてきているが、それぞれの職場で長く仕事を続けることができておらず、経済的に困窮し、事件に至っている。そして、仕事が続かない理由は、そのような知的能力の制約から、指示されたことを理解するのに時間がかかってしまうこと、それによって他者との関係構築においての困難が生じてしまうことであったと考えられる。

3　支援者の不在

⑴　情報

Ａさんは、18歳で家を出てから一度も親族と連絡をとったことがない。

両親や兄弟が生きているかどうかもわからないし、本人は、今さら連絡はとりたくないと話している。

また、これまで、福祉的な支援を受けたこともない。

他方、Ａさん自身は、今まで自分に障害があると考えたこともなかったので、療育手帳を取得することについてはためらいがあるとのことである。

⑵　考察

１に記載したとおり、Ａさんの特性に対する配慮がなされているときは事件を起こしていなかったことからも、Ａさんを見守る支援体制の構築が重要と考えられる。その際、Ａさんの生活はこれからも続くことを考えると、これらの支援体制の継続性も視野に入れる必要がある。更生支援コーディネーターとしての関わりには時間的な限界もあるため、インフォーマルな社会資源を含めた地域の支援機関への円滑な移行を検討しなければならない。

他方、Ａさんはこれまで福祉サービスを利用したことがなく、手帳取得をためらうことは当然である。今後、Ａさんが手帳を取得したり福祉的支援を利用することにどのようなメリットがあるかなどを再度丁寧に説明し、話し合いを続ける必要がある。このように本人に不安があるような点については、本人の迷いや不安に寄り添い時間をかけて検討していかなければならない。そのためにも更生支援計画では、短期目標だけでなく、中長期を見据えた目標が求められる。

4　ストレングス視点からの評価

Ａさんは前回の事件以降、住み込みで６年間同じ職場で継続して働いており、その間は罪を犯すことなく過ごすことができている。また、今回の退職についても体調を崩してしまったこと、および勤務先の経営悪化が原因であり、この点への支援があれば就労は継続していたものと推察される。加えて、工務店の親方との関係を良好に保つことができており、そのことが仕事のモチベーションとなるなど、理解のある環境であれば、他者との関係も友好に保つことができている。

5　結論

Ａさんは、前回の事件から６年間、住み込みの仕事をしながら安定した生活を送っていた。また、この職場からの退職についても、体調不良と工務店の経営状況の悪化が原因であり、決して身勝手な理由とはいえない。他方、CAPASや簡易鑑定の結果からは、Ａさんには知的障害が疑われることが明らかになっている。今後は、このことに起因すると思われる生活のしづらさについても対応をしていくことが求められる。

Ａさんは、釈放後に住む場所がないため、まずは、①住居の確保、②当面の経済基盤の確保、③就労先の確保をすることが、生活の安定のために必要である。

また、これらの支援と並行して、障害が疑われることへの配慮を含めた④継続的な支援体制の構築も必須である。

Ⅰ 基本的支援方針の決定

アセスメントの結果をもとにして、基本的な支援方針を決定します。その際、更生支援はあくまでも本人の望む生活を達成するためのものであるとことを忘れてはなりません。本人の望む生活と現状の間に生じているギャップを把握し、ギャップを埋めるために必要とされる支援を考えていくことが支援方針を決定することにつながります。

「本人の望む」とありますが、本人がきちんと希望を言えているのかについても留意が必要です。これには２つの側面があります。

１つは自由がないこと、さらには自身の発言が裁判などに影響するのではないかという不安から、本心が言えず「こう答えたほうがよいのでは」と考えて回答していることがあるかもしれません。更生支援コーディネーターが関わるケースの多くは、本人が勾留など身体拘束されている状態であり、不安もより大きなものとなります。社会福祉の領域では、「ソーシャルワーカーとクライエントは対等であることをめざすべき」と教わるときもありますが、更生支援コーディネートの場合、クライエントの側はそう感じられないこともあることは押さえておく必要があります。

もう1つは、十分な選択肢を提示できているかについて検討する必要があります。第5章のアセスメントでも言及していますが、更生支援コーディネートでは時間的な余裕のなさや社会資源の少なさから、十分な情報提供ができないケースも少なくありません。そのような場合は、すぐに本人の希望が実現できなくとも中長期的な計画の中に本人の希望を据え、段階的に実現できるような支援が求められます。社会資源が限られているからといって、現状で用意できるサービス等に安易に誘導するようなことがあってはなりません。

「本人をサービスに当てはめる」ような形で支援方針を決定することは避けるべきです。本人のニーズを踏まえてサービスを探すことはありえますが、サービスありきで支援方針をそれに合わせていくという考え方は思考の順序が逆転しています。

また、犯罪行為に着目をしてしまうがあまり、行為の再発を抑えることを中心に据えてしまうことがあります。しかし、大切なのは、いかに本人が希望する生活を送ることができるか、ということにあります。犯罪からの離脱は、その反射的な効果としてもたらされるものであることは、今まで繰り返し述べてきたとおりです。一方で、裁判に用いる更生支援計画書という観点からは、支援計画が犯罪との関係でどのような影響を及ぼすかについて言及する必要があります。これは、裁判等において、刑事司法関係者が重視する視点です。弁護士などの刑事司法関係者に対しては、このような支援と再犯防止の関係についてのソーシャルワーカーの考え方を丁寧に説明をしておくと同時に、本人の望む生活を構築することが犯罪から遠ざかる道であることを伝えなければなりません。

それでは、Aさんの事例ではどのように基本的支援方針を決めることになるでしょうか。

Aさんの事例⑤

Aさんが罪を犯してしまった背景には、仕事を辞めざるをえなかったことによる住居の喪失および生活苦があると推察されます。結果として万引きをしてしまうことになりましたが、就労面の支援、加えて今回明らかとなった知的障害が疑われる点への配慮があれば、事件には至らなかった可能性があります。また、Aさんは工務店の親方と友好な関係を築いており、仕事も楽しかったと言うなど、仕事にやりがいを感じていた点が推察されます。中学卒業後すぐは仕事を転々としていることを踏まえると、どのような仕事でもよいわけではなく、本人の希望などを丁寧に聴き取ることが求められます。

万引きをしてしまったことは生活苦ゆえの結果であり、更生支援コーディネーターとしては、万引きという結果にのみアプローチするのではなく、その背景にある生活苦への視点が不可欠です。

以上を踏まえて、更生支援コーディネーターは、①住居の確保、②当面の経済基盤の確保、③就労先の確保を基本的支援方針に据えました。

Ａさんの事例にみられるように、更生支援コーディネートにおける支援方針の決定では、本人の希望に添った生活の実現をめざすと同時に犯罪をしたときと同じような生活に至らないためにどうするかという視点も盛り込む必要があります。この際、あくまでも福祉的な視点に立ち、本人の望む生活の実現を第一義的な目的としなければなりません。その結果として実現される反射的利益として、犯罪行為の再発が防止されると捉えるべきです。

Ⅱ 支援体制の構築

1 基本的な姿勢

基本的な支援方針に基づいて、実際の支援体制を構築していきます。実効性のある支援体制とするためには、具体的な支援体制を構築し、釈放後すぐに支援が実施されるようにしていくことが重要です。そのために、アセスメントでの評価をもとに決定した基本的支援方針に沿って、本人の望む生活に向けて支援体制を構築していくことになります。本人を中心に据え、本人の希望に添った支援体制を構築するという点は、通常の福祉の支援と何ら変わるものではありません。一方で、更生支援における支援体制の構築を考えるとき、刑事司法関係者は再犯防止といった点を重視します。本事例では、アセスメントした結果を「事件と就労の関係」「事件と障害の関係」として記載し、あわせて障害ゆえの就労の難しさにも言及しています。

つまり、支援をするうえでの価値・基盤は、一般的な福祉的支援と異なることはありませんが、裁判資料としての更生支援計画書の観点からは、事件と支援の関係についての丁寧な説明が求められることになります。

福祉の実践現場においては、罪を犯した人の受入れの経験がない、慣れていないところも多く、説明には配慮が求められます。罪を犯した障害のある人に対する支援については、現状、社会資源がまだ十分とはいえません。そのため、ソーシャルワーカーの立場として、「なぜ、この人に支援が必要なのか」を伝え、協力を得ることも重要です。

また、資源を新たに作り出すということも場合によっては必要となるかもしれません。ソーシャルワークにおける権利擁護機能を発揮することで、支援の幅・支援体制を広げていくことが期待されます。

2　新たなつながりの形成

罪を犯した障害のある人は、事件をきっかけとしてこれまで築き上げた多くの関係を剥奪されてしまいます。このような場合は、新たなつながりの創出も重要です。その際、事件という事象にとらわれすぎず、これまでの生活歴などを含めて生活者として捉える視点で支援体制を構築する姿勢が求められます。つながりをつくることは障害福祉サービスを利用することに限りません。本人の興味・関心や好きなことをもとに、さまざまな社会資源を検討していくことになります。

3　事業所の不安感への対応

支援体制を構築するにあたっては、さまざまな社会資源との連携が必要になります。本人が身体拘束されているケースであれば、自分で事業所の見学をしたり、状況について説明することはできません。そのため、更生支援コーディネーターが本人の同意を得たうえで、打診をすることになります。

この際、罪を犯した障害のある人の受入れの経験がなかったり、少なかったりする事業所の場合には、支援の必要性には理解を示しつつも、自身の事業所での受入れには消極的であるということも起こりえます。また、これまで本人が利用していた事業所であっても、事件をきっかけとして再度の受入れに消極的となってしまうこともあります。このような姿勢の背景には、「犯罪」というインパクトのある現象に対して、自分の事業所で受入れできるのか、受け入れた場合に何かリスクがあるのではないかという漠然とした不安などがあります。

そこで、更生支援コーディネーターとしては、アセスメントの結果から、支援の必要性や、事件の背景要因などを丁寧に説明していく必要があります。とくに、なぜ本人が犯罪にあたる行為に至ったのかという経緯に関する説明ができれば、事業所の理解を得やすくなります。

連携を依頼するなかで、先方から「罪名」について詳しく聞かれることもあります。これも、やはり「犯罪」という現象に目が行きがちであることを示しています。この場合にも、単に罪名だけを伝えるのではなく、前記のように行為に至った経緯や背景要因を丁寧に伝えていく必要があるでしょう。加えて、現在の本人の状況だけでなく、生活歴などからも本人のストレングスを見つけ、伝えることが求められます。これまでの生活歴を丁寧にたどっていくと、本人の好きなことや、犯罪に至らずにおだやかに過ごせていた時期を知ることができる場合がありますので、こういった情報があれば意識的に伝えていきましょう。

また、そのほかにも事業所などが感じる不安に耳を傾け、ともに不安の解消に努める姿勢が求められます。地域によっては、罪を犯した障害のある人を受け入れた経験が少なく、そのノウハウも蓄積されていないことがあります。受入先事業所が孤立しないようにすることと同時に、情報を共有していくことも重要です。成功事例を蓄積することで、新たな受入先の開拓につながることもあるので、更生支援コーディネーター同士でも積極的に情報共有することが望ましいでしょう。

障害福祉サービス事業所が罪を犯した人を受け入れることは、負担ばかりということはありません。たとえば、障害福祉サービス事業所が罪を犯した人を受け入れることに対しては、加算が設定されています。このような受入れに関するインセンティブがあると伝えることで、受入先が感じる負担感を和らげることができる場合もあります。

4　インフォーマルな資源の活用

支援体制の構築にあたっては、フォーマルな社会資源だけではなく、インフォーマルな社会資源にも目を向けることが重要です。更生支援に協力的な事業所が多いとはいえないという事情もありますが、そもそも近年の社会福祉領域での動きを踏まえると、フォーマルな社会資源が比較的整備されている地域であってもインフォーマルな社会資源を積極的に探してみることが求められます。たとえば、事例にある「Ａさんを見守る支援体制の構築」を考える際、フォーマルな障害福祉サービス等だけではなく、地域やさまざまな団体などのインフォーマルで緩やかな活動なども視野に入れておかなければならないでしょう。

また、更生支援コーディネートは原則として更生支援コーディネーターが一人で行うことが多いため、他者と情報共有をする機会が限定されがちです。そのため、日頃から更生支援コーディネーター同士で、インフォーマルな社会資源を含む情報を共有するためのツールや機会を持てるようにしておくとよいでしょう。

5 刑事司法手続の見通しを支援者間で共有する

構築した支援体制のメンバー間において、刑事司法手続の見通しを共有しておくことが必要です。

弁護士が、弁護活動として執行猶予等、本人が刑務所に収容されないような方向性をめざしている場合、そのような判決が下された時点で、実際に本人は社会内で生活を開始することになります。そのため、本人に対して支援を予定している各機関は、施設やサービス等を現実に確保していなければなりません。たとえば、支援体制の中にグループホームやシェルター等の居住に関する支援機関が関わっている場合には、判決当日、現に住居の空きが確保できるのかということを確認しなければなりません。

また、裁判の中でも、実際に支援が確保できているのかということは、判決等の結論を決めるうえでも非常に重視されます（本人が釈放された場合に、実際に受け入れてくれる人がいるのか否かによって、判決に執行猶予を付すかどうかの結論が分かれるようなケースもありえます）。したがって、受入れの可否等を検討したり、施設の空きを確保しておいたりするためにも、刑事司法手続の見通しとその時期を共有することが必要不可欠となります。

他方、本人が刑務所に収容されないような方向性をめざしていた場合に実刑判決が下されてしまったり、短期の実刑判決を想定した計画を立てていた場合に比較的長期の実刑判決が下されてしまったりといったことから、計画されていた支援を実施できないこともありえます。したがって、めざしている結論に至らない可能性があることも、十分に支援体制のメンバー間で共有し理解しておく必要があります。

第7章 更生支援計画書の作成

アセスメントの結果を踏まえて、基本的支援方針と支援体制を検討した後、具体的な計画を更生支援計画書にまとめて、検察官や裁判所に提出することになります。

ここでは、更生支援計画書にどのような内容を盛り込むべきか、作成の際のポイント、刑事司法関係者はどのような観点から更生支援計画書を見るのか、という点について、具体例を交えて説明していきます。

Aさんの事例⑥

Ａさんのケースでは、都内にあるグループホーム「りすの家」が受け入れてくれることになりました。

「りすの家」がある○○区では、拘置所に収容されている間は療育手帳取得のための手続を行うことはできないとのことでした。しかし、担当者が、執行猶予になったらすぐに検査を受けられるよう体制を整えると話してくれています。また、療育手帳および障害福祉サービスを利用するための受給者証の取得までの期間も、「りすの家」を経営する社会福祉法人が運営する住居で受入れをしてれることになりました。

また、同社会福祉法人は、複数の就労継続支援Ｂ型事業所を経営しています。施設利用者の多くが、その就労継続支援Ｂ型事業所で仕事をしているので、将来的にはこちらで仕事をすることも可能です。

Ａさんは、はじめ、手帳を取得することをためらっていました。「手帳を取得する」ということが、また悪口を言われたりする理由になってしまうと考えていたようです。しかし、担当弁護士や更生支援コーディネーターが複数回拘置所に行き、グループホームの写真を見せたり、手帳制度について文字にして説明するなどした結果、Ａさん自身も、手帳取得について前向きになりました。今後は手帳を取得して「りすの家」を利用したいと話すようになりました。そのうえで、Ａさんとも話し合い、更生支援計画を完成することができました。

今度は、これを裁判での「立証」のために、「更生支援計画書」という形に仕上げていくことになります。

Ⅰ 更生支援計画書とは

更生支援計画を書面にしたものが、「更生支援計画書」です。更生支援計画書には、本人の基本情報を整理したうえで、なぜ本人が犯罪に及んでしまったのかという背景を分析し、今後の生活を充実させ、再び同じような行為に及ばないで済むような生活をしていくための支援体制について記載します。

更生支援計画書は、裁判官・検察官や関係者向けのものと、本人向けのものを別につくる場合もあります。

更生支援計画書には、

① 更生支援コーディネーターへの依頼の経緯や活動内容(支援チームのメンバー構成、面会・会議などの実施状況)

② 本人の基本情報(本人の障害特性や成育歴など)

③ 成育歴・家族・親族関係などから生活課題などの所在や罪を犯した背景の分析(アセスメント結果)

④ ③の分析を受けて、本人の生活の望む生活を実現し、今後同じ行為を繰り返さないで済むための支援の内容

を記載します(**書式4**)。これにより、本人が罪を犯してしまった背景を明らかにするとともに、背景にある環境要因や、本人の障害特性などの個人因子に対してどう働きかけるか、具体的な支援について提案することとなります。

①は、作成者がどのような者であるかを明らかにしたり、十分な活動に基づいたアセスメント、計画であることを示すために必要な情報です。②は、アセスメントや支援計画の前提となる情報となります。③④は、更生支援計画の中核となる部分です。

裁判官・検察官向けに作成するという点では、③の部分を記載することは、「本人が罪を犯してしまったことの責任を、本人だけに負わせることができるのか」「本人だけの責任ではなく、環境要因が影響しているのではないか」という意味で、有責性の判断要素となります。これに対し、④の部分を記載することは、③の背景要因に対する具体的な支援内容を述べることで、本人が再度同じような行為に及ばないこと、すなわち再犯可能性の低下の立証につながります。

一方で、更生支援計画は、本人の望む生活を実現するためのものであり、その結果として犯罪から遠ざかることが目的です。再犯に及ばないことを目的とするあまり、本人の希望する生活から遠ざかってしまわないよう注意が必要です。

また、資料を添付することも可能ですので、読み手への説得力を増すためにも必要な資料については積極的に添付するほうがよいかもしれません。

1　更生支援計画書の作成にあたっての時間的制約

刑事司法手続は時間的制約があるため、これに伴い更生支援計画書の作成についても時間的制約を受けます。

たとえば、身体拘束をされている事件で不起訴をめざす場合は、勾留延長された場合であっても、逮捕されてから23日以内に処分が出ることになるため、起訴・不起訴を判断する検察官に対して、その判断よりも前に更生支援計画書を提出する必要があります。また、公判の段階では、起訴されてから２カ月以内に裁判があり、その日に裁判が終わることもあります。そうなると、その裁判の期日よりも前までに作成をする必要があります。ソーシャルワーカーとしては、この時間的制約の中でできる限りの調整を行い、更生支援計画書を作成していきます。

そのため、更生支援計画の内容や作成期限については、弁護士と綿密に打ち合わせる必要があります。とくに受任時の打合せにおいて、弁護方針および刑事司法手続のスケジュールについて確認をしておくことが重要です（第２部第２章参照）。

また、場合によっては、簡易版の更生支援計画書をつくることもありえます。簡易版では、とくに④の具体的支援方法の部分を中心に記載することになります。このように、時間的制約との関係で記載項目についても調整ができます。この点についても、事前に弁護士と協議しておくことが必要です。

2　作成にあたっての留意点

⑴　更生支援計画書の性格

更生支援計画書は、ソーシャルワーカーが、本人のめざす生活の実現に向けて、その支援内容を記載するものです。現状では、弁護士の依頼によって作成するものではありますが、弁護士の意見に従って作成しなければならないものではありません。あくまでも、ソーシャルワーカーが、その専門性を活かし、弁護士を含む刑事司法関係者から独立した存在として、「本人のために適切な福祉的支援をすることをめざして」作成するものです。そのため、刑事司法関係者の要望にすべて応える必要はなく、むしろソーシャルワーカーとしての価値観（本人中心、自己決定権の尊重、非審判的態度など）を中心に据え、そのことを刑事司法関係者に対しても明確に示す必要があります。

その意味で、更生支援計画書は、障害福祉サービスにおけるサービス等利用計画など、ソーシャルワーカーが通常の業務において作成するものと、基本的な視点は同じです。自らの専門性、視点を活用して作成してください。

なお、専門用語を使用することは問題ありませんが、適宜、更生支援計画書や証人尋問の中で説明を加え、読み手に伝わりやすいものとする必要があります。

⑵　弁護士との協働の必要性

更生支援計画書は、裁判においては、弁護士が請求する証拠として扱われることになります。そのため、やはりその内容については、事前に弁護士と十分な協議を行う必要があります。

とくに、本人にとって不利な情報についての取扱いには注意が必要です。裁判において、それが刑を決めるうえでの情報として扱われるということは意識しなければなりません。

たとえば、更生支援計画書において、捜査機関に発覚していない違法行為（例：窃盗事件において、捜査機関には発覚していないが、実は３カ月前から何度も窃盗を繰り返していたことなど）が書かれている場合、弁護士としては、「余罪が明らかになることで、罪が重くなってしまう可能性がある」と考えます。そうすると、結果的に、更生支援計画書を証拠請求しない、という選択肢がとられてしまう可能性があります。

権利擁護を担うソーシャルワーカーとして、その情報を裁判所に伝えることによって本人にどのような影響があるのかを考え、対応を検討しましょう。そのうえで、裁判所にすでに伝わっている情報は何なのかなどについて、事前に弁護士と協議することが求められます。

⑶　刑事司法関係者が重視する視点とそれへの対応

ソーシャルワーカーの考え方と刑事司法関係者の考え方には違いがあります。

表５は、更生支援計画書について、刑事司法関係者がどんな点を重視するのか、それに対してソーシャルワーカーとしてはどのような対応ができるのかを簡単にまとめたものです。

表5　司法で重視されがちな点とそれへの対応策

司法で重視されがちな点	対応策
具体性 （具体性の高さ＝信頼性の高さと考えるため、「誰が」「いつ」「どこで」「どうやって」支援するかを過度に気にする）	具体的な支援機関の名称や担当者の氏名、支援の開始時期、方法などについて記載する。
実現可能性	「〜かもしれない」「〜の方向で検討する」といった表現を避け、とくに釈放直後のことについては確実に実施可能なことに限って記載する。
釈放直後の状況 （とくに居住場所について）	釈放後、すぐに対応できるような支援策を考える。
医療 （医療に対する信頼感が厚い）	医療が必要なケースについては、その点も支援計画に反映させる。医療の必要性が高くないケースについては、そのことを尋問などで説明する。
本人のマイナス面 （再犯リスクや、本人ができないことに着目する）	本人のストレングスがマイナス面を補うことを説明する。

II　本人用の更生支援計画書

1　作成の必要性

更生支援計画書は、複雑で、専門用語なども使用されています。障害のある人は、障害特性、教育歴などに応じて理解力はそれぞれ異なります。そこで、より簡易な項目を用いて、本人が理解しやすい書面として作成することが必要となります。そして、その書面を差し入れたうえで、どのような支援を行うのかを再確認します。

実際、裁判の場でも、本人は、更生支援計画書の内容を知っているかどうか、そして、その支援を受けることについてどう思うかなどを聞かれることになります。その質問に対する準備のためにも、本人があらためて思い出せるよう、本人用の更生支援計画書（**書式5**）を作成する必要性は高いといえます。

2　説明の方法

本人に説明する際は、障害特性に配慮した、わかりやすい、丁寧な情報提供が必要です。事例では、手帳取得に抵抗のあるAさんに対して、文字や写真などAさんにとってわかりやすい方法を工夫して説明しています。このように丁寧な説明を通じて、更生支援計画の内容に対する本人の納得感を高めなければなりません。

ただし、身体を拘束されている人の最大の関心事は「いつここから出られるのか」「刑はどれくらいになるか」であることが多く、「一日も早く出るため」「少しでも刑が短くなるように」という思考にとらわれて、更生支援計画の意味を理解しないまま、話だけを合わせようとする危険があることに注意する必要があります。

「(更生支援計画に書かれたとおり) 言うことを聞けば執行猶予がつきますか」などという質問があるかもしれませんが、釈放時期や判決の見通しについての説明は、刑事司法手続の専門家である弁護士に任せ、更生支援コーディネーターが回答すべきではありません。このような誤解を防ぐために、更生支援コーディネーターは、自身の役割を本人に繰り返し伝えていくことが必要です。

また、更生支援計画が判決にどのような影響を与えるかは、弁護士でも的確な見通しを立てることは困難です。

更生支援計画の内容に同意を得たいからといって、計画に従うことが刑事裁判で本人に有利に働くかのような誤解を与えるべきではありません。更生支援計画書の提出期限が迫っているときなどは、更生支援コーディネーターも焦ってしまうものです。しかし、だからといってこのような誤解に基づく同意を得ることは許されません。

第8章　更生支援計画の立証

　更生支援計画を作成すること自体に十分な意義がありますが、それを検察官による処分や、刑事裁判における本人の刑の重さに影響を与える資料とするためには、計画を「立証」する必要があります。

　刑事裁判などの中で、更生支援計画を踏まえた適切な判断をしてもらい、早期の社会復帰が実現することは、本人の利益にも合致しますし、本人の地域でのより良い暮らしにもつながります。

　ここでは、刑事裁判のルールを前提に、更生支援計画を適切に立証するために必要なことを説明します。

Aさんの事例⑦

　鈴木花子さんは、更生支援コーディネーターとして、更生支援計画書および本人用の更生支援計画書を作成しました。

A氏更生支援計画書

第１　はじめに（作成の経過）

１　依頼の経緯

　○○○○年５月25日、弁護人であるＸ弁護士から支援の依頼を受けた。そこで、同年５月26日にＸ弁護士と打合せを行ったところ、本人に知的障害のある可能性が高いことなどが確認できたため、更生支援コーディネートを実施することとなった。

２　支援チームの構成

社会福祉士　鈴木花子（更生支援コーディネーター）

社会福祉法人「りすの里」代表　Ｂ

グループホーム「りすの家」サービス管理責任者　Ｃ

就労継続支援Ｂ型事業所「こりすランド」施設長　Ｄ

社会福祉法人「りすの里」相談支援専門員　Ｅ

３　行った活動

⑴　本人・家族・関係者との面談日時、回数

・本人との面会８回

○○○○年５月27日　○○警察署
○○○○年５月30日　○○警察署
○○○○年６月7日　○○警察署
○○○○年６月10日　○○警察署
○○○○年６月17日　○○拘置所
○○○○年６月22日　○○拘置所
○○○○年６月29日　○○拘置所
○○○○年７月４日　○○拘置所

・以前の雇用主との面談２回

○○○○年５月29日
○○○○年６月10日

・「りすの里」代表Ｂとの面談１回

○○○○年６月15日

・「りすの家」サービス管理責任者Ｃ・「こりすランド」施設長Ｄ・相談支援専門員Ｅとの面談２回

○○○○年６月９日
○○○○年６月17日

⑵　収集した資料

・社会福祉法人「りすの里」のパンフレット
・就労継続支援Ｂ型事業所「こりすランド」のパンフレット
・グループホーム「りすの家」パンフレット
・刑務所で実施されたCAPASに関する照会回答書
・簡易鑑定書

第２　本人について

１ 本人	氏名	A	性別	男性
	生年月日	○○○○年８月17日	年齢	45歳

<table>
<tr>
<td>2
障害程度・診断</td>
<td colspan="2">約９年前に刑務所内で実施したCAPAS能力検査によれば、能力検査値は65である。
また、面会の際のやりとりでも、工務店の給料から寮の家賃を差し引くという計算に時間がかかったうえに間違っていたことや、複雑かつ抽象的な会話になるとコーディネーターの言葉をそのままオウム返しするなど、意思疎通が困難な場面がみられた。
さらに、起訴後に開示された簡易鑑定の結果には、「知的障害が疑われる」との医師の所見が記載されていた。
このことからすればＡさんには軽度の知的障害があるものと考えられる。</td>
</tr>
<tr>
<td>3
成育歴</td>
<td>誕生
16歳

19歳

20歳

22歳

26歳

27歳

33歳

37歳
44歳</td>
<td>○○市で生まれる（父・母・祖母・妹の５人家族）。
○○市立中学校を卒業。
地元の自動車修理工場に就職、３年で退職（いじめが原因）。
単身、東京に転居。塗装工の見習いとして仕事を始めるが、半年後に退職。
この頃から家族との連絡はとらなくなっている。
食料品店でパンなどを盗み、窃盗で逮捕される。起訴猶予となり釈放される。
釈放後、再び塗装工の仕事を得るが、覚えが悪いと言われて３カ月で解雇。
その後、紹介された内装業の会社に就職し、内装関係の職場を転々とする。
会社の同僚にそそのかされ（賭け麻雀の借金回収のため）、本を万引きする。当時の親方が身元引受人となり、略式罰金になる。
釈放後も雇ってもらえたが、罰金の立替分の返済で給与がほとんどなくなり、生活苦で電化製品を万引きしてしまい、執行猶予付判決を受ける。
内装工としての働き口を見つけるも、仕事が遅いという理由から２カ月で解雇され、その後、路上生活状態になる。
まもなくして本の万引きで逮捕され、実刑判決を受ける。
出所。
解体屋や内装業の仕事を転々とする。
仕事での失敗を責められ、仕事に行くのが嫌になり、職場に行かなくなる。所持金が底をつき、生活費を得るために電化製品の万引きを複数回行う。
この件で窃盗として逮捕され、懲役３年の実刑判決を受ける。
出所。日雇いの仕事を転々とする。
飲み屋で意気投合した人の紹介で、前職の工務店で働くようになる。この工務店では、６年以上継続して働くことができた。</td>
</tr>
</table>

<table>
<tr><td></td><td></td><td>作業中に腰を痛め、仕事の継続が困難になったため、工務店を退職した。</td></tr>
<tr><td>4
事件時の生活環境</td><td colspan="2">【仕事および住居】
Aさんは、事件の２カ月前まで工務店に勤務し、月20万円程度の収入を得ていた。工務店の隣に従業員用の寮があり（従業員は食費の負担のみ）、その一室で生活をしていた。朝・晩の食事は、寮の食堂でとっていた。
事件の２カ月前、作業中に腰を痛めてしまった。２～３週間ほど寮で休養していたが、今までの仕事を再開するのは難しい状況であった。工務店側も、Aさんの仕事内容を変更し、別途現場作業員を雇うだけの余裕がなかったため、話し合いのうえ、Aさんは工務店を退職した（実態として、解雇なのか自主退職なのかは、聴き取りからは判然としない）。工務店を辞めたため寮にいられなくなり、Aさんは寮を出て、漫画喫茶などを転々とするようになった。
事件当時は、所持金が底をつき、いよいよ野宿するしかないという状態であった。
【余暇および社会活動】
趣味は麻雀で、同じ寮の仕事仲間と毎晩のように打っていた。お酒を飲むのも好きで、就寝前の一杯と、週末なじみの居酒屋に行くのが楽しみであった。
交友関係としては、職場関係と、居酒屋で会う飲み仲間が中心で、家族や地元の友人などのつながりはほとんどなかった。仕事を失ったり、お金がないときは、ほとんど人と会わずに一日を過ごしていた。</td></tr>
<tr><td>5
現在の本人の状況</td><td colspan="2">今まで刑務所に入ったことが何度かあったことから、当初は、再び刑務所に行かなければならないだろう、とあきらめている様子であった。
また、毎回やり直そうと決意するも、なかなかうまくいかなかった経験から、自分自身を責めるような言動がみられた（「俺はどうせ続かないんです」「俺みたいなやつは、お国の世話になるしかないんですよ。情けないですよね」など）。
知的障害の可能性が高い、という話を聞いた際も、当初は、「そんなはずはない」「今までそんなことを言われたことはない」と抵抗感を示していた。しかし、更生支援コーディネーターとの面会を重ねるなかで、徐々に、自分がぶつかっている課題と障害のつながりを認識するに至り、「自分が障害者だというのは、やっぱりすぐには認められないけれど、自分が今まで悩んできたことの説明にはなっていると思う」と話すようになった。
今後の生活について話を聴くと、「物作りが好き」と話しており、今までの職でも同じ作業を繰り返し淡々とできるものが好きだったことを説明していた。「暇があるのが嫌い」とも話しており、今後も日中は仕事をしながら生活していきたいと希望を話していた。
その後、「りすの家」の写真を見せたり、施設のブログ記事を紹介したり、</td></tr>
</table>

	施設長に面会に来てもらい、直接話をしてもらうなかで、Ａさんは、「そこでもう一回やり直したい。そのために必要なら、手帳も取りたい」と話すようになった。就労についても、「まだ腰が痛くて、今までのような仕事はできないけど、仕事自体は好きだから、その作業所ってところで頑張りたい」と話している。
6 アセスメント結果	**【事件と就労の関係】** Ａさんは、中学校卒業後、自動車の修理工や塗装工、内装業などの仕事を転々としているが、最初の職場を除き、どの仕事も１年以上続いていない。本人曰く、「仕事の覚えが悪く、辞めさせられるか、悪口がつらくて自分から辞めることがほとんどだった」とのことだった。一方で、本人は、人見知りではあるが集団生活が苦手なわけではなく、路上生活をしていたときにも、仲間を見つけて行動を共にしていたと話していた。 こうした本人の話からは、本人が安心して付き合える人たちとは安定した人間関係を保ち行動を共にすることもできるが、悪口を言われるなど本人にとってつらい出来事があったときにはうまく対応することが難しく、孤立した状態に陥りやすい傾向のあることがうかがえる。 また、過去の事件について聴いたところ、これまでの事件も仕事を辞めて社会的にも孤立し、経済的に困窮した状況のなか、万引きをしていたようである。 他方、最後に出所してから６年間は、万引きはほとんどしていない。事件の直前まで働いていた工務店が６年間続いた理由について聴くと、「親方がすごく優しかった。作業にどれだけ時間がかかっても、『お前はのんびり屋だな』とは言うけれど、ちゃんと仕事を教えてくれた。仕事を覚えられたから、あの工務店で働いていたときは楽しかった」と話している。 実際に、直前の仕事を退職した経緯も、ケガや会社の経営状態の悪化など不慮の出来事によるものであり、これまでのような自発的な退職ではない。Ａさんは上司を信頼し仕事を楽しんでおり、寮での集団生活も６年間継続できていた。このことから、Ａさんのことを理解してくれる環境があることで、今後も安定した生活を送ることができるものと思われれる。 そのため、Ａさんが孤立することなく安心した生活を送っていくためには、Ａさんの特性を理解してくれる就労環境を確保することが必要であり、そうした生活を安定させるためにも、経済的な支援や住居に関する支援を受けられることが重要である。 **【本人の障害と事件の関係】** 前記のとおり、Ａさんは軽度の知的障害である可能性が高い。 Ａさんの障害と今回の事件が直結するわけではない。 しかし、前記のとおりＡさんは、職場でのつまづきが原因で経済的にも精神的にも安定せず、収入を得るために窃盗をしていたという事情がある。

6 アセスメント結果

また、工務店の給料から寮の家賃を差し引くという計算に時間がかかり、簡易な計算も間違えていたことからすれば、本人の障害は、日常生活や職業生活においても一定程度の影響を与えていたことが考えられる。

このことから、Ａさんの障害が、社会的に孤立した環境や経済的に困窮した状況に陥る一因となっており、今回の事件の遠因になっていたものといえる。

【必要な支援】

前記のとおり、Ａさんは、仕事を覚えるのにどうしても時間がかかってしまうが、Ａさんのこの特性に配慮してくれた前雇用主のもとでは、長期間仕事を続けることができた。そして、この間、事件を起こすこともなかった。

また、Ａさん自身も、前雇用主のもとで仕事をしていたときは、仕事を楽しいと思い、生きがいを感じていた。

このことは、Ａさんが、自分の得意なこと、不得意なことをよく理解している人の見守りの中では、十分能力を発揮し、問題なく社会生活を送ることができるということを意味している。

Ａさんに今後の生活の希望について聴いたところ、「日中は仕事をして生活したい」と話しており、今後は作業所で頑張りたいとも話していた。

そこで、Ａさんの希望する生活を実現し、かつ、今後安定した生活を送るためには、Ａさんのことを理解してくれる人たちの中で暮らし、まずは経済的にも精神的にも安定を図ることが重要であると考えられる。一般就労であっても、前雇用主のように、Ａさんの得意なこと、苦手なことを理解し、向き合ってくれる雇用主がいないわけではないと思われるが、残念なことに、なかなかＡさんのことを理解してもらえない可能性が高い。

したがって、Ａさんの生活を安定させるためには、Ａさんの障害を理解してくれる福祉の専門家による支援が必要といえる。具体的には、療育手帳を取得し、住居や就労に関する福祉サービスを利用することが考えられる。本人は面会を重ねていくなかで、今後やり直すために支援を受けたいことや、そのために必要であれば療育手帳の取得もしていきたいと話すなど、支援を受けることに対して前向きになっている。そして、今後、福祉サービスを利用することについても同意している。

【利用できる社会資源】

Ａさんが今後、安定した生活を送るために利用できる福祉サービスとして、支援員の見守りがある中で暮らすことのできるシェルターやグループホームなどの居住支援、日中に仕事をする場所となる就労支援、生活保護による経済的支援の３つがある。

居住支援については、Ａさんが長年暮らしてきた町から電車で約20分のところにあるグループホーム「りすの家」がある。「りすの家」の施設長にＡ

6 アセスメント結果	さんのことを紹介し、同ホームで生活することができないか打診したところ、入居につきすでに内諾を得ることができている。同ホームは、過去にも前科のある知的障害者の方を受け入れた実績があり、本人との複数回の面会を踏まえたうえで入居を了承しており、Aさんのサポートを十分行うことができるものと考えられる。 なお、「りすの家」を利用するためには療育手帳の取得が必要なため、釈放後は速やかに手続を行う予定である。「りすの家」へ入居する準備が整うまでは、同法人が運営するシェルターに入居して生活をする予定となっている。 就労支援については、「りすの家」の運営母体である社会福祉法人「りすの里」が運営する就労継続支援B型事業所(「こりすランド」)がある。「こりすランド」の施設長は、Aさんが「りすの家」に入居後、まずは体験通所をしてもらい、将来的には受給者証を取得して正式に通所してもらうのがよいと考えており、Aさんも今後、「こりすランド」の利用を希望している。 経済的な支援については、シェルターに入居することと同時に、生活保護の申請を予定している。生活保護は、今後、Aさんが一定の所得を得るまでの間、生活をしていくために必要な経済的な保障を継続的に受けられる公的な制度でもある。

第3　支援について

1 支援方針	住居および仕事の確保を通し、生活の基盤を安定させることが、Aさんが再び同じ行為を繰り返さないために最も重要である。 そのため、「りすの家」で生活をしながら、まずは福祉的就労から始めていくことで、生活の基盤を安定させる。
2 具体的支援	**短期(釈放～1カ月)** ・社会福祉法人「りすの里」が運営する住居(シェルター)に入居(1カ月程度)し、療育手帳および受給者証の申請手続を行う。 ・「こりすランド」に体験通所。 ・本人と福祉事務所に行き生活保護申請をする。 **中期(1カ月～6カ月)** ・受給者証取得後、「りすの家」に入所。 ・受給者証取得後、「こりすランド」に通所。 **長期(6カ月～)** ・(本人の希望を踏まえ)就労継続支援A型事業所や一般就労への移行。 ・趣味などを通して、社会とのつながりを持つ。

3 支援体制	社会福祉士　鈴木花子（更生支援コーディネーター） 社会福祉法人「りすの里」代表B グループホーム「りすの家」サービス管理責任者C 就労継続支援B型事業所「こりすランド」施設長D 社会福祉法人「りすの里」相談支援専門員E
4 まとめ	本人は、軽度知的障害を抱えながら、45歳になる現在まで福祉的な支援を受けることができないまま、経済的に困窮し、窃盗などを繰り返してしまっていた。 今後、同じような行為に及ばないためには、社会の中で適切な支援を受け、経済的にも精神的にも安定した生活を送ることがなによりも重要である。本人も、福祉的支援を受けることについて前向きに考えることができるようになってきており、この段階で支援につないでいくことが必要である。

更生支援コーディネーター	社会福祉士　鈴木花子 ※緊急連絡先　○○-○○○-○○○○

添付資料

- 社会福祉法人「りすの里」のパンフレット
- 就労継続支援B型事業所「こりすランド」のパンフレット
- グループホーム「りすの家」パンフレット
- 刑務所で実施されたCAPASに関する照会回答書

更生《こうせい》支援《しえん》計画書《けいかくしょ》

（本人用《ほんにんよう》）

更生支援計画《こうせいしえんけいかく》とは、これからのあなたの生活《せいかつ》について書《か》かれたものです。

この計画書《けいかくしょ》の目的《もくてき》は、幸《しあわ》せな生活《せいかつ》をしていくことです。

あなたが、これから新《あたら》しい生活《せいかつ》をしていくために、どんなことをしていくのか、そしてどんな人《ひと》があなたを助《たす》けてくれるのか、が書《か》いてあります。

これから、まわりの人《ひと》たちと話《はな》し合《あ》いながら、この計画《けいかく》に取《と》り組《く》んでいきましょう。

名前《なまえ》	A	日時《にちじ》	○○○○年《ねん》○月《がつ》○日《にち》

期間《きかん》 （いつまで）	目標《もくひょう》	あなたが すること	助《たす》けてくれる人《ひと》が すること
短期《たんき》 （外《そと》に出《で》てから1カ《か》月《げつ》くらい）	「りすの家《いえ》」での生活《せいかつ》に向けて準備《じゅんび》する 落《お》ち着《つ》いた生活《せいかつ》をする	夜《よる》は、シェルターに帰《かえ》って過《す》ごす 「こりすランド」に行《い》ってみる	「りすの里《さと》」は、Aさんが過《す》ごせる部屋《へや》を用意《ようい》する Cさんは、生活《せいかつ》についてAさんのお話《はなし》を聞いて、困《こま》ることがあったときにはどうするといいか一緒《いっしょ》に考《かんが》える（Aさんのことをよく知《し》る）
中期《ちゅうき》 （外《そと》に出《で》てから半年《はんとし》くらい）	「りすの家《いえ》」での生活《せいかつ》をする 「こりすランド」で働《はたら》く練習《れんしゅう》	夜《よる》は、「りすの家《いえ》」に帰《かえ》って過《す》ごす 昼《ひる》は、「こりすランド」に通《かよ》う	「りすの家《いえ》」の職員《しょくいん》は、Aさんが「りすの家《いえ》で安心《あんしん》してくらせるように助《たす》ける 心配《しんぱい》なことがあったらDさんがお話《はなし》をきく 「こりすランド」は、Aさんが仕事《しごと》を続《つづ》けられるようにお手《て》伝《つだ》いする
長期《ちょうき》 （半年《はんとし》より後《あと》のこと）	「こりすランド」で仕事《しごと》を続《つづ》ける 休《やす》みの日《ひ》には楽《たの》しいことをする	「りすの家《いえ》」でくらしながら、仕事《しごと》をする	Aさんが仕事《しごと》をして楽《たの》しく生《せい》活《かつ》できるように助《たす》ける Aさんがお休《やす》みの日《ひ》に、楽《たの》しくできることを一緒《いっしょ》に探《さが》す

この計画《けいかく》があなたに合《あ》わなくなったときは、みんなで話《はな》し合《あ》って、新《あたら》しい計《けい》画《かく》を決《き》めます。

作成者《さくせいしゃ》　鈴木花子《すずきはなこ》
所属《しょぞく》　一般社団法人東京《いっぱんしゃだんほうじんとうきょう》TSネット

I　なぜ更生支援計画を立証するのか

1　刑事裁判における対審構造

通常の支援場面であれば、支援計画が作成された場合、それが関係者の中で共有されます。そのため、更生支援計画についても、当然に裁判の中でその内容が検討され、それを踏まえた判断がなされるものと思われるかもしれません。

しかし、刑事裁判はそのようなシステムにはなっていません。刑事裁判は、訴追する検察官と、そこから防御する被告人・弁護士が相対し、それを見て裁判官が有罪・無罪を判断して刑を決めるという「対審構造」となっています。そのため、検察官は罪に問われている被告人を有罪にしたうえ、できる限り厳しく処罰すべきという方向で活動を行います。他方、弁護士は、被告人が無罪になったり、有罪の場合でも処罰が極力軽くなるための主張を行います。こうした双方のある種対立的な活動を踏まえて、最終的に裁判官が結論（判決）を出すというのが刑事裁判の手続です。

本人をアセスメントし、適切な支援などの計画を立てるものである更生支援計画は、基本的に被告人にとって有利な証拠であるため、被告人の処罰を軽くする立場の弁護士から裁判に出すことを求めることになります。逆に、検察官の立場からすれば、更生支援計画が被告人にとって有利になるものと考えた場合、裁判の中で検討されること自体を拒んだり、裁判で検討される場合でもその内容を否定したり、信用できないものだと主張する場合もあります。

そのため、更生支援計画を作成するだけでは、その内容が刑事裁判の中で検討されなかったり、検討されたとしてもその内容が否定される場合があるのです。

2　証拠裁判主義というルール

「証拠裁判主義」は、刑事裁判の大原則です。刑事裁判における事実の認定は、証拠に基づいて行わなければなりません。

さらに、どんなものでも「証拠」になるわけではありません。一定のルールに則って刑事裁判の法廷に提出され、法廷で証拠として採用され、証拠調べが行われたものでなければ、「証拠」とすることはできません。

したがって、裁判官に「本人はこういう障害特性を持った人です」「更生のためにこういうプランを用意しています」ということをわかってもらうためには、更生支援計画書やそれを作成した更生支援コーディネーターの証言を、法律に定められたルールに沿って「証拠」として採用してもらう手続が必要となります。

また、刑事裁判では、証拠調べを終えた後、検察官・弁護士がそれぞれ有罪無罪や刑の重さについて、意見を述べることになります（検察官の論告求刑、弁護士の最終弁論）。その際、証拠にない事実を引用したり、そうした事実があることを前提とした意見を述べたりすることは違法となり、それを述べること自体が制限されることもあります。したがって、裁判官や裁判員に伝えるべきことは、すべて証拠（更生支援計画書や証言）に盛り込むことが必要となります。

3　なぜ裁判で証言するのか

刑事裁判では、証拠として採用できるかどうかについてのルールがあります。裁判においては、直接法廷で証人を尋問する方法で証拠を取り調べるのが原則です。書面による証拠の取調べは例外的であり、一方当事者が「同意」しなければなりません。そのため、作成した更生支援計画についても、相手方当事者（検察官）から「証拠として提出してよい」という同意がなければ、裁判に提出し、証拠とすることができません。

実際に、弁護士の依頼で更生支援計画書を作成し、弁護士から証拠調べの請求をしたところ、検察官が「（裁判で証拠とすることについて）不同意」という意見を述べることがあります。そうすると、更生支援計画書をそのまま証拠にすることはできません。この場合、更生支援計画の内容を裁判官・裁判員に伝えるため、作成者（更生支援コーディネーター）が証人となり、法廷にて、更生支援計画として作成した内容を実際に証言することが必要となります。

また、検察官が更生支援計画を証拠調べすることに同意した場合でも、その内容をより深く理解してもらうことなどを目的として、更生支援コーディネーターが裁判の中で証言することを求められることも少なくありません。たとえば、裁判官の障害や福祉についての知識・理解が十分ではないと思われるため、よりよく理解してもらうために証言を求められることもあります。裁判員裁判の場合、裁判員は一般市民であり、福祉の専門的な内容等について書面だけを読んで理解してもらうことは難しいこともあるでしょう。こうしたことから、更生支援計画について、刑事裁判の中で、更生支援コーディネーターが自身の言葉で説明を行うニーズが多く存在します。

以下では、更生支援コーディネーターが証人として証言する場合の手続である証人尋問についてみていきましょう。

Ⅱ　証人尋問

1　証人としての出廷を依頼されたら

裁判での証言を求められると、「裁判所など、これまで一度も行ったことがないし、私はいったい何をすればよいのか？」と不安を持たれるかもしれません。

まずは、更生支援コーディネーターに何を証言してほしいと思っているのか、裁判所で証言をする目的・意図を、弁護士とよく打ち合わせてください。本人のアセスメント結果や、更生支援計画の内容について証言することが通常ですが、そのなかでも、とくにどのような点を重点的に説明してほしいと思っているのかなど、率直に弁護士と意見交換することが必要です。

たとえば、本人が知的障害に関する確定診断を受けてはいないものの、知的障害の疑いがあるというケースの場合、そもそも更生支援コーディネーターがなぜ本人について知的障害の疑いがあると考えたかということが重要になります。そのため、弁護士からは、まずは知的障害の可能性があると見立てた理由を説明してほしいと依頼されることが多いと思われます。

他方、もともと知的障害に関する診断を受けていて、療育手帳を持っているケースの場合、知的障害があること自体の説明に重点を置く必要があるケースは少ないでしょう。そのため、具体的な障害特性や、その特性が事件に影響した点に関する見立てについて重点的に話すことを求められるかもしれません。

さらに、精神鑑定などが行われ、障害が事件に与えた影響について医師から言及がなされていて、それに対応した環境調整が大事だといった指摘がなされているようなケースもありえます。その場合、弁護士からは、実際に更生支援コーディネーターが行った環境調整の内容に重点を置いて説明してほしいといった依頼がなされることが想定されます。

このように、他の証拠や注目されている事項との兼ね合いで、証言内容についても、メリハリや重点を置くべき内容が変わる場合があるのです。

なお、裁判自体のイメージが湧かないという人も少なくないかもしれません。その場合、実際に刑事裁判を傍聴してみるのもよいでしょう。簡単な事件であれば1回の裁判で終わるものもあり、その中で、通常は被告人質問という被告人に対する尋問の手続が実施されますので、証人尋問の形式を知ることができます。傍聴の方法などについては、裁判所のホームページなどをご覧ください。

2　証言の方法

証言を行う際には、原則としては、尋問者（弁護士や検察官）から聞かれたことに対して答える、一問一答形式となります。この場合には、尋問者に問われたことに対して回答する必要があり、証人が独自に一方的に説明をすることは認められていません。

ただし、裁判所と調整のうえ、最初にプレゼンテーション形式でひととおり説明を行ったうえで、その後に弁護士と検察官の双方から補充的に尋問を行うという方法をとる場合もあります。この場合は、プレゼンテーションの補助資料として、パワーポイント等を使用して話すこともでき、必ずしも一問一答形式に縛られるものではありません。

3 証言の内容

証言の方法がどのようなものであっても、法廷に出頭して証言する場合には、良心に従って真実を述べるという宣誓を行ったうえ、証人自身の記憶に基づいて証言をする必要があります。また、質問されたことに対しては、仮に本人に不利なことであっても、記憶のとおりに答える義務があります。

しかし、更生支援コーディネーターは、本人とやりとりしたことや、本人にどのような支援が可能かといったことについて、自身の経験・知識に基づいて証言をすればよく、それで十分といえます。したがって、聞かれたことに対して、記憶のとおり、正直に答えればよいのです。

また、証言をする際には、原稿を読み上げたり、メモを参照したりすることはできません。もちろん、人の記憶ですので、細かい事柄や正確な日時などは忘れてしまうことがあります。その場合は、「忘れました」と証言すれば大丈夫です。必要に応じて、尋問者（弁護士など）が、記憶喚起のために誘導してくれたり、そのための資料等を示したりする方法をとってくれます。固有名詞や正確な日時などについて、資料を確認して正確に答える必要がある場合は、尋問者から裁判長へ許可をとったうえで、資料をその場で示して確認して答えることも可能です。たとえば、更生支援コーディネーターが行った心理検査等の結果について説明する際に、検査数値などを参照したい場合が挙げられます。こうした資料の提示などを行うべき内容やタイミングについても、弁護士と事前に打ち合わせるとよいでしょう。

ただし、最低限の本人に関する基本的な事項や更生支援計画に記載した大枠の内容についてまで資料を見なければ答えることができないと、証言自体の信用性が疑われかねません。そのため、証言に臨む際には、記録を読み返し、最低限の内容については記憶しておく必要があります。

4　弁護士との打合せ

証人尋問は、話したいことを終始自由に話す手続ではありません。そのため、弁護士からどのようなことを質問されるのか、それに対してどう証言するのかについて、弁護士と事前に打合せやリハーサルを行うことが必要です。

ただし、詳細な想定問答集を作成したり、質問への回答内容を暗記して覚えたりすることはおすすめしません。暗記したことをそのまま証言しようとすると、かえって回答は不自然になってしまいます。質問されていないことまで答えてしまったり、事前に予定していたのと聞かれ方が異なるときにうまく回答できなかったりすることも起こります。判断をする裁判官・裁判員にも、証人の記憶に基づいて話しているのではなく、あらかじめ弁護士と示し合わせて考えた内容を暗記して話しているだけではないかと疑われ、証言を信用してくれない場合もありえます。

したがって、あくまでも証人自身の記憶や、公正中立な専門職としての知識・経験に基づいて証言をすることが必要です。弁護士とのリハーサルで、「その聞き方では答えづらい」「更生支援計画に記載している内容について十分に説明することが難しい」という質問については、率直に弁護士に伝え、質問の仕方を変えてもらうようにしてください。

5　法廷の様子

法廷は、腰の高さくらいの柵（バー）で傍聴席と区切られています。証人は、自分の尋問の順番が来るまで傍聴席で待機し（別の証人の尋問が行われる場合は、影響を避けるために別室での待機となる場合もあります）[39]、順番が来て呼ばれると、傍聴席からバーの中に入ります。そして、証言台の前で、裁判官・裁判員のほうを向いて証言することになります。次頁の挿絵は標準的な法廷の様子です。

刑事裁判は、公開の法廷で行われます。本人の家族や支援者、友人などが傍聴席で公判を見ることもありますし、被害者やその家族、本人と関係のない一般の人、重大事件では報道関係の人が来ていることもあります。

---

39 法律上は、証人は自分の証人尋問が終わるまでは事件の傍聴ができないことになっています（刑事訴訟規則123条２項）。しかし、実際の運用においては、情状に関する証人（更生支援コーディネーターもこれに当たります）については傍聴が認められることがほとんどです。

6　証人尋問の流れ

証人は、まず、法廷の中央にある証言台の前に立って、宣誓をします。これは、「良心に従って、真実を述べ、何事も隠さず、偽りを述べない」という旨の宣誓書を読み上げる形で行います。宣誓書には、事前に署名・押印します。そのため、印鑑を持参してください。宣誓が終わると、裁判長から、宣誓をしたうえで、故意に嘘の証言をすると偽証罪として処罰されることがあるので注意するようにという説明があります。

その後、証言席に座って、弁護士、検察官、裁判官・裁判員からそれぞれ質問を受けます。法廷での証人尋問は、通常、一問一答形式で行われます（最初にプレゼンテーションを行うような方式もあることは前記のとおりです）。尋問者（弁護士、検察官、裁判官・裁判員）から聞かれた質問に対して答えていきます。

はじめに、弁護士から証人に対して質問し、それに一問一答で答えます（これを「主尋問」といいます）。これは、更生支援計画として作成された内容を立証し、それを裁判官に信用してもらうための質問ということができます。

次に、検察官から証人に対して質問をします（これを「反対尋問」といいます）。これは、更生支援コーディネーターが回答した主尋問の内容について、反対の立場からその信用性を揺るがせたりするようなことを聞くことで、本当に主尋問で語られた内容が信用できるのかを吟味するための質問ということができます。

さらに、再度、弁護士からの尋問が行われることもあります（これを「再主尋問」といいます）。これは、反対尋問がなされた後に、信用性などに不安が生じた部分がある場合や、主尋問に際して十分に伝わっているかわかりかねる内容がある場合に、それらをカバーするために行う質問といえます。

双方の当事者からの質問が終わった後、裁判官・裁判員から質問がある場合もあります（これを「補充尋問」といいます）。これは、判断権者である裁判官等の立場から、双方の尋問を踏まえて生じた疑問などを率直に質問するものです。

証人尋問が何分程度行われるかは、ケースバイケースです。アセスメントと更生支援計画の内容を証言する場合、とくに複雑な事情がなければ、弁護士から20〜30分程度、検察官からも15〜20分、長くても弁護士と同程度ということが多いのではないでしょうか。

尋問時間はあらかじめ弁護士、検察官、裁判官が打合せをして決めています。事案の性質に応じた必要な時間について、弁護士と協議し、計画の内容が十分に伝えられるだけの尋問時間を確保できるよう裁判官と交渉してもらう必要があります。

Ⅲ 尋問例

1 主尋問

「主尋問」では、次のような流れで話をすることが一般的です。

① **証人（更生支援コーディネーター）自身の専門性や立場の説明**（所属、資格、支援経験など）

証人が、更生支援コーディネーターとして、本人の支援を行う専門性があり、本人の障害などのアセスメントを語る資格があるということを、理解してもらうためのパートです。

② **支援に至る経緯（どういうきっかけで関わることになったのかなど）や本人のアセスメントのために行った活動内容**

アセスメントを行う根拠となっている、本人に関する情報や本人をとりまく環境に関する情報を十分に得たことについて、裁判官に理解してもらうためのパートです。面接の回数や対象、行った検査やその内容、収集・検討した資料などについて説明し、その後に述べるアセスメント等が十分な情報に基づいて行われていることを示すことが必要になります。

③　アセスメントの内容

実際に、本人の抱える障害特性や、そこからくる課題や困難はどういったものがあるのか、それに対する必要な支援がどのようなものなのかという見立てを説明するパートです。この点が十分でなければ、その後の福祉的支援の必要性なども理解してもらえないため、証言の中で最も重要かつ重点的に話をすることが多いパートといえます。

④　それを踏まえた福祉的支援のプランニング・コーディネートの内容

アセスメントを踏まえ、本人の障害特性や課題に対応し調整を行った具体的な福祉的支援の内容や、環境などについて説明するパートです。更生支援コーディネーターによって調整された環境があることで、本人の生活がどのように変わるのか、その結果として再びトラブル等に至る可能性がどれだけ低下するのかといったことについては、裁判官も注目するポイントとなりますので、前記③とともに主尋問のメインとなるパートといえます。

以下では、Ａさんの事例を素材にして、鈴木花子さんに対する主尋問の例を紹介します。

(1)　証人の専門性や立場の説明

弁護士（以下、弁）　今回、どのような立場でお話をされますか？

更生支援コーディネーター（以下、支）　Ａさんの今後の生活に関する支援を考えた更生支援コーディネーターとして、証言をします。

弁　その活動を行うにあたって、どのような資格を持っていますか？

支　社会福祉士の資格を持っています。

弁　社会福祉士とは、どのような資格か、簡単に教えていただけますでしょうか？

支　社会福祉の国家資格です。身体・精神・知的に障害がある方など生活に困りごとのある人やその家族から相談を受け、日常生活をスムーズに営めるように支援を行います。

（以下、略）

(2)　支援に至る経緯・アセスメントのための活動

弁　Ａさんの支援に関わるようになった経緯について教えてください。

支　Ａさんの担当弁護士からご相談があり、私が更生支援コーディネーターとして関わることになりました。

弁　これまで、どのような形でＡさんと関わってきましたか？　まず大まかに説明してください。

支　東京拘置所に面会に行ったり、手紙のやりとりをしたり、ご家族にもお会いしたりしました。また、弁護士の先生から事件記録をお預かりし、検討しました。

弁　今までに、何回面会に行かれましたか？

支　８回です。

弁　面会では、どのような話をしましたか？

支　Ａさんの今までの生活のことやその中での悩みのことなど、Ａさんのことを知るための話を聴いてきました。　（以下、略）

(3)　アセスメントの内容

弁　これまでお話された活動を踏まえて、あなたは、Ａさんがどのような障害を抱えていると考えていますか？

支　Ａさんには、軽度の知的障害の疑いがあるものと考えました。

弁　なぜ、そのように言えるのでしょうか？

支　Ａさんは、中学校まで卒業していますが、当時から学校の勉強についていくことが難しかったようです。そして、実際にＡさんと面会しているなかでも、意思疎通が難しい場面がありました。たとえば、難しい言葉や抽象的な会話の内容については、私の話に対してオウム返しになってしまったりすることがありました。

弁　そのほか、検査等からＡさんの知的障害をうかがわせる事情はありますか？

支　Ａさんには、今回の事件で逮捕された際に、精神科医による簡易鑑定が実施されました。その中でも、Ａさんに知的障害の疑いがある旨が指摘されています。また、Ａさんが過去に収監されていた刑務所での入所時の検査によれば、能力検査値が65でした。一般的にIQ69以下の場合には知的障害と判断されることからも、その疑いを持ちました。

弁　Ａさんには、どういった障害特性が認められるのでしょうか？

支　なかなか仕事が覚えられなかったり、人との関わりがうまくいかなかったりといったことがあるものと思われます。今までにもＡさんは複数の会社で働いていますが、最後の工務店を除いて１年以上続いた仕事がありませんでした。会社を辞めてしまったのも、会社での仕事の覚えが遅くて辞めさせられたり、そのことを会社や同僚から非難されていられなくなったりした結果のようです。

弁　Ａさんの障害特性は、事件にどのように影響しているものと考えられますか？

支　障害それ自体が事件に直結するものとは考えていません。ですが、Ａさんが事件を起こすのは、仕事を辞めてしまい、お金に困ったときのようです。その背景には、知的障害があることで、仕事上でミスをして仕事を辞めさせられてしまうことがありました。ですので、障害の存在が遠因になっていたものと考えられます。（以下、略）

(4)　福祉的な支援の内容

弁　Ａさんにはどのような支援が必要だとお考えですか？

支　Ａさんは、自分を理解してくれる就労先があれば、仕事を続け、経済的にも精神的にも安定した生活を続けていけるのではないかと思います。

弁　Ａさんを理解してくれる就労先とは、どういったところでしょうか？

支　これまで述べたようなＡさんの特性にきちんと配慮し、理解してくれる職場は、通常の会社では多くないものと思います。そこで、まずはＡさんの特性に配慮できる福祉の専門家の支援のもとで就労すること、具体的には、療育手帳を取得して、福祉事業所での就労が考えられます。

弁　福祉事業所での就労というのは、具体的にはどのようなものになりますか？

支　就労継続支援Ｂ型事業所というものがあります。ここでは、障害のある方が実際に働きながら、職業訓練のようなこともできる施設になっています。事業所では、福祉の職員がついて働くことになりますので、Ａさんが仕事上の悩みを持ったときにも、Ａさんを理解し、相談などにも乗ってくれるはずです。

弁　その後はどのような支援が必要になりますか？

支　Ａさんが安定して仕事をしたり、困ったときに相談をしたりすることができるようになったら、徐々に一般の会社に障害のある方の枠で働いたり、就労継続支援Ａ型事業所といって、一般の会社と同じように最低賃金が保障された障害のある方が就労する作業施設などに移行していくことが考えられます。こうしたなかで、Ａさんは経済的にも安定して、自立した生活を送ることができるようになっていくものと考えています。

弁　Ａさんの生活環境が安定することで、同じようなトラブルに陥る状況になる可能性に変化はありそうでしょうか？

支　先ほど述べたとおり、Aさんは仕事上のトラブルで長続きせず、お金に困ったときに物を盗むという事件が繰り返されてきました。Aさんは、仕事を続けることができれば、それが生きがいにもなりますし、お金に困ってしまうこともなくなるはずです。その結果として、絶対ということはありませんが、同じようなトラブルに至ってしまうことはなくなるものと思います。

（中略）

弁　こうした計画を踏まえて、Aさんが仮に釈放された場合の生活場所などについて教えてください。

支　Aさんは、今まで療育手帳を取得しておらず、行政による障害福祉サービスの利用決定を得ていません。ですので、こうしたサービスが使えるようになるには時間がかかります。そのため、最初の1カ月程度は、生活保護の申請や障害福祉サービスの受給手続を行うとともに、今回、利用を予定している「りすの里」で運営しているシェルターを利用することを考えています。

弁　日中の活動についてはどうでしょうか？

支　先ほど述べた、就労継続支援B型事業所の利用を考えています。サービスを正式に利用できるようになるまでには時間がかかりますので、まずは体験通所という形で事業所を利用してもらい、福祉的就労を知ってもらうことが第一と考えています。

弁　体験通所については、Aさんが釈放され次第可能なのでしょうか？

支　私から「りすの里」のほうにはすでに相談しており、そちらで運営している事業所の「こりすランド」での体験通所については内諾をいただいています。

（以下、略）

2　反対尋問

検察官からの「反対尋問」では、すでに述べたとおり、更生支援コーディネーターが主尋問で述べた更生支援計画の内容が本当に信用に値するのか吟味することや、さらに進んで、それが信用できない、あるいは被告人にとっては実効性がないといったことを立証するために行われることが多いです。これは、本章の冒頭で説明したとおり、刑事裁判では弁護士と検察官が対立構造にあることから、弁護士の提出した証拠や証人については、その信用性を検察官において批判的に精査することが必要とされていることに起因するものといえます。

そのため、検察官からの反対尋問を受ける際には、尋問内容が更生支援コーディネーターの証言内容を否定しているように感じたり、質問の態度などが圧迫的に感じたりすることもあるかもしれません。しかし、そうした質問にも怯むことなく、証人として、自身の経験や行ってきたアセスメント等に基づいて事実や自身の考えなどを述べることが重要です。

たとえば、更生支援計画について更生支援コーディネーターが証言をする場合、検察官からは以下のような質問がなされることが多いようです。

① 資格(支援を行う専門性)はあるのか？
② 本人の障害特性等を述べることのできる立場にあるのか？
③ 更生支援計画作成の実績はあるのか？
④ 被告人と何回面会をしたのか？
⑤ 更生支援計画の実施にあたり、あるいは実施の途中で、本人が支援を拒否したらどうするのか？
⑥ 支援の実現可能性はあるのか？
⑦ 実効性(再犯防止効果)は本当にあるのか？
⑧ 証人は具体的に何ができるのか？
⑨ 本人は更生支援計画について本当に同意しているのか？
⑩ 更生支援コーディネーターはいつまで関わるのか？

ここで、先ほどの事例の続きで、検察官からどのような反対尋問が想定されるか、その一例をご紹介します。

検察官(以下、検)　証人は精神科医ではないのに、障害の評価ができるのですか？

支　精神科医ではありませんので、障害についての診断はできませんが、医療記録や本人との面会などを通じて得た情報から、Aさん自身やその生活環境、事件の背景などについてアセスメントを実施しました。

検　障害者のアセスメントについて、どの程度経験があるのですか？

支　障害のある方のアセスメントについては、専門職として教育を受け、日々研鑽を積んでいます。また、障害のある方の支援は15年以上の実務経験を持っています。アセスメントも、支援の一環として日々実践しています。

検　被告人とは、何回面会をしたのですか？

支　○○警察署で５回、○○拘置所で３回、合計８回です。

検　被告人が、用意したホームへの入居を拒否したら、どうするのですか？

支　もちろん、強制はできません。最終的には本人の意思が重要です。Aさんは、最初はあまり関心がなかったようですが、ホームの写真やブログの記事を見せて具体的に説明するうちに、関心を持ち、積極的に質問をするようになりました。これからどういう生活をしたいのか、具体的なイメージを持てるように、こちらが支援していくことが重要だと考えています。

検　ホームでは、24時間監視ができるのですか？　できないのであれば、また同じような事件を起こしてしまうのではないですか？

支　24時間の監視はできません。受入先の事業所も、Aさんが事件を起こさないと確約をすることまではできません。そもそもソーシャルワークでは、監視をすることを目的としていません。私たちは、Aさんが事件を起こさなくても済むような環境づくりのお手伝いを、可能な限りしたいと思っています。

検　証人自身は、今後どのように被告人の支援に関わるのですか？

支　私も、しばらくはケース会議などを通じて定期的にAさんとお会いし、更生支援計画が順調に実施されているかを見守っていきたいと思っています。ただし、私が一生涯関わることはできませんので、更生支援計画書に記載したとおり、グループホームに入居した後は、グループホームの生活支援員さんが支援の中心となっていく予定です。

3　注意点

証人尋問では、あくまで聞かれたことに対して、端的に短く答えることがポイントです。正確に答えようとするあまり、長く説明すると、問いと答えがかみ合わなくなったり、テーマを脱線してしまったり、趣旨がぼやけたりして、聞いている裁判官にとっても理解が難しくなったり、どこが大事な情報なのかがわからなくなったりします。端的に、聞かれたことに対してシンプルに答えましょう。弁護士からみて引き出したい情報が足りなければ、さらに質問が追加されますので、それに対して、また端的に答えることによって、裁判官に十分な情報を伝えることができます。

なお、質問が聞き取りにくかったり、質問の趣旨がわかりにくかったりした場合には、「もう一度、質問をお願いします」「質問の意味がわかりません」と遠慮なく聞き返してください。それにより、質問をきちんと聞いていなかったのではないかといった悪い評価を受けることはありません。むしろ、質問が聞こえなかったり、わからなかったりしたにもかかわらず、推測して答えた結果として、的外れな受け答えになることを避けるべきです。これは、検察官からの質問や、裁判官・裁判員からの質問に対しても同じです。

反対尋問においても、基本的には、聞かれたことに端的に答えることが必要です。検察官の反対尋問のなかには、障害や福祉に関する基本的な理解が足りていない質問も散見されます。しかし、無理に反論しようとしたり、議論のようなやりとりをしたりする必要はありません。検察官の理解不足からなされる質問に対して、訂正や整理をしたうえで回答できればそれに越したことはありませんが、聞かれた質問に端的に答えることで十分です。反対尋問の後には、再主尋問の機会が保障されていますので、検察官の尋問を踏まえ、裁判官に誤解を与えそうだと思われた部分などについては、弁護士が再主尋問の際に質問しフォローすることができます。

なお、弁護士・検察官による尋問の際は、尋問者ではなく裁判官・裁判員のほうを向いて証言することが求められます。通常の面談などの場面とは異なるために違和感が生じたり、傍聴席の様子が気になったりするかもしれませんので、注意が必要です。

Ⅳ よくある質問・疑問

1 被害者等の事件関係者が法廷にいたらどうするか

公開の法廷で証言をするため、不特定多数の人が傍聴する可能性があります。被害者やその家族などの事件関係者が傍聴していることもあります。また、時には、被害者自身が法廷の中に入り、積極的に意見を述べる場合もあります（「被害者参加」という手続です）。更生支援コーディネーターとして、本人のための支援などについて話をすることで被害者等から負の感情を持たれないかなど、不安に感じることもあるかもしれません。

しかし、あくまでも刑事裁判は、国家が罪に問われた人に対して、罰を与えるか、罰を与える場合の程度はどれくらいかを決めるものです。そのため、本人の対立当事者になるのは検察官ということになります。刑事裁判においては、被害者は本人の対立当事者の立場ではありません。

更生支援コーディネーターが福祉や心理の専門的知識・経験・判断などを証言している限りにおいて、被害者等から非難されたり、攻撃されたりするいわれはありません。実際に、更生支援コーディネーターが証言したことで、対被害者や被害者家族との関係で何らかの責任が生じたりすることもありません。

そのため、被害者等が法廷で傍聴したり、手続に参加している場合でも、証言などにおいてそのことを過剰に意識したり、配慮する必要はないものといえます。仮に、証言内容について対被害者等との関係で不安がある場合には、事前に弁護士に相談するとよいでしょう。

2　偽証罪に問われないか

記憶違いや情報不足で、結果として間違った証言をしてしまった場合、偽証罪にならないかと心配になるかもしれません。

しかし、そのようなことはありません。偽証罪は、あえて（わざと）嘘の証言をした場合にのみ成立します。自分の記憶どおりに証言すれば、結果として間違っていても、偽証罪は成立しません。被告人の罪を軽くするためにありもしない事実を述べるといったように、あえて嘘の証言をするようなことがない限り、偽証罪が問題となることはありませんので、心配する必要はありません。

3　弁護士から本人に障害がある旨の証言を頼まれたら

支援依頼を受けるケースによっては、本人に障害の疑いがあることが依頼の契機となっているものもあります。このような場合、障害の確定的な診断がなされていない状況で、計画を立てたり、証言を行ったりしなければならないケースもあります。

この際、弁護士から、本人に障害があることを断言してほしいとか、事実上診断をしてほしいというような依頼がなされることもあります。日本では障害に関する確定診断を行うことができるのは医師のみであることから、こうしたときには、弁護士に対しても、障害の存在について断言はできないことは説明すべきです。

ただし、それまでの専門職としての経験を踏まえ、本人の成育歴や特性などから、特定の障害がうかがわれるという見立てを持ったとした場合、なぜそのような見立てをするに至ったのかの理由を述べたうえで、それを前提に支援の計画等について証言することは何ら制限されません。反対尋問の例の項目でも触れたように、この点は検察官からも質問されることが少なくありませんが、根拠のある見立てを踏まえて、障害を前提にした支援について述べることについては、躊躇すべきではありません。

第9章 更生支援計画の実行

刑事司法手続が終了した後は、更生支援計画の内容を実行していくことになります。

この章では、更生支援計画の実行にあたってどのような点に留意すべきかなどについて説明します。

Aさんの事例⑧

Aさんは、懲役１年・執行猶予３年の判決が宣告され、無事、釈放されることになりました。

鈴木花子さんは、事前に連絡をしていた「りすの里」の職員とともに、Aさんを迎えに行きました。

I 起訴猶予・略式命令の場合——釈放直後の対応

捜査段階で、起訴猶予・略式命令等となった場合には、その決定がされた日に釈放されることになります。

タイミングとしては、勾留満期にこのような検察官の処分がなされ、釈放されることが多いです。いつが勾留満期日なのか、そこでどのような処分が見込まれるのかについては、事前に弁護士に確認をしておきましょう。

釈放される時間帯は、地域や事案によってさまざまです。もし釈放当日に行政機関の窓口に行ったり、帰住先まで移動する必要がある場合には、弁護士と検察官との間で、釈放の時間帯を調整してもらうこともありえます（ただし、弁護士から申し入れてもらっても、必ずしも検察官が応じてくれるとは限らないようです）。

釈放後どのように動くかは、すでに更生支援計画で決めていると思いますので、その内容に従って必要な手続などを行っていきます。具体的な内容については、後記Ⅱにも記載がありますので、参考にしてください。

なお、とくに捜査段階においては、釈放と同時に精神保健福祉法上の措置通報がなされ、その結果として、釈放後にそのまま同法に基づく強制入院となってしまうケースもあります。本人の状態によっては、このような展開となることがありうるということは、念頭に置いておきましょう。

もし強制入院となってしまった場合、弁護士は、本人の希望があれば、退院請求の代理人としても活動ができます。どのように対応していくか、弁護士と相談をしましょう。

II 罰金・執行猶予の場合――釈放直後の対応

勾留中のケースについては、判決日にどのような対応をするかを事前に検討しておく必要があります。

まず、釈放直後に本人を迎え入れることのできる態勢を整えておくことが重要です。多くのケースで、釈放当日に生活保護の申請や、帰住先の受入れ手続などのために更生支援コーディネーターの同行が必要となってきます。そのため、このようなケースにおいては、更生支援コーディネーターや弁護士が釈放後の支援を行うことができる日時に判決言渡し期日を設定してもらう必要があります。事前に弁護士に対して予定などを伝え、裁判所との間で調整してもらいましょう。

また、必要となる支援によっては、釈放の時間帯が重要になることもあります。たとえば、生活保護の申請をして、そのまま簡易宿泊所に行くことを想定している場合などは、なるべく早い時間に行政の窓口に着かなければなりません。一方で、地域によっては、執行猶予判決を受けた後に一度拘置所に荷物を取りに戻らなければならない場合などもあり、午前中に判決が言い渡されなければ、行政機関の窓口に行くのが遅い時間になってしまうことがあります。そのため、釈放後の動きを見込んで、判決期日の時間帯を午前中にしてもらうなどの工夫をすることも必要になるでしょう。

そのうえで、判決後は、そのまま裁判所で釈放されることもあれば、一度拘置所に戻ってから釈放されることもあります。この点についても、事前に弁護士に確認をするようにしましょう。

そして、本人が釈放されたら、まずは本人を迎えます。逮捕時の状況によっては、靴がなかったり、冬なのにTシャツしかなかったりする人もいます。この点は事前に確認をして、必要なものは準備しておくといいでしょう。そのうえで、更生支援計画で予定していた支援を開始することになります。生活保護の申請などは、場合によっては弁護士にも同行してもらうとスムーズにいくことがあります。このあたりも事前に弁護士と打合せしておきましょう。

なお、執行猶予判決のうち、保護観察に付されたり、更生緊急保護を利用したりする場合などは、保護観察所との連携も必要となります。判決後、近い時期に保護観察所に出頭するよう求められることが多いので、その際にはできる限り同行をしたうえで、更生支援計画書を保護観察官とも共有して今後の支援体制について伝えましょう。

Ⅲ 実刑の場合――更生支援計画の引継ぎなど

実刑判決が確定した場合には、実刑中にどのような支援をしていくかが問題となります。

当初から実刑を想定していた場合には、更生支援計画の中で、実刑中の本人との関わりについても決めていることが多いと思います。出口支援を担う地域生活定着支援センターとの連携などについても、当初から計画の中に入れてあることが多いでしょう。それに従って、本人との面会を継続したり、手紙などのやりとりをしたり、支援者でケース会議をするなど、実刑中も継続した支援を行っていくことが考えられます。

一方で、執行猶予判決を前提としていたにもかかわらず実刑判決となってしまった場合には、更生支援計画を立て直すことが必要となります。実刑中に何ができるのか、その後の支援につなげるにはどうしたらよいか、本人や弁護士と再度検討する必要があります。実刑中の支援は、費用の問題（とくに遠方の刑務所に収容されてしまった場合には面会の際の交通費だけでも多額となってしまう）、期間の問題（長期の実刑となった場合には弁護士や支援者の年齢との兼ね合いでも問題が出てくる）など、多くの課題があります。そのような課題を踏まえたうえで、どのような支援ができるのか、本人を含めて話をすることが必要です。

なお、実刑判決確定後、本人は拘置所から刑務所に移送されることになります（ただし、執行すべき刑期が短いなどの理由で稀に拘置所で受刑する人もいます）。この場合、どこの刑務所に行ったのかは、拘置所等に問い合わせても教えてもらえません。家族や弁護士にも何も連絡はありません。どこの刑務所に行ったのかは、基本的に、本人から手紙で知らせてもらうしかありません。本人との手紙や面会を予定している場合には、本人に、「移送されたら手紙を送ってほしい」と伝えておきましょう。自分宛ての封筒に切手を貼り、便箋とともに差し入れておくことも有用です。

刑が確定して受刑者となると、手紙の発信の通数や面会回数について、厳しく制限されることになります。更生支援コーディネーターとの面会も一律に許可されるわけではありません。面会できるのは、「受刑者の改善更生に資すると認められる者」（刑事収容施設及び被収容者の処遇に関する法律111条1項3号）に該当する場合などに限定されています。更生支援コーディネーターが実刑中に面会しようとする場合には、自らが今後の本人の更生のために活動している立場にあるということを示す必要があります。

また、更生支援コーディネーターが関わり続けるという観点だけではなく、作成した更生支援計画の内容を、刑務所や、保護観察所、地域生活定着支援センターなどの出口支援に携わる機関に共有していくことも有用です。この点、従前は、弁護士が本人の収容先の刑務所や担当の保護観察所にそれぞれ更生支援計画を送付する、という活動が行われていました。これが、2023年３月に発出された「刑事施設における更生支援計画書の活用について（通知）」（令和５年３月28日法務省矯成第474号）によって、一定の様式に従って提出された更生支援計画書が、本人の移送先の刑事施設や帰住先の保護観察所に引き継がれるという運用が全国的に開始されました。本人や弁護士とも話し合ったうえで、更生支援計画を引き継ぐことが必要と考えられる場合には、この制度を積極的に利用しましょう。引継ぎをしておくことで、更生支援コーディネーターが本人の今後の生活のために活動していることが明確となり、前記の刑務所における面会などがスムーズに実現するということにもつながります。

加えて、現在、弁護士会によっては、「寄り添い弁護士制度」を開始しています。この制度は、弁護士が、刑事事件の不起訴処分・判決後に、被疑者・被告人であった人に対して、刑事施設収容中の支援や社会復帰支援等の活動を行う場合に、弁護士会が所属弁護士に対してその費用などを援助する制度です。現在のところはあくまでも弁護士の関わりに対する援助制度ではありますが、この制度を使って弁護士に面会などに行ってもらい、更生支援コーディネーターはそれをバックアップして出所後の支援につなげていく、ということなども考えられるでしょう。

Ⅳ 個人情報の取扱い

支援開始後、とくに執行猶予判決で本人が社会で暮らし始めた後も、当然のことながら、更生支援コーディネーターは個人情報の取扱いについては細心の注意を払わなければなりません(第2部第4章Ⅷ参照)。

支援開始後は、更生支援計画作成の段階ですでに連携をしていた関係機関に加えて、新たな関係機関(福祉事業所、就労先など)が出てくることが多いでしょう。その場合に、このような新たな関係機関にどこまでの情報を伝えるのかについては、慎重に判断しなければなりません。「本人のために支援をする人たちなのだから、すべての情報を伝えたほうがよい」と安易に考えてしまうことは危険です。とくに犯罪に関わる経歴は、非常にセンシティブな情報であるうえ、どうしてもインパクトが強く、ともすれば関係機関に「再犯しないために厳しく見守らなければ」などとの誤った印象を与えてしまう可能性があります。犯罪は、それまで本人に必要だった支援がなされていなかった結果のひとつとして現れている事象に過ぎません。伝えるべきは、本人の障害特性やそれに対して必要となる支援そのものです。このことを前提として、何を伝えるべきなのかを整理したうえで、情報開示についての本人の意向を確認して、更生支援コーディネーターとしてはそれに従った情報共有をしていきましょう。

また、場合によっては、捜査機関から、「被害者が知りたがっているから更生支援計画の写しをもらいたい」「本人が再犯して逮捕したが、本人の情報やこれまでの支援状況を知りたい」などという問合せがくることもあります。更生支援計画は、更生支援コーディネーターのためのものではなく、あくまでも本人のための情報です。捜査機関からの求めだとしても、安易に開示してよいものではありません。対応については、担当していた弁護士とも相談をしましょう。

いずれにしても、更生支援計画書に記載されている情報や、その作成過程で更生支援コーディネーターが得た情報は、あくまでも本人のものです。本人には、自分の情報をどう扱うかについての権利があります(「自己情報コントロール権」といいます)。このことを常に念頭に置きましょう。

Ⅴ 更生支援計画の実行に関するQ＆A

Q 判決で執行猶予がつき、本人は釈放されました。ところが、弁護士から「私は判決までしか関われないので、あとはよろしくお願いします」と言われ、今後の本人の支援を丸投げされてしまいました。今後も弁護士にはいろいろ協力してもらいたいと考えていたのですが、できないのでしょうか？

A 弁護士の弁護人としての職務は、「判決まで」というのが大原則となっています。国選弁護人の場合、判決の言渡しによって、弁護人としての地位を失います。そのため、判決後に何か活動をしたとしても、無報酬となります。この点は制度自体に問題がありますが、現状はそのような制度になっています。したがって、判決後は、前記のような「寄り添い弁護士制度」が存在する場合を除いて、弁護士は、ボランティアベースでしか関わることができません。もちろんボランティアベースでも積極的に関わってくれる弁護士もいるとは思いますが、断られてしまった場合にそれを強制することは難しいでしょう。

もっとも、ケースによっては、生活保護の申請同行をする、本人の債務整理をするなど、法的な対応で弁護士が必要となることもあります。このような場合には、弁護士は別の事件として受任し、報酬を得ることが可能となるので、関わりやすくなるかもしれません。

いずれにしても、この点については、更生支援計画の作成段階から、弁護士にどのような役割を期待しているのか、率直に話し合っておくとよいでしょう。

Q 更生支援計画を作成する段階では、本人はグループホームに入りたいと言っていて、私もそのつもりで支援計画を立て、法廷で証言もしました。ところが、判決で執行猶予がついて釈放されたとたんに、「福祉の世話にはならない」と言って、私が関わることを拒否し、連絡もとれなくなってしまいました。判決では更生支援計画が考慮されて執行猶予が付いたと思うのですが、釈然としません。本人も同意したはずなので、更生支援計画を守らせる手段はないのでしょうか？

A 本人と話ができる状況であるのであれば、まずはなぜ支援を受けたくないのかについてゆっくり話を聴いてみましょう。理由を聴くなかで、支援についての本人の誤解があることがわかったり、支援に対する不安を抱えていることがわかったりすることもあります。その際には、再度支援の内容を丁寧に説明することが必要です。

それでもやはり更生支援計画の支援は嫌だ、ということになれば、当然、その内容を強制することはできません。更生支援計画が刑事裁判で証拠として提出されていたとしても、更生支援計画そのものに強制力が発生するわけでもありません。

この場合には、再度支援の内容を検討することになります。本人と話をしながら、どんな生活をしたいのか、あらためて一緒に考えていきましょう。

重要なのは、更生支援計画の内容に固執して、それを本人に無理に押しつけることは避けるべきということです。更生支援計画は、ある時点での状況を前提として作成されたものであり、それらの前提が変われば、内容も変わりえます。絶対的なものではありません。そのときの状況に応じて、変化していくものです。柔軟に、しかし必要な支援は途切れないようにすることを考えて、本人と接していくことが必要です。

Q **私が法廷で証言をした更生支援計画について、本人が拒否してしまった場合、結果として法廷での証言を実現できなかったということで、私が責任を問われることはないのでしょうか？**

A 法廷でわざと嘘の証言をしたわけではないので、証人が法的に責任を問われることはありません。

Q **想定どおり、執行猶予付の判決が言い渡され、釈放されました。本人は、更生支援計画に沿ってこれから頑張りたいと言っています。ただ、本人には私以外に頼れる支援者がおらず、かといって私も本業で忙しいので、どこまで支援ができるかわかりません。これからどうしていけばいいでしょうか？**

A 更生支援計画の内容をどのように実行するか、さらに、判決後も本人に寄り添ってどう支援を継続していくかは、とても重要な問題です。更生支援計画を作成した支援者が、その後もずっと支援をし続けることには当然限界があります。公的なサービスにつながらない限り、ボランティアになってしまいます。障害福祉サービスなどにつなげ、各サービス事業所の支援者などに徐々に支援を移行していくのが理想といえるのではないでしょうか。

Q 予想に反し、実刑判決が言い渡されました。判決の日に釈放されると聞いていたので、受入れ施設側にも無理にお願いして部屋を空けておいてもらったのに、無駄になってしまいました。釈放されるかどうかだけでも、事前に教えてもらえないのでしょうか？

A 残念ながら、判決の情報を事前に知る手段はありません。検察官、弁護士といえども、判決が公開の法廷で言い渡されるまでは、判決の内容を知ることはできません。

事案によっては「確実に執行猶予」「確実に実刑」と見通しが立てられるケースもありますが、実刑か執行猶予か微妙なケースもあり、また、「ふたを開けてみなければわからない」ことも多いのが現実です。

受入れ施設には、利用に向けて調整するときから刑事裁判の制度などについて丁寧に説明をして、状況を理解してもらう必要があるでしょう。

Q 予想に反して実刑判決が言い渡され、弁護士と本人が話し合って控訴をすることになったようです。控訴をすると、今後どうなるのでしょうか？

A 日本の裁判は三審制ですので、第一審の判決に対しては高等裁判所に対して控訴ができ、高等裁判所の判決に対しては、最高裁判所に上告ができます（第1部第2章V参照）。

仮に国選弁護人が付いていた場合、控訴審の段階においては第一審とは別の国選弁護士が選任されることが多くなります。そのことも踏まえたうえで、本人や弁護士とともに、控訴審段階においても更生支援コーディネートを行うのか、その意向を確認しましょう。そのうえで、もしも控訴審段階でも更生支援コーディネートを継続することになれば、更生支援計画を練り直し、それを再度提出したりすることもあるでしょう。

数は多くありませんが、第一審の実刑判決後に、あらためて更生支援計画が立てられ、それを根拠に控訴審で実刑判決が破棄され、執行猶予が付いた事例もあります。

第3部

実際の更生支援計画

第３部では、７つの事例をもとにして、更生支援計画をつくる過程をみていきます。 更生支援コーディネーターとして、実際にどんな活動をして、どんなアセスメントをして、どんな支援計画を立てていくのでしょうか。
ここに書かれている計画が「完璧」なものというわけではありません（そもそも、そのような計画は存在しません）。あくまでも活動のイメージを持っていただくためにご使用ください。
なお、事例はいずれも架空のものであり、実在の人物や事件とは一切関係がありません。

第1章 捜査段階で活動した例

知的障害のあるBさんの場合

I 事案の概要

Bさん（29歳、女性）が逮捕され、Bさんの弁護人となった弁護士○○が、彼女が住む地域の○○相談支援事業所に相談を持ち込みました。これを受けて事業所内で協議した結果、相談支援員である社会福祉士の山田太郎さんが更生支援コーディネーターを担当することになりました。

Bさんは、8月1日の朝、○○作業所（就労継続支援B型事業所）へ行く途中に、Bさんの苦手な雷が鳴るなか、近所の小学生にからかわれてパニックになり、小学生の顔を叩いてしまったようです。弁護士は、すでにBさんの両親と連絡をとっており、それによれば、Bさんには中度の知的障害があり、療育手帳を持っているようです。

山田さんは、弁護士と一緒に、警察署へBさんの面会に行ったり、Bさんの両親と会って話を聴いたりしたところ、Bさんは、特別支援学校を卒業してからずっと同じ通所施設へ通っており、これまでBさんが通所途中で誰かとトラブルになることはなかったことがわかりました。

8月1日は、早朝のゲリラ豪雨の影響でBさんの苦手な雷が鳴っている状況でした。家族によると、Bさんは雷が鳴るとたびたびパニックになり、耳をふさいだり、大声を出すことがあるとのことでした。

また、叩かれた小学生は、8月1日は、通学で乗る電車が遅れたため、たまたまBさんの通所時間帯にその場にいたところ、パニックになったBさんをからかったことから、Bさんに叩かれたようです。弁護士に聞いた話では、叩かれた小学生は、バランスを崩して転び、小指の骨にひびが入ってしまい、小学生の両親はかなり怒っているとのことでした。

普段、作業所でのBさんは、味覚が鋭く、またレシピの配合を守って根気よくお菓子づくりをすることができる人で、最近は○○作業所でマカロンを作ることを楽しみにしており、作業所のスタッフからも頼りにされていました。

なお、Ｂさんに前科前歴はありません。

Ⅱ 事件発生からの経過

Ｂさんの事件は、発生以降、次のような経過をたどりました。

山田さんは、○○作業所のサービス管理責任者（Ｂさんのサービス等利用計画作成者でもあります）、自治体の障害福祉課職員の協力を得ながら活動を進めました。

そして、Ｂさんが起訴されるかどうかが決まる少し前の８月16日までに、更生支援計画書を作成し、それを弁護士が検察官へ提出しました。

８月１日　事件発生、Ｂさんが逮捕

８月２日　刑事弁護センターから弁護士のところへ連絡
　　　　　弁護士、Ｂさんに接見、相談支援事業所へ支援を要請

８月３日　相談支援事業所から山田さんへ支援要請の連絡
　　　　　検察官、Ｂさんに対する勾留を請求
　　　　　弁護士から山田さんへ連絡

８月４日　山田さん、弁護士と打合せを行い、事件の概要と勾留の満期日を確認
　　　　　山田さんと弁護士、警察署でＢさんと面会

８月６日　山田さん、Ｂさんの家族と面談

８月７日　山田さん、Ｂさんが通っている○○作業所の職員○○さん、弁護士と共に関係者会議を行う

８月８日　山田さん、Ｂさんと面会、更生支援計画書の作成を開始

８月10日　弁護士、検察官がＢさんの勾留を延長する方針を確認

８月12日　山田さん、更生支援計画書（案）を完成、Ｂさんの家族と○○作業所、弁護士へ送付
　　　　　山田さんと弁護士、Ｂさんと面会

８月15日　山田さん、更生支援計画書（第２案）を完成

８月16日　弁護士、検察官へ更生支援計画書を提出

８月20日　Ｂさん、不起訴処分となり釈放

Ⅲ 更生支援計画案の検討

山田さんは、他の支援者と協力して、今回の事件が発生するまでのＢさんの生活の様子、事件時の状況などについて情報を収集・分析し、更生支援計画の内容について検討しました。その際、山田さんは、次のような仮説を立てました。

今回の事件は、Ｂさんが苦手とする環境と不慣れな状況が重なることで、Ｂさんはパニックになり、とっさにとった行動が結果的に犯罪行為になってしまったのではないかと考えました。Ｂさんは、苦手としている雷の音の中で、普段の通所時には接触することのない小学生と出会い、からかわれ、適切な対処法がわからずにパニックになった結果とった行動が、叩くという行為なのではないかと推測しました。

もちろん、大人が小学生に暴行してしまっていることや、被害者の小学生は骨にひびが入るケガを負ってしまっていることから、Ｂさんには、自分のしたことの意味や影響を認識してもらう必要はあります。しかし、これまでＢさんには前科前歴がなく、対人関係の目立ったトラブルもなかったことからすれば、Ｂさんの障害特性に配慮した環境のもと、Ｂさんがパニックになってしまったときでも適切な対処ができるようなサポートを得ることができれば、トラブルになることなく生活できると考えられ、これらの環境を調整することが更生支援計画の中心になると考えられました。

家族や作業所の責任者と関係者会議を開いたところ、作業所が支援を継続することが決まりました。そこで、自宅に住み、現在の作業所の利用を続ける、というこれまでの生活の枠組みを維持しながら、次の３項目に焦点を当てて支援をすることになりました。

① 通所時に小学生との遭遇を避けるための環境調整

② 外出の再開に向けての本人へのケア

③ 苦手とする環境や不慣れな状況への対処法の学習

支援の順序としては、まず、①と②を実施し、本人の状態が安定したと判断される頃に③を導入することにしました。新たなスキルの学習や認知への働きかけのためには、まず、Ｂさんがそれを受け入れられる環境づくりが大切だと考えたからです。

なお、山田さんは、更生支援計画書作成のための情報収集にあたり、勾留中の

Bさんと3回、面会しました。その際、勾留中の面会時間は限られていることや、Bさんの障害特性への配慮が必要とされることから、各回の面会にあたっては、Bさんの混乱と負担感をできる限り減らすために事前にテーマと質問項目、質問者を設定しました。1回目の面会では、主に最近の生活の様子と事件当日のことについて、2回目と3回目の面会では、今後の生活について話をしました。Bさんとしては、○○作業所にまた通所したいとの希望でした。

Ⅳ 更生支援計画の例

<u>**B氏更生支援計画書**</u>

○○○○年8月16日作成

作成者
氏名　山田　太郎
所属　○○相談支援事業所
資格　社会福祉士

1　はじめに（作成の経過）

⑴　依頼の経緯

○○○○年8月3日、担当弁護人である○○弁護士が、○○相談支援事業所へ支援依頼を行ったことによる。

⑵　行った活動

ⅰ　面談

本人（3回）／家族（母親4回、父親2回）／

○○作業所サービス管理責任者○○氏（1回）

ⅱ　関係者会議

○○○○年8月7日　弁護士、○○作業所○○氏、支援コーディネーター

ⅲ　収集した資料

療育手帳

○○作業所におけるケース記録

ⅳ　その他

主治医と電話で情報交換を行った

2　本人について

<table>
<tr><td rowspan="2">1　本人</td><td>氏名</td><td>B</td><td>性別</td><td>女性</td></tr>
<tr><td>生年月日</td><td>○○○○年5月5日</td><td>年齢</td><td>29歳</td></tr>
<tr><td>2　障害程度・診断</td><td colspan="4">・中度知的障害
・療育手帳（中度）あり</td></tr>
<tr><td>3　成育歴</td><td>誕生
6歳
12歳
15歳
18歳</td><td colspan="3">○○市に生まれる（兄弟姉妹なし）
○○小学校入学
○○特別支援学校中等部入学
○○特別支援学校高等部入学
○○作業所（B型就労支援事業所）通所</td></tr>
<tr><td>4　現在</td><td colspan="4">・現在は実父母と同居。
・○○作業所（自宅から徒歩10分）へ週4回通う。</td></tr>
<tr><td>5　アセスメント結果</td><td colspan="4">・Bさんは、ふだんは穏やかでパニックに陥ることは少ない。温和な性格で、作業所でも得意な調理の作業を周囲からも頼りにされていた。</td></tr>
</table>

5　アセスメント結果	・主治医からの聴き取りで、Bさんには聴覚過敏があり、大きい音が苦手で、とくに幼少期から雷の音でパニックになってしまう傾向のあることがわかった。 ・事件については、Bさんによると混乱して覚えていない様子だったが、雨が降った際の雷鳴が怖かったと話していた。 ・事件当日は雷が鳴っており、Bさんはパニックになって両手で耳をふさいだり大声を出したりしていた。そうしたなか、普段接しない小学生からからかわれて、さまざまな刺激が重なり、混乱していたと考えられる。 ・本人は小学生に迷惑をかけたことを認識しており、申し訳ないと言葉にしていた。 ・また、今回パニックになって手をあげたことについてBさん自身も反省し、同時にショックを受けており、今後は外に出るのが怖いとも話していた。そのため、外出の再開に向けて本人へのケアが必要となることも考えられる。

3　支援について

1　今後の支援	短期（釈放後～１カ月） ・安心して通所を再開できるように、作業所のスタッフが本人と面談をし、当面の間はスタッフが通所に同行をする。 ・外出ができるようガイドヘルパーの利用を開始する。 中期～長期（短期～１年） ・通所の時間帯について、パニックになりやすいタイミングや時間帯は避けられるように調整し、一人での通所を再開する。 ・パニックになったときの対処法を、作業所やガイドヘルプのスタッフと話し合いながら、繰り返し練習していく。
2　支援体制	・短期的に、とくに通所再開までは支援コーディネーターが中心となって支援を行う。 ・中長期的には、○○作業所のBさんの担当である○○氏が中心となり支援を行う。 ・更生支援コーディネーターは、当面の間は、１カ月に１回、本人と定期的に面談し、○○作業所とも協議のうえ、支援計画を適宜見直す。その後は、支援計画の内容の見直しについても、○○氏に移行していく。 ・今後も、区の障害福祉課のケースワーカーや○○作業所○○氏を含めた関係者が集まり、数カ月に一度、定期的に支援会議を開く。

3　まとめ	今回の事件は、本人にショックを与える外的要因が重複して起こったものと考えられる。今後は、パニックになったときの対処法を関係者にも共有して、関係者によるケアを手厚くし、なおかつ、出かける時間や予定などの調整を並行して行っていくことで、本人が地域の中でより安心して行動できるような体制ができていくものと思われる。

支援コーディネーター	○○相談支援事業所 相談支援員　山田　太郎 緊急連絡先　○○○-○○○○-○○○○

添付資料

・療育手帳の写し
・○○作業所パンフレット、利用契約書など
・フェイスシート

第2章 公判段階で活動した例①

自閉スペクトラム症のあるＣさんの場合

Ⅰ 事案の概要

Ｃさん（27歳、男性）は、小さい頃から同年代の友達をつくることが苦手で、学校生活で場の雰囲気にそぐわない行動をとり、周囲となじみにくいタイプの子どもでした。小学生のとき、担任の先生から、発達障害かもしれないのでと診察を勧められましたが、母親はそれを断ってきました。

中学生になると、Ｃさんは不良仲間と交流するようになり、学校をさぼってゲームセンターに行ったり、関心を持ったバイクに熱中するようになり、自分でバイクを改造し、免許がないのにバイクに乗ったりするようになりました。

Ｃさんは、父親と母親、そして６歳年上の兄と同居していましたが、Ｃさんが小学６年生のとき、兄は就職して家を出ていきました。また、Ｃさんが中学校１年生のとき、父親が亡くなりました。それ以降、Ｃさんは母親と２人暮らしをしてきました。しかし、不良の先輩たちと遊んでいるうちに、Ｃさんはほとんど自宅に寄りつかなくなりました。

Ｃさんは、22歳のとき、詐欺未遂で逮捕され、執行猶予判決を受けました。その後、Ｃさんは、真面目に働こうと決めましたが、人間関係でのトラブルが続き、１カ月も経たずに仕事を辞めてしまうような状態でした。Ｃさんは、徐々に家に引きこもるようになりました。

そんな折、Ｃさんの母親が再婚し、Ｃさんは、母親とその再婚相手と、マンションで同居することになりました。再婚相手の男性はとても口うるさく、Ｃさんは再婚相手の男性から「ちゃんと働け」などと毎日言われるようになりました。また、今までＣさんに干渉しなかった母親からも、「あんた、いつ給料持ってくるの」などと言われるようになりました。

Ｃさんは、母親に暴力を振るったり、家の物を壊すようになりました。ある日、Ｃさんはイライラが募って、ガレージに置いてあった再婚相手の男性のバイクのカバーにライターで火をつけたところ、警ら中だった警察官に逮捕されました。

検察官による取調べで当日の行動について聞かれると、Cさんは、朝何時何分に起きて、何をどう料理して食べて、どんな服を着て……と非常に細かく答えたり、被害者に対する謝罪の気持ちがないのか聞かれて、「謝っても燃えたものが直るわけではないので、謝っても意味がない」と答えたりしました。また、「バイクのカバーに火をつけたら、まわりに対してどういう影響があるか」という問いに対して、「まわりのことは自分にはわからない」という答えに固執しました。

そういった受け答えを見て、故意の成立範囲や責任能力に疑問を感じた検察官は、起訴前本鑑定を行いました。

起訴後、Cさんの弁護を担当することになった弁護士が、起訴前本鑑定の鑑定書を読み、Cさんが自閉スペクトラム症の診断を受けていることを知り、東京TSネットに支援依頼を行いました。

支援の要請を受けた東京TSネットでは、事案の内容や、Cさんについていた診断名、地域性に鑑み、発達障害者の支援の経験がある、社会福祉士の鈴木花子さんを更生支援コーディネーターとして派遣することに決めました。

II 事件発生からの経過

Cさんの事件は、発生後、次のような経過をたどりました。

鈴木さんは、まずCさんと家族（とくに再婚相手の男性）との関係を調整することが大事だと考え、Cさんとの面会や家族との面談を、それぞれ複数回にわたって行いました。

最終的には支援チームを組み、Cさんにとっての新たな生活場所を確保したうえ、更生支援計画書を作成し、それを弁護士が証拠として裁判所に提出しました。

4月11日　事件発生、逮捕
7月1日　起訴
7月15日　弁護士、東京TSネットへ支援申込み
7月17日　鈴木さん、弁護士と初回打合せ
7月19日　鈴木さん、本人と1度目の面会
7月30日　鈴木さん、Cさんの母親および再婚相手と初回面談
7月31日　鈴木さん、弁護士と打合せ

８月１日　鈴木さん、本人と２度目の面会、兄と初回面談
８月９日　鈴木さん、Ｃさんの母親および再婚相手と２度目の面談
８月12日　鈴木さん、保健師に相談し、障害福祉サービスの利用申請
８月19日　鈴木さん、グループホーム○○のホーム長○○氏と面談
８月20日　鈴木さん、本人と３度目の面会、支援計画の内容を説明
８月21日　第１回公判期日
８月25日　支援会議開催（弁護士、グループホーム○○ホーム長○○氏、母親、兄、支援コーディネーター）
８月25日　更生支援計画書の原案が完成
８月30日　鈴木さん、本人と４度目の面会、支援計画の内容を説明
９月３日　弁護士、更生支援計画書を証拠として提出
９月24日　第２回公判期日

Ⅲ 更生支援計画案の検討

鈴木さんは、他の支援者と協力し、今回の事件が発生するまでのＣさんの生活の様子、事件時の状況についての情報を収集・分析し、更生支援計画の内容を検討しました。その際、鈴木さんは、次のような仮説を立てました。

Ｃさんには、これまで放火の前科はなく、火をつけるという行為は今回が初めてであることから、放火行為自体との親和性は高くないと評価しました。

また、今回の事件の直接的な原因は、Ｃさんと家族（とくに再婚相手の男性）との関係の不良にあると思われました。そして、Ｃさんと家族との関係が不良である理由として、以下のような説明ができると考えました。自閉スペクトラム症があることが、これまでＣさん本人や家族によって認識されておらず、周囲の人間が障害特性に配慮した関わりを持てていなかったため、Ｃさんがストレスを高め、自己肯定感を低めてしまうような関わりが続いていました。また、Ｃさん自身も周囲に反発するような行動をとり、不適切な交友関係を築いたり、引きこもりがちな生活をしたりしていました。Ｃさんのそのような生活ぶりに家族が厳しく対応したことが状態の悪化を招き、さらに、Ｃさんの行動が家族の態度を硬化させるという、負の連鎖が起こっていると考えられました。

本件後、Ｃさんははじめて自閉スペクトラム症の診断を受けたことから、更生

支援計画では、まずCさんの障害特性への対応を中心にしながら、本人へのストレスを軽減させることをめざすという方針を立てました。

また、本件の行為は放火であり、再発した場合の自他への影響は大きいことから、Cさんと家族との関係の安定を図ることが優先順位の高い課題だと判断しました。

これからの生活について、Cさんは「親から離れて自立したい」と話していました。ただ、いきなり単身生活を始めることには不安を感じており、一人暮らしに向けた練習としてグループホームを紹介したところ、利用したいとの同意を得ることができました。そこでグループホームへ入居したうえで、日中の活動などについて検討することで生活スタイルを変えていき、それを通じてCさんによる自己理解を改善していくことをめざすことになりました。途中からはグループホームのホーム長にも支援会議に加わってもらい、支援ネットワークを広げていきました。

また、支援を進めるにあたっては、その導入のための準備が必要と考えました。Cさん本人、家族ともに自閉スペクトラム症について十分に理解していないことから、鈴木さんは、まず障害の特徴について説明していくことにしました。そのうえで、精神障害者保健福祉手帳を取得することのメリット・デメリットについても説明しました。勾留中のCさんとは面会、家族とは個別面談という形で、双方の不満や悩みについて聴き取り、共感しつつ、お互いが安心してこれからの生活を送る方法について検討していきました。

Ⅳ 更生支援計画の例

C氏更生支援計画書

○○○○年9月3日作成

作成者

氏名　鈴木　花子

所属　一般社団法人東京TSネット

資格　社会福祉士

1　はじめに（作成の経過）

⑴　依頼の経緯

担当弁護人である○○弁護士が、東京TSネットへ支援を申し込んだことによる。弁護士は、7月1日の起訴後、7月15日に起訴前本鑑定の鑑定書を読み、Cさんが自閉スペクトラム症との診断を受けていることを知り、福祉的支援の必要性を感じ、東京TSネットへの支援依頼をした。

東京TSネットとは、罪に問われた障害者の支援に関する調査研究や、福祉的な支援が必要と思われる被疑者・被告人に対して更生支援コーディネーターを派遣して個別のケースの支援を行っている団体である。2015年4月より一般社団法人として法人格を有する。

本件事案につき弁護士から支援の要請を受けた東京TSネットでは、事案の内容等に鑑み、所属メンバーの中から社会福祉士である鈴木花子を更生支援コーディネーターとして派遣することに決定した。

⑵　行った活動

7月17日	弁護士との初回打合せ
7月19日	本人との面会①
7月30日	母親および再婚相手との面談①
8月1日	本人との面会②、兄との面談
8月9日	母親および再婚相手との面談②
8月12日	保健師に相談、障害福祉サービス利用申請
8月19日	グループホーム○○ホーム長○○氏との面談
8月20日	本人との面会③
8月21日	第1回公判傍聴
8月25日	支援会議開催（弁護士、グループホーム○○ホーム長○○氏、母親、兄、更生支援コーディネーター）
8月25日～	更生支援計画書作成（9月3日完成）
8月30日	本人との面会④
9月24日	第2回公判予定日

※　第3回公判期日（判決言渡し）において執行猶予付判決が出された場合、更生支援コーディネーターは、東京拘置所へCさんを迎えに行く予定である。

※　なお、更生支援コーディネーターは、弁護士よりCさんの事件記録一式を借り受け、検討した。

2　本人について

1　本人	氏名	C	性別	男性
	生年月日	○○○○年1月1日	年齢	27歳
2　障害程度・診断	起訴前本鑑定の結果、自閉スペクトラム症との診断を受けている。			
3　成育歴	・両親、本人、兄（6歳上）の4人家族。 ・小学校6年生のとき、兄が独立。 ・中学校1年生のとき、父親が死亡。以降、母親と2人暮らし。 ・中学時代から、学校に行かなくなり、自宅にも寄り付かなくなる。 ・22歳のとき、詐欺未遂で執行猶予となったのをきっかけに就職するも、数カ月で退職。以降、職を転々とする。 ・24歳のとき、母親再婚。本人と再婚相手との折り合いが悪く、ケンカが絶えない。			
4　事件時の生活環境	・逮捕前は、母親とその再婚相手とマンションで同居していた。 ・無職。			
5　アセスメント結果	**1　本人の障害特性と心理状態、社会性についての評価** 　Cさんは、対象事件の捜査段階での起訴前本鑑定の結果、自閉スペクトラム症との診断を受けている。 　Cさんは、学生時代より、自閉スペクトラム症の特性が影響して、集団生活になじむことが困難であったが、障害特性に応じた配慮、教育の機会を得ることはなかった。このような成育歴のため、Cさんは、自己肯定感が低く、いつも寂しさを感じており、不良仲間に誘われるとうれしく感じ、行動を共にするようになった。 　興味関心の対象となったバイクについては、深い知識を蓄え、自分で改造を行うようになり、運転に対する欲求を抑えることができず無免許運転をするようになっていった。 　22歳のときには、振り込め詐欺の出し子役を頼まれたが、指示の内容が飲み込めず、被害者との会話が不自然だったため、未遂に終わったという詐欺未遂の前科がある（裁判の結果、執行猶予）。 　前回執行猶予判決後は、就職し、本人なりに立ち直ろうと努め			

5　アセスメント結果	たが、障害特性も影響し、相手の立場や状況を把握したり、職場の暗黙のルールを理解して、臨機応変な対応をとったりすることが困難であった。そのため、人間関係の悪化を招いて、短期間で退職に至っている。 その後は家にいることが多くなっており、本人も人間関係の築き方に自信を持てない状況である。 **2　家族との関係** 母親はこれまで、Cさんの障害に対する理解・受容がなく、Cさんの抱える困難な状況を、本人のわがままが招いた結果と理解していた。 再婚相手も同様であり、とくに血のつながりのない再婚相手はCさんに対して、働いて家計に貢献するよう、ことあるごとに強く求め、Cさんとの口論が絶えない状況であった。母親も、再婚相手の影響を受け、犯行前は、Cさんに対して、働くことを強く求めるようになっていった。 ６歳年上の兄については、本人が小学校６年生のときに就職して家を出て以来、盆や正月に顔を合わせる程度の付き合いであり、兄は、本人に何らかの障害があるのではないかと薄々感づいてはいたが、それ以上の積極的な関わりはなかった。関係が悪いわけではないが、これまでは親しく交流していない。 **3　事件に至る直接のきっかけ** そのような生活が続くなか、Cさんは再婚相手に対する反発を強め、ストレスをため込んでいったが、これを解消する有効な手段を持たず、また、自分の抱えている感情をうまく扱うことができず、事件当時はイライラが昂じて、突発的衝動的に本件犯行に及んだ。 なお、Cさんには、これまで放火行為はみられず、火への偏ったこだわりや、放火への親和性があったわけではない。 **4　Cさんに対する支援の基本的な方向性** 上記の分析を踏まえると、短期的には、Cさんには、障害を理解してストレスのない生活を送れる環境を確保することが、再び同様の行為を繰り返さないために重要である。今後の生活場所については、親もとを離れグループホームに入居することを本人は希望している。また、費用に関しては、グループホームへの入居を機に自宅を出て生活保護を受給することとしたため、生活保護で対応する。 また、中長期的にみてCさんが豊かな人生を送ることを考えた

5　アセスメント結果	場合、Cさん自身の問題としては、不良仲間との交友や、引きこもりがちな生活スタイルの中で乱れやすかった生活パターンを改善し、健全な生活習慣を身につけること、自分の感情とうまく向き合うこと、自己肯定感を高めること、ストレス耐性を身につけることが重要であり、日中活動としては、障害特性を踏まえて無理のない働き方ができる職場を探すことが重要である。

3　支援について

1　現在までの支援	短期的な目標について、本件は放火の事案であり、今後の生活場所の確保の難航が予想されるケースであったので、まずは家族との同居の可能性を探ることとなった。 弁護士および更生支援コーディネーターが、再婚相手と２度にわたって面談を行い（７月30日および８月９日）、そのなかでCさんの障害特性について説明して理解を求めた。その結果、母親は、不十分ではあるものの、Cさんの障害を理解し始めるようになったが、放火の被害者となった再婚相手はCさんへの批判的態度に変化はみられなかった。 このように、現状では再婚相手がCさんの障害を理解し、Cさんに対してこれまでとは違った受容的態度で接することは直ちには望みがたい。そのため、Cさんが再び母親、再婚相手とすぐに同居することは困難と言わざるをえない。 これを前提とすると、Cさんが釈放後直ちに従前の生活環境に戻ることは、被害者である再婚相手にとって受け入れがたいということに加え、Cさんにとってもストレスから解放されないことを意味するので、好ましいことではないと判断される。 次に、小学６年生のとき以来別居している兄と連絡をとり、受入れ可能性を探ったが、兄はCさんのことを気にかけてはいるものの、結婚し２児とともに賃貸住宅で生活していることから、受入れは物理的・経済的にも困難とのことであった。 一方、Cさんにも今後の生活について話を聴くと、「家には帰りたくない」「自立して生活したい」との希望があった。そのため、グループホームについて紹介したところ、ぜひ利用したいとの意向があった。 そこで、家族との同居以外の方法で生活場所の確保をめざし、東京TSネットのネットワークを通じて発達障害がある人のためのグループホームを探した。

1　現在までの支援	その結果見つかった社会福祉法人○○会が運営するグループホーム○○は、発達障害のある人が多く入居しており、場所としても、兄の家の近くにあることから、ここでCさんが生活することとなれば、Cさんを家に迎え入れることまでは困難な兄にも継続的な関わりを持ってもらうことが期待できた。 　弁護士および更生支援コーディネーターが、グループホーム○○のホーム長である○○氏に面会し（8月19日）、事情を説明したところ、Cさんが釈放され、障害福祉サービス支給決定がされればという条件で、Cさんの入居に関する内諾を得た。釈放までに障害福祉サービス支給決定が未了の場合は、ショートステイの枠組みでCさんを受け入れることとした。 　なお、Cさんはすでに相談支援事業所を通じて障害福祉サービス利用の申請を行っている（添付資料参照）。現在はCさんが勾留中のため、調査員による調査が進まない状況であるが、地元の保健師にはすでに鑑定書記載の障害に関する事実などの情報提供を行って、今後の対応についても相談をしている。釈放後は、それほど時間を置かず、支援区分の認定がおりる見込みである。
2　今後の支援	**1　支援体制** 　当面、数カ月は以下のメンバーからなる支援会議を開催し、支援の達成度の確認や、支援策の見直しを検討する予定である。 （支援会議のメンバー） ・母親 ・兄 ・更生支援コーディネーター　鈴木花子 ・グループホーム○○ホーム長　○○氏 ・就労継続支援B型事業所　施設長　○○氏 ・保健師　○○氏 **2　中長期的な支援目標達成の見込み** 　グループホーム○○ホーム長○○氏は、すでに8月25日に開催した支援会議にも出席して、Cさんおよび対象事件についての情報を共有し、今後の支援に当たることを約束してくれている。 　ホーム長○○氏は、相談支援専門員の資格を有し、発達障害の特性を踏まえながら、入居者の相談に応じ、生活を支援してきた豊富な経験がある。Cさんには、グループホーム○○での生活を通じて、障害特性に配慮された安心した生活、同時に感情をコントロールしながら共同生活のルールを学ぶことが期待できる。 　これまで、自閉スペクトラム症の障害特性への理解や配慮がな

2　今後の支援	かったために、本人の自己肯定感が低かったことを鑑みると、今後は障害特性に理解のある環境で活動することが重要である。そのために、グループホームでの生活に慣れた段階で、就労系の障害福祉サービスである就労継続支援Ｂ型事業所への通所を検討する。すでに、社会福祉法人○○就労継続支援Ｂ型事業所○○の施設長○○氏に本人が見学をすることについて了承を得ている。 　あわせて、グループホーム内での役割を担うことを通じて、Ｃさんが自己肯定感を育むこと、ストレス耐性を身につけることが期待できる。 　そのような支援を通じてＣさんの生活の基盤が整った段階で、一般就労に向けた支援を行い、自立へ向けて取り組んでいく予定である。また、グループホームホーム長や保健師らが中心となり、支援会議を継続して行っていくことも約束してくれた。そこで本人の意向を丁寧に伺いながら、希望する生活の実現を図っていく。

支援コーディネーター	鈴木　花子 緊急連絡先　携帯(○○○-○○○○-○○○○)

添付資料

・障害福祉サービス利用申請書の写し

・グループホーム○○のリーフレット

・グループホーム○○利用契約書のひな形

第3章 公判段階で活動した例②

知的障害と依存症のあるDさんの場合

Ⅰ 事案の概要

Dさん（23歳、女性）は、本人が生まれてまもなく両親が離婚し、母は一人で子どもたちを養うために働いていたことから、年齢の離れた兄に面倒をみられながら育ちました。

Dさんは、小学校から勉強についていくことができず、学校の教師の勧めもあって病院を受診するようになりました。そのことがきっかけで、軽度の知的障害があることが判明しましたが、その後も友達と離れたくなかったことから、普通学級に通いました。中学校のときにも、勉強についていけず、特別支援学級を見学したものの、なじめないと思い、普通学級に通っていました。もっとも、その後、徐々に不登校になり、脱法ドラッグなどを使う友達と関わるようになっていきました。

Dさんは、中学校を卒業後、就職をしましたが仕事が続かず、18歳頃からはガールズバーで働くようになりました。脱法ドラッグから大麻へと使う薬物も変化していき、ガールズバーで働きだした頃から覚醒剤を使うようになっていきました。

Dさんは、交際中の男性とのトラブルなどがあるたびに覚醒剤への依存を強めていき、約2年前に一度、覚醒剤の使用の罪で逮捕されて執行猶予判決を受けました。その後、いったんは覚醒剤の使用を控えるようになっていましたが、交際していた男性との間の子を妊娠・出産してから、子育ての悩みや交際男性との破局などもあり、再度、覚醒剤を使うようになりました。

Dさんは、覚醒剤の使いすぎで急性中毒となり、そのときの様子を見た母親が119番通報し、救急搬送されて精神科に入院することになりました。そして、退院と同時に覚醒剤取締法違反（使用）で逮捕されました。

Dさんの弁護を担当することになった弁護士は、Dさんとの接見中のやりとりから、年齢よりも幼い印象を受けました。そして、過去の経緯を聴いたところ、軽度知的障害と診断され、療育手帳を取得していたことがわかりました。そのうえで、薬物依存だけではなく、幼い子どもを抱えながらの生活に困難を抱えていたことも知り、更生支援コーディネーターの援助を求めました。

支援の要請を受けた東京TSネットでは、事案の内容などに鑑み、婦人相談員として若年の母子への支援経験があるといった理由で、メンバーの中から社会福祉士である吉田明子さんを更生支援コーディネーターとして派遣することに決めました。

II 事件発生からの経過

Dさんの事件は、次のような経過をたどりました。吉田さんは、Dさんとの面会を行い、入院していた病院の医師や家族などにも話を聴き、薬物依存が深刻な段階にあることや障害も相まって、子育てに関する困難を抱えていることなどを把握しました。

そして、必要となる支援を考え、支援チームを構成していきました。そうした内容について更生支援計画にまとめるとともに、法廷で証人として証言もすることになりました。

8月6日　事件発生・病院へ搬送され入院
9月5日　退院と同時に逮捕
9月28日　起訴
9月29日　弁護士、東京TSネットへ支援申込み
10月1日　吉田さん、弁護士と初回打合せ
10月6日　吉田さん、本人と面会
10月13日　吉田さん、本人と面会
10月20日　吉田さん、本人と面会
10月22日　吉田さん、○○病院を訪問、医師○○氏と打合せ
10月27日　吉田さん、本人の家族と家族宅にて打合せ
10月28日　吉田さん、弁護士から開示された証拠などの提供を受ける
11月10日　吉田さん、本人と面会
11月15日　弁護士、更生支援計画書と証人として吉田さんを請求予定であること

を検察官および裁判所へ伝える
11月17日　吉田さん、本人と面会
11月20日　吉田さん、○○市役所を訪問、母子支援課○○氏と打合せ
11月30日　吉田さん、本人と面会
12月１日　吉田さん、更生支援計画の原案が完成
12月３日　吉田さん、本人と面会、更生支援計画書の内容を説明
12月10日　弁護士、裁判所に更生支援計画書と証人尋問を証拠請求
12月20日　第２回公判期日（吉田さんの証人尋問）

Ⅲ 更生支援計画案の検討

本人との面談を繰り返しつつ、医師や母・兄からの聴取内容や、弁護士から提供を受けた証拠資料なども検討したうえで、吉田さんは次のように考えました。

Ｄさんは、覚醒剤の依存傾向がかなり強まっていることがわかりました。また、もともと精神的に不安定なところもあり、自殺未遂のような行為もたびたびみられました。こうしたところから、まずは医療機関と連携し、Ｄさん自身の安全を守る必要性を検討することにしました。

Ｄさんの覚醒剤依存の背景には、知的障害のために他者に相談などを行うことが難しく、自分だけで子育ての困難を抱え込んでいたこと、そのような状況への対処として覚醒剤を使用する以外の方法を知らなかったことなどがあるものと考えられました。そのため、母子の支援とともに、Ｄさんが子育てなどの悩みを相談できる先をつくっていくことが必要だと判断しました。

支援体制としては、まずは①医療機関とつながり、本人の安全を確保することを最優先としたうえで、②日中活動の場や子育てについて相談する場を確保し、本人の居場所をつくっていくことをめざすことを考えました。加えて、③薬物依存についても、自分と同じような悩みを抱えている仲間とつながることができる自助グループ等へも徐々に参加を促すことを考えました。こうした調整を通じて、本人の心情や情緒の安定を図るとともに、相談できる先や居場所を増やしていく支援体制の構築をめざすことにしました。

なお、吉田さんは、弁護士から、Ｄさんは過去に覚醒剤の使用で執行猶予判決を受けており、現在も執行猶予中の状態であることから、基本的には本件につい

ては実刑判決を受けて刑務所に収監される可能性がきわめて高い、と聞いていました。そのため、出所までの間に関係が切れてしまわないように、文通などを通して、Dさんの意向や変化を把握するように努めようとも考えました。

Ⅳ 更生支援計画の例

D氏更生支援計画書

○○○○年12月1日作成

作成者

氏名　吉田　明子

所属　一般社団法人東京TSネット

資格　社会福祉士

第１　はじめに（作成の経過）

１　依頼の経緯

弁護士○○氏より東京TSネットに支援コーディネートの依頼があり、○○○○年９月30日に東京TSネットに登録している支援コーディネーターのなかから社会福祉士吉田明子が支援コーディネートを実施することとなった。

２　支援チームの構成

・社会福祉士　吉田明子（更生支援コーディネーター）

・○○保健センター

・訪問看護ステーション○○

・○○市子ども家庭支援センター

・○○市障害支援課

・○○病院

・NPO法人○○

３　行った活動

⑴　本人との面会　６回

○○○○年10月６日　○○拘置所

○○○○年10月13日　○○拘置所

○○○○年10月20日　○○拘置所

○○○○年11月10日　○○拘置所

○○○○年11月17日　○○拘置所

○○○○年11月30日　○○拘置所

⑵　家族との面会　１回

○○○○年10月27日　自宅にて母・兄と面談

⑶　関係者との面談

○○○○年10月22日　○○病院　○○医師

○○○○年11月20日　○○市母子支援課　○○保健師

４　参照した資料

・刑事裁判の記録

・○病院の診療録

・○小学校・○中学校の成績表

第２　本人について

１　本人	氏名	D	性別	女性
	生年月日	○○○○年○月○日	年齢	23歳
２　障害程度・診断	覚醒剤精神病、薬物依存症（医療保護入院時の○○病院での診断） 軽度知的障害（療育手帳・現在は失効）			
３　成育歴	誕生	長女として出生。両親、兄の４人暮らし。		
	２歳	両親が離婚し、母と兄との３人暮らしに。 一家の生計は主に母が介護の仕事などを掛け持ちして支えていたが、母は仕事で忙しく、普段、本人のことは兄が面倒をみていた。		
	６歳	地元の小学校に入学する。成績は下位。		
	10歳	学校から勧められ、家族に連れられて○○病院に通院を始める。同病院の医師から軽度の知的障害と診断される。療育手帳を取得。		
	13歳	中学校に進学。		
	14歳	中学２年時より不登校気味となる。担任に勧められて特別支援学級を見学したが、「自分がなじめる場所ではない」と感じて、通級にはつながらなかった。 次第に交友関係が悪化し、飲酒、喫煙、脱法ドラッグなどを使用するようになった。		
	15歳	通信制高校に進学するも１カ月ほどしか通学が続かず、中退した。 その後、現場作業の仕事や、アパレルの仕事に就いたが、上司からのセクハラや、勤務していた店舗が閉店となったことから、いずれも１年弱で退職した。 この頃から、自傷行為に至るようになった。		
	16歳	先輩に大麻を勧められたことがきっかけで、本格的に薬物を使用するようになっていった。		
	18歳	ガールズバーで働き始めた。仕事をするうえで周囲のキャストの女性とテンションを合わせるため、覚醒剤を使用するようになった。薬物の切れ目で希死念慮が強まり、リストカットするなど自傷行為が進行した。		
	19歳	気持ちが落ち込むような出来事のたびに覚醒剤を使用するようになる。		
	20歳	交際相手の男性と喧嘩が激しく、時には暴力を受けて家を出て、また戻ってくるというようなことを繰り返		

<table>
<tr><td rowspan="4">3　成育歴</td><td></td><td>していた。この男性との間での性交渉から妊娠し、中絶した。
この期間中もキャバクラで働いていた。</td></tr>
<tr><td>21歳</td><td>妊娠中絶のショックなどもあり、覚醒剤の使用頻度が増えた。
自宅にあった覚醒剤を母が見つけて110番通報し、逮捕された。
懲役１年６月、執行猶予３年の判決を受けた。</td></tr>
<tr><td>22歳</td><td>同じ交際相手の男性の子を再度妊娠したが、すでに中絶も困難な時期となっていた。このとき、子どもへの影響を考え、一時的に覚醒剤の使用をやめた。
生まれてくる子どもを育てられるのかという不安や、暴力的な交際相手の男性との関係に悩んでいた。</td></tr>
<tr><td>23歳</td><td>上記のような悩みから、リストカットや、覚醒剤を再度使用するようになった。
女児を出産したが、初めてで慣れない子育てと交際相手の男性との破局が重なり、覚醒剤を頻繁に使用するようになった。
本人が覚醒剤使用によって急性中毒のような状態になり、異常な様子を見た母が119番通報した。○○病院に救急搬送された後、精神科に約１カ月医療保護入院し、退院後に逮捕された。</td></tr>
<tr><td>4　事件時の生活環境</td><td colspan="2">　事件当時は、妊娠・出産のこともあり、実家に戻って生活していた。兄はすでに独立しており、母と本人と生まれたばかりの長女との３人で生活していたが、母は終日仕事で外出し、帰りも遅かったことから、本人は慣れない子育てを一人で行わざるをえない状況にあった。
　また、事件前には長女の父親にあたる交際相手の男性とも話をし、可能であれば一緒に生活することも希望していたが、交際相手の男性は子の出産を望まず、最終的に交際を解消することになった。
　こうした経緯から、本人は、家族にも交際相手の男性にも見放され、自分だけで長女を育てなければならないという追い詰められた精神状態にあったものと推察される。</td></tr>
<tr><td>5　現在の本人の状況</td><td colspan="2">　留置施設での生活が４カ月程度に及んでいるが、徐々に自分のことを振り返ることができるようになり、落ち着いてきている。</td></tr>
</table>

5　現在の本人の状況	自由な時間は絵を描いて過ごすことも多い。絵が得意なことは本人にとって心の支えになっている。 月に数回、母が本人の長女を連れて面会に訪れている。本人は、母に対して申し訳ない気持ちを持ちつつ、他方でこれまで自分のことを十分に見てくれなかったという気持ちも抱えている。 兄とは手紙のやりとりをしている。薬物をやめ続けることができるようになり、成長した自分になって家族にも会いたいと話している。
6　アセスメント結果	幼少期からの成育歴によると、知的障害の影響のほか、母親との関わりの薄さ、不登校、頻回な転職、周囲から孤立した関係などを経験してきており、生きづらさを抱えていたと思われる。知的障害の影響もあり、本人の内面には伝えたいことがあるにもかかわらず、コミュニケーションを苦手としているために、他者との意思疎通が不十分となることがこれまで多かった。このような経験は、本人の易怒性、暴力性を助長する原因になったと考えられる。 また、本人との面会の際に聴き取った内容によれば、成長とともに理想の自分と現実との間にギャップを感じていたことがうかがわれた。学年が上がり、周囲の同級生が受験勉強などを始めると学校に居場所がなくなり、それが不登校につながった。そして、これまでの周囲との関係を代替する形で不良交友が始まっている。 違法薬物から得られた効果は、日常では得られない強烈な刺激や興奮、友人や交際相手などとのつながり、承認欲求が満たされる体験、自身の苦しい状態を忘れることなどであり、自我の不安定な時期にあって本人にとっては大きな影響であったものと考えられる。薬物の影響下では、こうした効果が短時間のうちに大きな労力をかけることなく体験できる。そのため、本人が薬物使用を繰り返し、依存症が深刻化したものと考えられる。 しかし、薬物による効果は一時的なものであり、現実の社会で自立して生きていくための足がかりとはならない。むしろ、薬物乱用・依存が進めば情動のコントロールに困難をきたすことが予想され、ますます現実に根差した生活から遠のくことになる。薬物の使用とともに自傷行為を行うようになった背景には、このような事情があると考えられる。 自身の能力的な制約やこれまで身を置いてきた環境のため、本人には自分の状況や困難について相談できる人や場所が存在しなかった。そのため、薬物使用によって対処するという方法しか選

6　アセスメント結果	択できなかったと思われる。 　本人が必要としているのは、ありのままの自分が受け入れられ、安心して過ごすことができる場を得て、相談をして自身の悩みを解消する体験を重ねることである。それによって、自己や社会を肯定する実感を得ることこそが本人に求められることであり、ひいては薬物の再使用の防止にもつながる。 　本人は、自身の依存の原因を見つめ直すようになっており、「薬物依存は、生き方の問題や考え方の歪みが変わらないと治らない」と話している。地域の社会資源とつながり、相談できる場や頼れる先を持ちながら実社会で生きていく力を習得していくことが本人にとっての更生である。

第3　今後の支援について

1　支援方針	薬物依存から回復するため医療につなげるとともに、母子で安定した地域生活を送るため、自立支援と環境構築を行う。
2　具体的支援	短期（受刑中から釈放後10日以内） ・文通などにより、本人とのつながりを保つ。 ・出所後にどういう生活を希望するかなどについて、受刑中から本人より聴き取り、なるべくストレスのない地域移行・定着を図る。 ・釈放時は地域の関係機関に参加を依頼しケース会議を行う。 ・本人および家族が地域の関係機関と速やかに面談する機会を設ける。その際、本人のニーズとそれぞれの役割を整理し、確認する。 ・児童手当、児童扶養手当、児童育成手当の受給申請を行う。 ・療育手帳の再交付申請を行う。 ・○○病院を受診する。 　本人の依存症状や希死念慮との関係で、主治医に入院治療が適当かどうかについて相談し、入院が必要な場合には入院をする。通院の場合は訪問看護の利用について相談する。希死念慮が強く、場合によっては危機介入の必要性が見込まれることから、在宅ケアの場合は、ACT（包括型地域生活支援）によるサービスを受けられないか、相談する。
	中期：1カ月～1年以内 ・NA（ナルコティクス アノニマス：薬物依存からの回復をめざす当事者の集まり）への参加を促す。

2　具体的支援	・デイケアなど日中活動の場につなげる。とくに、怒りなどの感情をコントロールする方法を身につけることは、生きにくさの軽減や現実世界との折り合いのつけ方を習得することにつながると考えられることから、感情のコントロールについて学ぶ場を積極的に紹介する。 ・養育者として、長女との適切な関わり方を学ぶ機会を得る。子育て支援のNPO法人につなぎ、子どもを育てていくうえでの悩みについて相談できる場所をつくる。 ・就労支援を行う。具体的には、本人が望んでいる「絵を描く仕事」に就くため、どういう方法があるのか、職業訓練などを受けるのであれば費用はどのくらいかかるのかなどを調べ、実現のための手立てを一緒に模索する。
	長期 ・母子で安心安全な生活を送るため、地域での見守りを継続する。具体的には、訪問看護、保健師や子ども家庭支援センターによる定期面談や定期訪問などを設定する。その他、状況に応じ、ひとり親支援、障害者支援、生活困窮者自立支援の利用の提案を検討する。 ・本人の更生と長女の成長のためには母からサポートを受けることが必要だと考えられるので、家族支援を充実させる。具体的には、一家が孤立に追い込まれないよう地域で連携し見守るとともに、周囲へSOSを出す意義や重要性を本人や家族に対して伝えていく。
3　支援体制	○○保健センター 訪問看護ステーション○○ ○○市子ども家庭支援センター ○○市障害支援課 ○○病院 NPO法人○○
4　まとめ	薬物依存から離脱することは容易なことではなく時間もかかるため、長期的な視野に立ち、本人の取組みを多方面からサポートすることが求められる。また、子の育ちに応じて、支援が途切れてしまわないように関係機関で十分に連携することが必要である。 　本人はまだ若く、成長の過程にある。違法薬物の使用以外の問題解決の方法を身につけていくことをめざして、本人の持つ力を信じて支援にあたりたい。

支援コーディネーター	吉田　明子 ※緊急連絡先　○○○-○○○○-○○○○

第4章 公判段階で活動した例（保釈ケース）

知的障害と発達障害のあるEさんの場合

I 事案の概要

Eさん（28歳、女性）は幼いときに発達の遅れがわかり、小学生の頃から特別支援学級に通級していました。その後に特別支援学校に通い、障害者雇用なども経験しました。もっとも、Eさんは、幼い頃に障害を理由にからかわれたことがあり、自分に障害があることを他人には伝えたくないという気持ちがあったようです。

障害者雇用で働いていた会社を退職した後は、飲食業や介護、スーパーやコンビニ店員などの仕事をいくつも経験しましたが、いずれも人間関係を理由に短期間のうちに退職していました。どの職場でも、Eさんに障害があることを知らない上司や同僚などから指示を守れないことを責められ、次第に孤立していく状況がありました。

就職後、一人暮らしをしたこともありましたが、地域のゴミ捨てのルールがわからなくて自室にゴミが溜まっていたり、お金の管理がうまくできずに給料日前に所持金を使い果たしてしまったりして生活がうまくいかず、会社を退職してからは実家に帰って生活をしていました。ただ、Eさんにとっては家族よりも友達や恋人と一緒に過ごすほうが居心地がよく、家族と暮らしながらも頻繁に外泊をしていました。

そのような生活の中で遊ぶお金に困り、仕事をしたいと遊び仲間に相談したところ、手っ取り早くお金を得るにはSNSでアルバイトを探すといいと言われ、SNSを使って仕事を探すようになりました。そこで、最初は違法行為であるとは気づかないまま、闇バイトに応募してしまいました。

途中で違法行為だと気づいたEさんが指示役に仕事を辞めたいと伝えたところ、はじめは優しいと思っていた指示役から、断れば家族などに危害が及ぶことを告げられました。Eさんは個人情報も渡してしまっていたことから怖くて断れないと思い、受け子・出し子（特殊詐欺のお金の受取役や引出役）として事件を起こして逮捕されることになりました。

起訴後、実家を制限住居にして保釈が認められました。しかし、弁護士が本人や家族に話を聴いたところ、深夜に出かけることを繰り返すなど、本人の保釈中の生活は安定せず、家族も疲弊していることが伝わってきました。また、Eさんは、友人が多く活動的であるなどの良い面も多くある一方で、家族から受ける注意の真意を理解することが難しく、衝突を繰り返すことで自信を失っている様子でした。

そこで、弁護士は、本人の今後の安定した生活を考えるためには障害や福祉サービスについての専門家の協力が必要だと考え、東京TSネットに支援依頼を行いました。

支援の要請を受けた東京TSネットでは、事案の内容などに鑑み、知的障害のある人への支援の経験があるという理由で、メンバーの中から社会福祉士・精神保健福祉士である斎藤一彦さんを更生支援コーディネーターとして派遣することに決めました。

II 事件発生からの経過

Eさんの事件は、事件発生後、次のような経過をたどりました。斎藤さんは、まず保釈されているEさんとの面会を行いました。実際に家庭を訪問して家族・本人の双方と話し合い、具体的な活動を開始することにしました。

保釈中、Eさんは深夜に遊びに出かけるなどを繰り返しており、その理由を聴くと、家にいても退屈で、家族から叱られ続けるので居場所が欲しいと思って出かけていることがわかりました。Eさんは活動的で、また仕事をしたいという意欲がありましたので、福祉サービスの見学をしたところ、利用をすることにも前向きな様子がみられました。

そこで、Eさんの良いところや特性も踏まえて支援をしてくれるように支援チームを構成していき、また、家族とも良い関係が維持できるように支援体制を構築していきました。

斎藤さんは、更生支援計画書を作成したうえで、裁判では、アセスメントの結果や支援体制について証言をしました。

８月22日　事件発生
９月６日　起訴
10月４日　弁護士、東京TSネットへ支援申込み
10月11日　斎藤さん、弁護士と初回打合せ
10月14日　斎藤さん・弁護士、本人・家族と面会
10月22日　斎藤さん、本人と面会
10月27日　斎藤さん・弁護士、本人・家族と面会
11月10日　相談支援事業所、本人とカンファレンス
12月５日　本人と就労移行支援事業所見学
１月26日　弁護士、本人、家族を含めたカンファレンス実施
１月30日　斎藤さん、更生支援計画書完成
２月３日　斎藤さん、本人と家族に更生支援計画の内容を説明
２月15日　弁護士、裁判所に更生支援計画書と斎藤さんの証人尋問を証拠調べ請求
２月25日　第２回公判期日（斎藤さんの証人尋問）

Ⅲ　更生支援計画案の検討

斎藤さんは、弁護士と協力して、今回の事件が発生するまでのＥさんの生活の様子や事件時の状況についての情報を収集・分析しました。また、Ｅさんは保釈中だったことから、実際にＥさんが生活する家庭への訪問なども行い、更生支援計画の内容を検討しました。

その結果を踏まえて、斎藤さんは次のように考えました。

Ｅさんは軽度知的障害を有していましたが、10代の頃に障害者雇用で働いていた経験以外、福祉サービスを利用したことはありませんでした。また、本人は断るのが苦手だったり、短期記憶を保持することが苦手で仕事も長続きしなかったりしており、障害の特性は生活にも大きな影響を与えているようでした。また、まわりの話やゴミ出しなどの日常的なルールもうまく理解できていないなどの能力的な制約もみられ、こうした本人の様子からは福祉的な支援が必要であることが考えられました。家族はそうした本人を支えてきた一方で、お互いに距離がとれない環境のなかで疲弊してきている様子がありました。

そこで、今後の支援体制としては、まずは①グループホームなどの自宅外で住居の確保を行うこと、②生活を安定させるためにグループホームの世話人に金銭管理や家事援助の支援を行ってもらうこと、③就労移行支援事業を利用して就労に向けた準備をすること、が必要であると考えました。

このような支援をしてくれる場所として、グループホームを運営している社会福祉法人○○と就労移行支援事業を行っている○○に打診をして、本人による見学や事前面談も踏まえて利用の了承を得てサポート体制を構築していきました。

Ⅳ 更生支援計画の例

E氏更生支援計画書

○○○○年１月30日作成

作成者

氏名　斎藤　一彦

所属　一般社団法人東京TSネット

資格　社会福祉士・精神保健福祉士

1　はじめに（作成の経過）

⑴　依頼の経緯

弁護士○○氏より東京TSネットに支援コーディネートの依頼があり、○○○○年10月４日に東京TSネットに登録している支援コーディネーターのなかから斎藤が支援コーディネートを実施することとなった。

⑵　行った活動（本人・家族・関係者との面談日時、回数）

本人との面会：合計７回

○○○○年10月14日、22日、27日……

家族との面会：３回

○○○○年10月14日　　弁護士事務所

○○○○年10月27日　　弁護士事務所

……

弁護士との打合せ：３回

○○○○年10月14日　　弁護士事務所

○○○○年10月27日　　弁護士事務所

○○○○年１月26日　　弁護士事務所（家族含めたカンファレンス）

関係機関との打合せ：６回

○○○○年11月１日　　療育支援元担当者と面談

○○○○年11月10日　　相談支援事業所・本人とカンファレンス

○○○○年12月５日　　就労移行支援事業所見学同行

……

2　本人について

<table>
<tr><td rowspan="2">1　本人</td><td>氏名</td><td>E</td><td>性別</td><td>女性</td></tr>
<tr><td>生年月日</td><td>○○○○年○月○日</td><td>年齢</td><td>28歳</td></tr>
<tr><td>2　障害程度・診断</td><td colspan="4">・療育手帳（軽度）
・○○○○年　主治医診断書
医学的所見：「軽度知的障害」「注意欠如・多動性障害」
WAIS：FIQ60</td></tr>
<tr><td>3　成育歴</td><td>誕生</td><td colspan="3">○○県○○市にて出生。両親と兄、妹と生活。</td></tr>
</table>

3　成育歴	6～12歳	地元の小学校に入学。 小学校３年生までは普通学級に在籍。 療育センターの記録によると、掛け算や２桁の足し算ができず、指導されてもうまく理解できていない様子があると記載されている。 ４年生から特別支援学級に移籍。
	13～15歳	地元の公立中学校に進学。支援学級に在籍。 同校の記録によると、学校内ではとくに目立った問題はないが、家庭内では注意されると家出したり怒って物に当たるなど、問題行動があったとの記載がある。 学校の勧めで現在の通院先の医療機関を初診。
	16～18歳	特別支援学校高等部に進学。療育手帳を取得。 卒業後は一人暮らしをして障害者雇用で就労する。ゴミ捨てのルールがわからず、自室にゴミを溜め込んでいた。
	19～28歳	軽作業や介護の仕事を転々とする。 人間関係のトラブルや仕事がうまく覚えられず、居づらくなって半年ほどで退職をしている。 友人や恋人の家を転々とし、友人と喧嘩をすると家に帰ってきて家族と過ごしていた。
4　事件時の生活環境	事件当時は家族と同居していたが、友人や恋人の家に頻繁に外泊していた。働いていないときの収入源はお小遣い制で、不足するときには家族に相談してその都度もらうようにしていた。 地元の友人との付き合いがあり、深夜に出かけることも頻繁にあった。	
5　現在の本人の状況	家族と同居。毎週定期的に通院をしている。 近隣で育児をしている妹とは仲が良く、保釈期間中はよく子どもの面倒をみていた。恋人とは保釈期間中に関係を修復しており、将来的に一緒に生活ができるように話し合っている。 保釈された当初は即時の就労を考えていたが、現在は福祉サービスを利用しながら自身の特性を理解していくことを望んでいる。	
6　アセスメント結果	**【本人の知的障害について】** 本人は軽度知的障害の診断を受けている。本人の知的な特性について「理解力の障害」「コミュニケーション上の障害」「社会的認知の障害」の３つの観点から説明する。 **・理解力の障害**	

6　アセスメント結果	幼少期から本人は九九などの比較的簡単な計算ができず、指導された内容の理解が難しかったりするなど、知的な能力の制限があった。そのため、複雑な思考や概念的理解にも制約があり、コーディネーターとの面談では、質問した内容について繰り返し聞き返したり、短文の質問でないと理解できない場面があった。 こうした理解力に関する障害は、その場に適した対処方法を理解し選ぶことや、状況に応じたストレス対処や感情のコントロールを困難にしていることが考えられる。実際に保釈期間中にも、本人が家族から叱られたときには号泣してその場から動けなくなったり、時には家出をしたり、自傷行為をしたり、感情のコントロールができなくなることがあった。 また、複数の支援者から繰り返し内省を促される一方で、本人は「何を求められているのかわからない」と話し、結果として周囲との意思疎通のズレがたびたび生じていた。 知的障害の影響により、状況を理解して対処する本人の能力には一定程度の制限があり、今後、社会生活を営むうえでは、こうした理解力の障害に応じたサポートが必要であることが考えられる。 **・コミュニケーション上の障害** 診断書によれば、「言葉が流暢である」一方で、「指示の確認ができないこと」「場の雰囲気に流されやすいこと」がある。本人も断ることが苦手であるという意識はあり、その場の雰囲気を優先しやすいことを話していた。 一方で、コーディネーターが本人と今後の支援について話し合ったところ、生活支援について具体的な要望があった。 以上のことからは、本人はコミュニケーションの機能において「要求(やりたいことや希望)」の表出は比較的得意だが、「断る」ことが苦手である可能性が考えられる。 診断書では能力のバラつきが激しいことも指摘されており、少なくともコミュニケーションにおいては、本人のできることとできないこととの間には著しい差があるため、今後はコミュニケーションに関する支援や訓練が必要だと考えられる。 **・社会的認知の障害** 診察や施設見学にコーディネーターが同行したところ、本人が相手の雰囲気に基づいて「良い人」「悪い人」を判断している場面があった。やさしい雰囲気の人を「良い人」、怒っている雰囲気の人を「悪い人」と判断する傾向があり、本人も「良い人だと思っても騙

6　アセスメント結果	されることが多かった」と話すなど、こうした自分の傾向についてはある程度認識している様子であった。 　また、深夜の外出を控えるように家族から注意を受けると、それが心配した声音や表情であっても、「家族は怒っている」と捉えていた。そのことについて、後日振り返りを行うと、「家族には施設に通って許してもらう」と話しており、家族の意図とは食い違いが生じていた。 　上記のことから、本人は相手の表情や声音から感情を予測して自分なりに対策を考えるが、相手の意図や状況について本人が読み取っている内容は、相手が伝えようとしたり、求めていたりするものとは合致していないことが考えられる。そのため、社会的文脈において適切な対処法というものを本人が自分一人で考え、実行することは難しいと考えられ、それゆえ、本件犯行を指示された際に警察に相談する、家族に相談するということもできなかったと考えられる。 **【本人の注意欠如・多動性障害について】** 　診断書では、注意力や短期記憶能力の弱さから見通しを立てづらく、衝動性も高いことが示されていた。 　本人に話を聴いたところ、「指示されてもすぐ忘れる」「メモしてもどこかに失くしちゃう」「繰り返し聞いて怒られて、嫌になって仕事を辞めてきた」などの話があった。コーディネーターとの面談の際にも、話している途中で質問された内容を忘れ、内容を確認する場面もあり、短期記憶に制約があり、それによって社会生活にも困難をきたしていたことがうかがわれる。 　また、実際にコーディネーターが自宅を訪問すると、本人の居室内は乱雑としており床に足の踏み場がなく、今は使っていない自転車や電子レンジなどが置かれていた。本人によると粗大ゴミの捨て方がわからずそのままになっており、本当は片づけたいが別のことに意識がいって片づけられないとも話していた。 　母親にも話を聴いたところ、本人が一人暮らししていたときもゴミの捨て方がわからなかったようで、借りていた部屋にはいつもゴミが散らかっていたとの話があった。 　こうした本人や周囲の話からは、これまでも日常生活で困りごとがあったときにも対応は後回しになりやすく、就労や日常生活の維持が困難であったこと、そのため、今後も日常生活や就労生活において本人の特性に理解のある支援や配慮が必要になると考

6　アセスメント結果	えられる。 **【事件に至るきっかけ】** 　当時、本人は仕事を辞めてお金に困っており、友人にお金に困っていると話したところ、SNSで仕事を探すといいと言われ、仕事を探すようになった。SNSに掲載されていた仕事募集の投稿を見て連絡をし、スマートフォンで面接を受けた。最初は詐欺とは思わず、途中で気づいたが、大きな組織だから断ると家族に危害が及ぶと聞いて怖くなり、指示どおりに行動するようになった。 　前記の知的障害の特性から、相手方が大きな組織であって報復の危険性が本当にあるのかどうかの判断が難しく、また、断ることよりも指示されたとおりに動くほうが本人にとっては行動しやすかったことから、警察に相談するなどの適切な対処をとることができなかったと考えられる。 　また、事件当時の本人はどこにも支援機関につながっておらず、これまで利用したことのある支援機関についても、本人にとっては自分に怒ってくる怖い人たちという印象があり、安心して相談できる場所ではなかった。 　以上のように、専門的な支援を受けることがなく、安心して相談できる他者が存在しなかったという環境的な要因は、今回の事件に大きな影響を及ぼしているものと考えられる。 **【今後の支援内容の検討】** 　診断書には「自分なりに困り感があり、適した福祉制度の利用が望ましいこと」と記載がされている。また、本人も今後、金銭管理や部屋の清掃、就労支援などのサポートを受けたいと考えており、現在は福祉サービスの利用に向けて前向きになっている。実際に受給者証の申請もすでにしてあり、本人の望む福祉サービスが利用できるように調整がなされている。 　今後はグループホームに入居して生活保護を受けながら生活し、お金の管理は世話人と相談しながら練習をして、コミュニケーションについては就労移行支援事業所で学び、困ることがあったときには本人の話しやすい同性の相談支援専門員に相談できる環境が整いつつある。今後は医療や福祉サービスを定期的に利用するなかで、本人自身も自分の知的な特性を理解し、そのときどきで何が起こっているのかを支援者と定期的に振り返り、対処能力を高めていくことが重要である。

	本人が安心して相談できる環境を整えていくことは、本人の安定した生活を維持していくためにも欠かせないものと思われる。

3　支援について

1　支援方針	・安心して相談できる人を見つけていく ・福祉サービスを使いながら、今後の生活について考えていく
2　具体的支援	短期（裁判から１カ月） ・グループホームに入居し、生活保護の申請を行う ・就労移行支援を使って日中の過ごし方の選択肢を増やす ・利用を定着していけるように相談支援専門員やコーディネーターと定期的に面談をして振り返る
	中期（裁判から半年） ・就労移行支援のプログラムを通じてコミュニケーションや生活のスキルを高める ・世話人に金銭管理やゴミ捨てなどの手伝いをしてもらい、生活の維持の方法を学ぶ ・相談支援専門員は定期的な振り返りを行う
	長期（半年以降） ・就労移行支援事業所に通所し、実習などを通して障害者雇用について学ぶ ・相談支援専門員は定期的に支援状況を振り返り、必要に応じて各サービスの調整をしていく
3　支援体制	・メンタルクリニック：○○○○医師 ・相談支援事業所○○：○○○○氏（担当者） ・就労移行支援事業所○○：○○○○氏（サービス管理責任者） ・グループホーム○○：○○○○氏（管理者） ・東京TSネット：斎藤一彦
4　まとめ	今回の事件は、軽度知的障害や注意欠如・多動性障害を有する本人が、その特性を理解した適切なサポートする環境が存在しない孤立した環境の中で、本人の障害特性が影響を及ぼすなか起こされたものと考えられる。 これまでは家族が本人のサポートを行ってきたが、障害に対する専門的な見地を踏まえてサポートをできる状況にはなく、家族も本人と同様に孤立した状態にあった。

4　まとめ	今回のコーディネートを通じて本人も支援を希望するようになっており、実際に各支援機関に利用の受入れを了承されるところまで至っている。そのため、現在は専門的なサポートが受けられる環境が整いつつある。本人に対して前向きに関わる支援者が増えていくことは、孤立した状況から抜け出し、安定した生活を継続するためにも重要なものと考えられる。

支援コーディネーター	氏名：斎藤　一彦 所属：一般社団法人東京TSネット ※緊急連絡先 Tel: ○○○-○○○○-○○○○

添付資料

・療育手帳の写し

・主治医の診断書

第5章 公判段階で活動した例(裁判員裁判)

妄想性障害のあるFさんの場合

I 事案の概要

Fさん(50歳、男性)は、幼少期から一人でいることが多く、友人もほとんどいませんでしたが、学校には毎日真面目に通っていました。卒業後は一人暮らしとなり、工場などで一生懸命働いてきました。給与を遊びなどに使うことはほとんどなく、貯金を続けていました。しかし、37歳頃に身体的な負担や人間関係を理由にして退職しました。その後、介護職などに就くものの、リウマチの診断を受け、仕事を続けられない状態になりました。その後は、貯金を切り崩す生活となりました。

48歳頃からは、近所の人たちから「嫌がらせ」を受けていると感じるようになりました。とくに、アパートの隣の家に住むXさんが「嫌がらせ」の首謀者であり、近所の人たちに「嫌がらせ」をさせていると思い始めました。Fさんによれば、アパートに帰る途中の道では、アパートの隣の家に住むXさんとその友人がコソコソ自分の話をしており、家に一人でいるときも誰かに監視をされていると感じるようになりました。またFさんは、XさんがFさんの家族などにも「なんであんな人を住まわせているんだ」とクレームの電話を入れていると思っています。Fさんは、このような「嫌がらせ」に日々さらされるようになりました。

このような状況が2年ほど続き、これ以上「嫌がらせ」に耐えられないと感じたFさんは、ナイフを持ってXさんの家を訪問し、ドアから出てきたXさんをナイフで刺そうとしましたが、Xさんが抵抗したために腕にケガをさせるにとどまりました。その後、Fさんは家に戻りましたが、近所の人が通報し、駆けつけた警察官に逮捕されました。

弁護士は、捜査段階でFさんの話を聴いて精神障害があるのではないかと考えたものの、起訴前鑑定は実施されず、Fさんは、殺人未遂と銃砲刀剣類所持等取締法違反で起訴されました。そこで、弁護士は、精神鑑定を請求してFさんの障害について明らかにするとともに、今後の支援体制を検討したいと考え、東京

TSネットに支援依頼を行いました。

支援の要請を受けた東京TSネットでは、事案の内容などに鑑み、精神障害のある人の支援の経験があるという理由で、メンバーの中から社会福祉士・精神保健福祉士である後藤健太さんを更生支援コーディネーターとして派遣することに決めました。

II 事件発生からの経過

Ｆさんの事件は、発生後、次のような経過をたどりました。後藤さんは、まずＦさんとの面会を行いました。その後、Ｆさんの精神鑑定を行うことになったため、その結果を踏まえ、家族との面談などの具体的な活動を行いました。そして、必要となる支援を考え、支援チームを構成していきました。

また、本件は裁判員裁判対象事件だったことから、更生支援計画を作成したうえで、裁判ではパワーポイントを使ったプレゼンテーション形式で証人として証言をしました。

５月22日　事件発生
６月12日　起訴
６月17日　弁護士、東京TSネットへ支援申込み
６月24日　後藤さん、弁護士と初回打合せ
７月１日　後藤さん、本人と面会
８月21日　精神鑑定が実施されることが決定
10月25日　精神鑑定書が弁護士から後藤さんに開示される
10月31日　後藤さん、本人と面会
11月10日　後藤さん、家族と電話
11月13日　後藤さん、本人と面会
12月19日　後藤さん、本人と面会
１月18日　後藤さん、本人と面会
１月24日　後藤さん、NPO法人○○に連携の依頼
２月１日　後藤さん、本人と面会
２月４日　後藤さん、NPO法人○○施設長○○○○氏と打合せ

2月6日　後藤さん、NPO法人○○施設長○○○○氏と打合せ
後藤さん、○○病院○○○○医師と打合せ
2月20日　後藤さん、家族と電話
2月25日　後藤さん、更生支援計画書を完成
2月28日　後藤さん、本人と面会、更生支援計画の内容を説明
3月5日　弁護士、裁判所に更生支援計画書と後藤さんの証人尋問を証拠調べ請求
3月15日　第2回公判期日（後藤さんの証人尋問）

Ⅲ 更生支援計画案の検討

後藤さんと弁護士は、精神鑑定の結果も踏まえたうえで、あらためて、今回の事件が発生するまでのＦさんの生活の様子、事件時の状況についての情報を収集・分析し、更生支援計画の内容を検討しました。その際、後藤さんは次のように考えました。

精神鑑定によれば、「体系化した被害妄想が、本件犯行の動機形成に直接的な影響を与えた」とあり、今回の事件の背景には、妄想性障害による「嫌がらせ」というＦさんの妄想の影響があると思われました。拘置所での面会時においても、自身の行動がきっかけで裁判官が変わったなどの発言もみられていることから、現時点でも精神面の安定のために通院は必要不可欠だと考えられました。しかし、Ｆさんには、これまで精神科への通院の経験はなく、地域で生活をするにあたっては、通院先の確保と定期的な通院が必須となるものと考えました。

したがって、まずは①住居を確保すること、②通院できる精神科病院を確保することが必要となると考えました。加えて、精神症状について本人が自覚できないこともあり、通院だけではなく、訪問看護やデイケア等を利用することで本人が日常的に関わる人を増やし、相談できる相手や、本人の様子に変化がみられた際に気づくことができる人を確保することなどによって、支援体制を構築することにしました。

Ｆさんにも面会の都度相談しながら、このような支援をしてくれる場所としてNPO法人○○に打診をし、利用の了承を得ました。そして、医療機関なども含めたサポート体制を構築していきました。

Ⅳ 更生支援計画の例

F氏更生支援計画書

○○○○年３月６日作成

作成者

氏名　後藤　健太

所属　一般社団法人東京TSネット

資格　社会福祉士・精神保健福祉士

第１　はじめに（作成の経過）

１　依頼の経緯

弁護士○○氏より東京TSネットに支援コーディネートの依頼があり、○○○○年７月20日に東京TSネットに登録している支援コーディネーターのなかから後藤が支援コーディネートを実施することとなった。

２　支援チームの構成

社会福祉士・精神保健福祉士　後藤健太（更生支援コーディネーター）

NPO法人○○　施設長　○○○○氏

医療法人社団○○　○○病院　医師　○○○○氏

医療法人社団○○　○○病院　医療ソーシャルワーカー　○○○○氏

基幹相談支援センター○○　相談支援専門員　○○○○氏

３　行った活動

⑴　本人・家族・関係者との面談日時、回数

本人との面会：７回

○○○○年７月１日　　東京拘置所

○○○○年10月31日　東京拘置所

○○○○年11月13日　東京拘置所

……

家族との電話：２回

○○○○年11月10日　電話

○○○○年２月20日　電話

NPO法人○○○○　○○施設長との打合せ：２回

○○○○年２月４日

○○○○年２月６日

医療法人社団○○　○○病院　○○医師、○○ソーシャルワーカーとの打合せ：１回

○○○○年２月６日

基幹相談支援センター○○　○○相談支援専門員との打合せ：２回

○○○○年2月6日

○○○○年2月8日

⑵　収集した資料

・NPO法人○○　パンフレット（添付資料１）

・医療法人社団○○　○○病院　パンフレット（添付資料２）

第２　本人について

<table>
<tr><td rowspan="2">１　本人</td><td>氏名</td><td>F</td><td>性別</td><td>男</td></tr>
<tr><td>生年月日</td><td>○○○○年○月○日</td><td>年齢</td><td>50歳</td></tr>
<tr><td>２　障害程度・診断</td><td colspan="4">○○○○年10月に精神鑑定で妄想性障害（被害型）と診断された。自閉スペクトラム症については、特性は認めるものの確定診断には至っていない。
妄想と思われる症状については、「公判前整理手続での自身の言動がきっかけで裁判官が交替した」「自身の言動がきっかけで弁護士が懲戒処分となってしまうかもしれない」などの発言が面会時においてもみられた。
その他、関節リウマチ、右網膜中心静脈閉塞症、慢性Ｂ型肝炎、左耳鳴症、紫斑病の既往歴がある。自身の体調の変化には敏感であり、面会時にも関節リウマチから起因する体調不良に関する訴えがあった。</td></tr>
<tr><td rowspan="8">３　成育歴</td><td>誕生</td><td colspan="3">○○で生まれる（父、母、３人家族）</td></tr>
<tr><td>12歳</td><td colspan="3">○○市立○○中学校　入学
自宅で一人いることが多かった。</td></tr>
<tr><td>15歳</td><td colspan="3">○○県立○○工業高校　入学
高校には奨学金を受けて進学しており、お金のかかる遊びはしなかった。</td></tr>
<tr><td>18歳</td><td colspan="3">○○工業株式会社　入社
工場内の製造の工程で働いていた。</td></tr>
<tr><td>22歳</td><td colspan="3">○○工業株式会社　退社
○○株式会社　入社</td></tr>
<tr><td>34歳</td><td colspan="3">父、病死</td></tr>
<tr><td>37歳</td><td colspan="3">○○株式会社　退社
身体の負担や人間関係などが退社の原因であった。</td></tr>
<tr><td>41歳</td><td colspan="3">社会福祉法人○○　入社
特別養護老人ホームでの介護職
リウマチの疑いがあると言われる。
夜勤への対応がつらくなり退社。</td></tr>
</table>

3　成育歴		その後は体調のいいときに日雇いの仕事などをしていた。
	42歳	預金を切り崩して生活するようになる。
	45歳	リウマチと診断される。
	48歳	この頃からアパートでの生活において嫌がらせを受けていると感じ始める。
	50歳	本件発生
4　事件時の生活環境	○○○○年頃（41歳頃）にリウマチの疑いがあると言われ、体調不良の訴えが頻回になり、その後退職。以降、定職には就いていない。 一人でアパート暮らしをしていたが、この頃から近隣の住民などから「嫌がらせ」を受けていると感じるようになった。もっとも、本人が受けていたという「嫌がらせ」については事実が確認できず、妄想性障害による妄想に起因するものと考えられるが、本人は当時、自身が受けている「嫌がらせ」が妄想によるものとは自覚することができないでいた。そのため、本人は四面楚歌のような状況であると感じており、追い詰められていたと推察される。	
5　現在の本人の状況	拘置所での面会では、こちらの発言の意図を汲むことができており、返答も明確であった。体調の変化に対する敏感な反応が顕著にみられ、一種のこだわりのように感じられた。また、スケジュールについては、メモを残すなどして非常に細かく把握しており、几帳面な性格がうかがえた。 現在の自分自身の置かれた状況と先行き（裁判の行方など）が気になっているようで、これからの地域生活についてまでは想像が及ばない場面があった。リウマチ、B型肝炎の治療のため通院先の確保に関して、一貫して心配であると訴えている。 精神科への通院については積極的ではないものの、妄想性障害の診断には一定の理解を示している。 精神障害者保健福祉手帳や障害福祉サービスについても、取得や利用について積極的ではないものの、取得と利用に対する拒否はない。	
6　アセスメント結果	・質問に対しては、質問者の意図を汲もうとして熟慮しながら回答する様子があり、元来丁寧な対応をする性格がうかがえた。 ・服薬などの管理はこれまで自力で行っており、通院も単独で可能と思われる。 ・自身の体調の変化には敏感であり、これらの変化について相談	

6　アセスメント結果	ができる体制は必要である。 ・一人暮らしの経験が長く、生活能力は高い。調理についても簡単なものは自分で作ることができる。 ・住居については、これまで住んでいたアパートに住み続けることはできず、現状は住む場所がない状況である。障害者が共同で生活するグループホームについて説明をしたところ、拒否感はないがイメージが湧かない部分もある様子である。 ・経済的な面では、現在無職のため収入はないものの、預金が200万円程度あり、当面はこの預金で生活ができる。今後、支給が見込まれる年金があるが、将来的には必要に応じて生活保護の受給についても検討する必要がある。今後、生活保護を受給することについても拒否感はない。 ・これまでも自分の収入から200万円の預金をすることができており、金銭管理は自身で可能と思われる。 ・人との関わりは積極的とはいえないが、拘置所での面会の印象では関わりを拒絶することはない。今後、さまざまな機関と関わることについても同様に拒否はない。 ・医療機関への通院については、自発的ではないが、こちらからの促しに拒否はみられない。また、精神障害者保健福祉手帳の取得、福祉サービスの利用についてもあからさまな拒否はない。 **【本人の障害と事件との関係】** 精神鑑定によれば、「体系化した被害妄想が、本件犯行の動機形成に直接的な影響を与えた」とある。今回の事件は、本人が○○○○年頃から「嫌がらせ」を受けていると感じ、その気持ちが解消されないまま時間が経過したことも影響していると考えられる。 拘置所での面会時においても、自身の行動がきっかけで裁判官が変わったなどの事実に反する発言がみられ、精神面の安定のために通院は必要である。しかし、これまで精神科病院への通院の経験はなく、地域で生活をするにあたっては通院先の確保と定期的な通院が必須である。 以上を踏まえると、まず住居の確保を行う必要がある。 また、今後、本人が安心して地域で生活をしていくためには、精神科病院をはじめとする通院先を確保することが必要である。加えて精神症状については本人が自覚できないこともあり、相談できる相手や本人の様子に変化がみられた際に気づくことがで

6　アセスメント結果	きる人を確保するなど本人を支える支援体制の構築が求められる。 　上記の支援体制構築のためには、医療だけにとどまらず福祉サービスを受けることができる状況をつくることが望ましいため、精神障害者保健福祉手帳や受給者証の取得を視野に入れる必要がある。

第3　今後の支援について

1　支援方針	住居および通院先を確定し、訪問看護、デイケア等を利用することで生活基盤を安定させ、安心した生活が送れる体制をつくる。
2　具体的支援	短期（概ね釈放後～３カ月） 　NPO法人○○が運営する住居（シェルター）に入居（１カ月程度）し、○○病院へ通院する。入居先であるNPO法人○○の職員および後藤が定期的に訪問し、日常的な支援や見守りを行う。 　また、リウマチ、B型肝炎についても、これまでの通院先に継続して通うことができるよう調整を行う。 　生活が落ち着いた段階で、基幹相談支援センター○○が計画相談に入り、日中の活動場所としてNPO法人○○が提供する日中活動、精神科デイケアもしくは地域活動支援センターを候補に見学などを行う。 　同時に、通院先である○○病院に通える範囲でアパートを探し、一人暮らしの準備を進めていく。
	中期（概ね３カ月～６カ月） 　訪問看護・デイケアを利用しながら、３カ月経過後をめどに一人暮らしへの移行に向けた準備を開始する。 　初診から６カ月を経過した段階で精神障害者保健福祉手帳および受給者証の申請手続を行う。申請の支援は、後藤が対応する。
	長期（概ね６カ月～） 　生活基盤を安定させ、働く場（就労継続支援事業等）や日中活動の場（地域活動支援センター）などを利用しながら社会とのつながりを持って生活する。
3　支援体制	NPO法人○○　施設長　○○○○氏 医療法人社団○○　○○病院　医師　○○○○氏 医療法人社団○○　○○病院　ソーシャルワーカー　○○○○氏 基幹相談支援センター○○　相談支援専門員　○○○○氏

4　まとめ	本人はこれまで、職を変えることはあったものの仕事を続けてきており、また一人暮らしの経験も長く、生活力がある。また、これまでの仕事で得た収入を預金するなど、計画的に金銭を管理することもできていた。 本件については、精神鑑定書に「体系化した被害妄想が、本件犯行の動機形成に直接的な影響を与えた」とあるように、精神疾患が影響を与えている。これまでの拘置所での面会のなかで、医療や福祉サービスを利用することについて本人は拒否してはいない。 以上から、医療と福祉サービスをあわせて利用し、精神疾患に対する適切な治療を行いつつ、本人が地域の中で孤立しないような支援体制を構築することで、十分に地域での生活が可能であると考えられる。

支援コーディネーター	後藤　健太 ※緊急連絡先　○○○-○○○○-○○○○

添付資料

・NPO法人○○　パンフレット

・医療法人○○　○○病院　パンフレット

第6章 公判段階で活動した例（控訴審）

自閉スペクトラム症とADHD、知的障害のあるGさんの場合

Ⅰ 事案の概要

Gさん（30歳、男性）は、幼少期から落ち着きのなさや衝動性について指摘されており、小学校の頃には担任に勧められて精神科を受診することもありました。定時制高校に入学してからは友人と頻繁に夜遊びをして、授業にはあまり出席することがありませんでした。

そうしたGさんの様子を心配した父親は、病院に通院するように声がけをして、通院先の医師から勧められて精神障害者保健福祉手帳を取得し、20歳になると同時に障害年金の受給を開始しました。20歳までの間に、Gさんは、自閉スペクトラム症、注意欠如・多動症（ADHD）、軽度知的障害などの診断を受けていました。

高校を中退した後は、友人の会社で運送業をして働いていましたが、衝動的にお金を使ってしまうことで生活に困り、会社のお金を横領してしまいました。この件は裁判となり、執行猶予付きの判決を受けました。

その後は、知人が新しく立ち上げた会社に就職し、恋人の妊娠を機に結婚をするなど、順調に生活ができていました。しかし、働いていた会社の経営が傾いて給料の支払いが遅れると、貯金を切り崩す生活となりました。妻にも言いづらく感じていたところ、たまたま妻が実家に帰ることになり、単身生活をするうちに今の生活をなんとか維持したいと思い、以前に聞いたことのあった万引きをした物を売ってお金を稼ぐ方法を考えるようになりました。

複数回、万引きをした物を売ることを繰り返したところ、Gさんの犯行が発覚し、警察官に逮捕されました。第一審では実刑判決となりましたが、Gさんは妻や義父とも相談をして控訴をすることにしました。

控訴後、Gさんと家族からの依頼を受けた弁護士は、Gさんの今後の支援体制を検討したいと考え、東京TSネットに支援依頼を行いました。

支援の要請を受けた東京TSネットでは、事案の内容などに鑑み、発達障害の

ある人の支援の経験があるという理由で、メンバーのなかから精神保健福祉士である佐藤春子さんを更生支援コーディネーターとして派遣することに決めました。

II 事件発生からの経過

Gさんの事件は、次のような経過をたどりました。佐藤さんは、まずGさんと家族に面会を行いました。その結果、父親は本人の障害年金の申請のために使用した申立書や診断書の写しを保管していることがわかりました。また、妻の弟は本人のことを知っており、今後、自身の運営している会社で本人のことを受け入れたいと考えていることもわかりました。

そこで、本人や家族の意向も踏まえてそれぞれと話し合い、必要となる支援を考えて支援チームを構成していきました。

5月22日	控訴、弁護士に控訴審の弁護を依頼
6月3日	弁護士、東京TSネットへ支援申込み
6月11日	佐藤さん、弁護士と初回打合せ
6月18日	佐藤さん、本人と面会
6月24日	佐藤さん、父と面会
7月1日	佐藤さん、妻と電話面接
7月12日	佐藤さん、地域活動支援センター見学
8月15日	佐藤さん、社会福祉協議会へ事前相談
8月21日	佐藤さん、地域活動支援センター打合せ
8月29日	佐藤さん、近隣のクリニックへの事前相談
9月1日	佐藤さん、弁護士と打合せ
9月5日	佐藤さん、本人に更生支援計画の内容を説明
9月8日	佐藤さん、家族に更生支援計画の内容を説明
9月15日	弁護士、裁判所に更生支援計画書と佐藤さんの証人尋問を証拠調べ請求
9月26日	第2回公判期日(佐藤さんの証人尋問)

Ⅲ 更生支援計画案の検討

佐藤さんは弁護士と協力し、本人からだけでなく家族からも話を聴いて、本人の生活の様子や事件時の状況についての情報を収集・分析し、更生支援計画の内容を検討しました。その際、佐藤さんは、次のように考えました。

本人は自閉スペクトラム症、注意欠如・多動症（ADHD）、軽度知的障害などと診断されている一方で、中学生の頃から通院を中断していることから、医療的なケアや福祉的な支援を受ける機会はほとんどありませんでした。拘置所で面会した際も、本人は自身の障害についてほとんど知りませんでした。

通院していた際の診断書には継続した通院が必要との記載があり、また、家族から聴いた生活の様子からは衝動性が高いと考えられるため、ADHDの衝動性のコントロールをするためにも今後は医療機関への通院が必要だと考えられました。また、事件当時は金銭的に困窮しており、借金をしていたことから、これらの借金の整理をする必要もあります。

今後の生活について、家族は積極的なサポートをすることを確約しており、本人も家族の支援を受けながら生活することを希望していました。

そのため、支援体制としては、まずは①障害を理解してくれている親族の会社で働くこと、②通院先の精神科医療機関を確保すること、③家計相談などを活用しながら債務整理をしていくことが必要になると考えました。

加えて、本人は病識がないこともあり、家族からの支援だけでなく、本人の障害を理解してくれる地域活動支援センターなどにおいて、定期的に生活状況を相談していくことも必要になります。

そこで、本人の了承を得たうえで近隣の受入れをしてくれる施設と事前に打合せを行い、医療機関なども含めて、本人が釈放された際にスムーズに支援を受けられるように支援体制の構築をしていきました。

Ⅳ 更生支援計画の例

G氏更生支援計画書

○○○○年９月５日作成

作成者

氏名　佐藤　春子

所属　一般社団法人東京TSネット

資格　精神保健福祉士

第１　はじめに（作成の経過）

１　依頼の経緯

弁護士○○○○氏より東京TSネットに支援コーディネートの依頼があり、○○○○年６月３日に東京TSネットに登録している支援コーディネーターのなかから佐藤が支援コーディネートを実施することとなった。

２　支援チームの構成

精神保健福祉士　佐藤春子（更生支援コーディネーター）

医療法人○○メンタルクリニック：医療ソーシャルワーカー　○○○○氏

地域活動支援センター○○：担当　○○○○氏

地域社会福祉協議会：担当　○○○○氏

弁護士：○○○○氏

３　行った活動

⑴　本人・家族・関係者との面談日時、回数

ア　本人との面会：７回

・○○○○年○月○○日　拘置所

・○○○○年○月○○日　拘置所

……

イ　家族との面会：５回

・○○○○年○月○○日　父と面接

・○○○○年○月○○日　妻と面接

……

ウ　関係者との面会：５回

㋐　○○メンタルクリニックへの相談：２回

・○○○○年○月○○日

・○○○○年○月○○日

㋑　関係機関相談：３回

・○○○○年○月○○日　社会福祉協議会打合せ

・○○○○年○月○○日　地域活動支援センター見学

・○○○○年○月○○日　地域活動支援センター打合せ

エ　東京TSネット　支援検討委員会でのケース検討：２回

・○○○○年○月○○日

・○○○○年○月○○日

⑵　収集した資料

・刑事裁判記録の写し

・弁護人面会報告メモ

・診断書などの医療記録の写し

・地域活動支援センターパンフレット写し

・社会福祉協議会パンフレット

・メンタルクリニックホームページ写し

第２　本人について

<table>
<tr><td rowspan="2">１　本人</td><td>氏名</td><td>G</td><td>性別</td><td>男</td></tr>
<tr><td>生年月日</td><td>○○○○年○月○日</td><td>年齢</td><td>30歳</td></tr>
<tr><td>２　障害程度・診断</td><td colspan="4">○○○○年：Ａ精神科病院
知能検査（WISC-Ⅲ　全検査IQ：69）
診断名：高機能広汎性発達障害
○○○○年：Ｂ精神科病院
診断名：自閉スペクトラム症、注意欠如・多動症（ADHD）、軽度知的障害
○○○○年：精神障害者保健福祉手帳２級を取得</td></tr>
<tr><td rowspan="5">３　成育歴</td><td>誕生</td><td colspan="3">○○県○○市にて出生。両親、本人、妹、弟の５人家族。</td></tr>
<tr><td>１歳</td><td colspan="3">保育所に入所。衝動的な行動について保育士から指摘があった。</td></tr>
<tr><td>６歳</td><td colspan="3">公立小学校（普通学級）に入学。
両親離婚。本人は父親に引き取られて生活。
落ち着きがなく、学校では指導されることが多かった。</td></tr>
<tr><td>13歳</td><td colspan="3">教員に勧められＡ精神科病院を受診、数回通院。
公立中学校（普通学級）に入学。通院を中断。学校ではスクールカウンセラーが対応にあたっていた。</td></tr>
<tr><td>16歳</td><td colspan="3">定時制高校に入学。友人に誘われ夜遊びなどしていた。
父親から説得され、精神障害者保健福祉手帳（２級）を</td></tr>
</table>

３　成育歴		取得。
	20歳	高校中退。同時期に障害基礎年金２級を受給開始。 友人の紹介で運送業に従事。
	29歳	生活苦から会社の金を横領し、執行猶予判決。 事件がきっかけで父親と喧嘩をし、以降は没交渉。妹と弟とは、それぞれが実家を出て生活を始めて以降はほとんど関係が途切れていた。
	30歳	知人に誘われてスタートアップの会社に就職。 恋人の妊娠がわかったことで結婚し同居を開始。妻が長男を出産。現在は長女を妊娠中。 会社の経営が傾き給料の支払いが遅れるようになる。
４　事件時の生活環境	長女の妊娠を機に妻と長男は実家に帰省しており、半年ほど単身で生活をしていた。 会社の給料の支払いが遅れたことで借金をしながら生活をしており、直近は返済の滞っている状況があった。	
５　現在の本人の状況	拘置所にて勾留中。家族のことや今後の生活について心配している。 今後、精神科病院への通院や、金銭管理の支援、福祉的な支援を受けることにも同意している。	
６　アセスメント結果	**【本人の障害特性と心理状態】** 本人は自閉スペクトラム症や注意欠如・多動症（ADHD）、知的障害の診断を受けているが、これまで自発的な治療を受けた経験はなかった。また、本人は自身の障害について認識しておらず、病識のない状態であった。 家族に聞くと、本人は忘れ物や失くし物が多く、物事の優先順位をつけるのが苦手で衝動的になりやすく、妻が日常生活の管理を行っていることがわかった。一方で本人は家族から受けているサポートについては認識できていない様子があった。 自閉スペクトラム症や知的障害の特性によって、状況の読み取りや他者の意図の理解に一定程度の制約が存在しており、また、ADHDによる衝動性の高さもあって、こうした状態が生じていることが考えられる。 **【家族関係や社会関係】** 前回の事件以降、親族との関係は悪化しており、本件事件の発生当時には父親やきょうだいとは相談をできる関係にはなかった。	

6　アセスメント結果	加えて、事件当時は妻も実家に帰省しており、本人はこれまで受けていた妻からのサポートも一時的に喪失した孤立した状況にあった。 　また、妻は本人のことをこれまで献身的にサポートしてきていたが、本人の物忘れや衝動性は個性だと思っており、生活全体においては障害特性に応じた理解やサポートは不十分であったことが考えられる。 **【事件に至るきっかけ】** 　万引きをして転売を繰り返した件については、急に給料が支払われなくなり、子どもたちの生活費や借金の返済を考えて焦る気持ちがあって行ったと話していた。 　一方で、執行猶予中に万引きをしたらどうなると思うか聞くと、「とにかくやらなきゃと思って、ほかのことは考えられなかった」とも話していた。 　万引きをしたものを転売することについては、以前に同級生から聞いた話を思い出し考えるようになっており、事件当時は金銭を得ることや、そのために自分が思いついた解決策にのみ注目し、他の選択肢を考えたり事後の結果を十分に予測したりすることができず、衝動的に行動していたことがうかがわれる。 　上記のような状況に陥った際に、周囲に相談できる人がいれば思いとどまるきっかけになりえたと思われるが、事件当時、本人は主たる援助役であった妻と別居しており、そのほかに頼ることのできる人もいなかったことから孤立した状況にあり、なおかつ、専門的な医療や福祉的なケアも受けられていない状況があった。 　そのため、今回の事件は、衝動性や見通しを立てることに障害を抱えた本人が経済的に困窮し、家族からの支援や医療的・福祉的な支援を受けることができずに、誰にも相談できなかった環境のなかで「窃盗」という行為に至ったものと考えられる。 **【今後の支援内容の検討】** 　本人は事件当時、妻のほかに相談できる人はなく、その妻とも一時的に別居状態となっていたことから日常的な援助は得られず、また通院を中断していたことから障害についての専門的なサポートを受けることのできない状況にあった。また、経済的にも不安定な状況にあった。 　そのため、本人が安定した社会生活を営むうえでは、医療的な

6　アセスメント結果	サポート、障害を理解してくれる適切な就労場所や相談先の確保、債務整理や金銭管理などの経済的に安定した生活を確保するための方策が必要であると考えられる。医療的なサポートについては、これによって本人が自身の障害を理解できるようになることも見込まれる。 **・医療的なサポート** 　衝動性の高さなどADHDの症状は服薬によって改善される可能性もある。また、本人が障害を理解し、適切な支援を受けていくためにも、今後、医療機関を継続して受診することは重要である。 　なお、通院予定の医療機関については、近隣のクリニックに連絡し、今後の受診について事前に了承を得ている。 **・適切な就労場所や相談先の確保** 　本人の状態や障害を理解してくれる就労支援の現場や障害者雇用の職場で就労することは、今後、本人が安定した社会生活を営むうえで重要なものと考えられる。本人はこれまで障害者雇用を利用したことはないが、障害を明らかにしたうえで働いても差別されないのであれば、そうした場所で働いてみたいと話していた。 　実際に就労支援を受けるまでの間は、親族が経営している会社で就労する予定であり、それによってある程度の収入が得られる見込みが立っている。 　また、妻は今回のコーディネートをきっかけにして本人の障害についての理解を深めており、今後、本人の通院や服薬について見守りをすることも了承している。 　本人の最寄りの地域活動支援センターは本人のことを知ったうえで支援を了承しており、本人も同センターを利用して福祉サービスに関する相談をすることに前向きになっている。 **・経済的に安定した生活の確保** 　本人は経済的に安定していた際は事件を起こしておらず、今後の生活に対して不安を抱えていることから、経済的に安定した生活を確保することは必須である。 　本人の債務に関しては、弁護人である○○弁護士に債務整理を依頼する予定である。また、家計管理については、社会福祉協議会に金銭管理の相談をする予定であり、妻が事前に相談に行っており、今後の支援について了承を得ている。

第3　今後の支援について

1　支援方針	継続して通院することで、適切な医療を受け、自身の障害特性を理解する。 妻や子どもと生活を続けられるように、医療機関や福祉サービスを利用する。 親族の会社でまずは働き、その後は就労支援を利用していく。
2　具体的支援	短期（概ね釈放後～3カ月） ・親族の会社で働く。 ・メンタルクリニックに通院する。 ・弁護士に債務整理を依頼する。 ・地域活動支援センターに必要な福祉サービスの利用の相談をする。 ・家計のことを社会福祉協議会に相談する。 ・コーディネーターと相談状況の確認をする。
	中期（概ね3カ月～6カ月） ・親族の会社で働きながら、地域活動支援センターの職員と一緒に障害者雇用での就労を検討していく。 ・家計のことを引き続き社会福祉協議会に相談しつつ、弁護士と債務整理を進める。 ・定期的な通院を続ける。
	長期（概ね6カ月～） ・育児と仕事の両立ができるように地域活動支援センターや社会福祉協議会に相談をする。 ・定期的な通院を続けながら、自分の特性を理解し、医師の判断を聞きながら受診を継続していく。
3　支援体制	**【親族・関係者】** ・妻 ・妻の弟（就労支援を利用するまでの間の雇用先） **【近隣の相談窓口】** ・東京TSネット：佐藤春子 ・メンタルクリニック：担当○○○○氏 ・地域活動支援センター：担当○○○○氏 ・社会福祉協議会：担当○○○○氏 ・弁護士：○○○○氏
4　まとめ	今回の事件は、周囲に相談できる相手が存在しない孤立した環

4　まとめ	境の中、本人の障害特性と環境とが相互に影響を及ぼしあって行動を起こした結果、起こったものと考えらえる。 　また、今回の事件まで本人には障害の認識はなく、妻も本人の障害について部分的にしか知らず、障害に理解のある対応が難しい状況にあった。 　現在は本人や妻も障害について理解しており、近隣の相談機関やクリニックの受入れ態勢も整いつつあり、障害に対する専門的なサポートを受けられる環境が整っている。 　自分から困りごとを把握し発信するためには時間がかかることも考えられるが、各種相談窓口を活用して、問題を一人で抱えずに過ごせるような環境があることで、今後は安定した社会生活を送ることができるものと考えられる。

支援コーディネーター	佐藤　春子 ※緊急連絡先　○○○-○○○○-○○○○

添付資料

・東京TSネットパンフレット

・「地域活動支援センター」ホームページ写し

・社会福祉協議会パンフレット（表・裏）

第7章 医療観察法手続で活動した例

双極性障害のあるHさんの場合

I 事案の概要

Hさん（32歳・女性）は、○○市で90歳の祖母と２人で暮らしています。Hさんが子どもの頃に両親は離婚しており、Hさんは、実家に戻った母親に引き取られて母親と祖母の３人で暮らしていました。しかし、Hさんの母親は８年前に家を出て行き、今はどこで暮らしているのかわかりません。それ以降、Hさんは祖母と２人で暮らしていました。父親とは、電話のやりとりや不定期の面会を続けてきました。

Hさんは、小中学校では普通学級に在籍し、商業高等学校を卒業しました。高校生の頃にうつ病との診断を受け、それから現在まで、精神科病院に通院し、医師の指示に従って服薬を継続していたとのことです。

高校卒業後に就職しましたが、長続きせず、数カ月おきに退職と就職を繰り返していました。現在は働いておらず、祖母の年金に頼って暮らしています。

Hさんによれば、８年前に母親がいなくなってしまってから、祖母は、仕事が安定しないHさんに対して頻繁に嫌みを言うようになったということです。今回、祖母から「若い者が昼間から家にいてどうするの」「お部屋も汚いじゃないの」などと繰り返し言われて、Hさんは頭に血が上り、こたつの上にあった果物ナイフを手に取って、こたつの向かい側に座っていた祖母めがけて思いきり投げつけました。果物ナイフは祖母の肩に当たり、祖母は全治２週間の傷を負いました。

その後、騒ぎを聞きつけた隣人がHさん宅に駆けつけ、救急車と警察を呼んで、Hさんは逮捕されました。勾留後に起訴前本鑑定が実施され、双極性障害との鑑定結果を受けて、検察官はHさんが双極性障害により心神耗弱であったと判断し、不起訴処分としました。同日、検察官は、Hさんに対する医療観察法の審判を申し立てました。

付添人弁護士より東京TSネットに協力要請があり、社会福祉士・精神保健福祉士の佐藤和男さんが支援コーディネーターを担当することになりました。

II 事件発生からの経過

Hさんの事件は発生後、次のような経過をたどりました。

佐藤さんは、本人との面会や、祖母や父親との面談、鑑定医からの意見聴取と鑑定書の閲覧、関係者との支援会議の開催などの活動を経て、更生支援計画書を作成しました。

1月12日　事件発生、Hさん逮捕
1月15日　弁護士が被疑者国選弁護人に選任
1月22日　鑑定留置決定（起訴前本鑑定実施）
3月22日　鑑定書が完成（双極性障害との診断）
3月29日　不起訴処分
　　　　　医療観察法による審判の申立て
　　　　　Hさん、鑑定入院命令により○○精神科病院に入院
　　　　　被疑者国選弁護人であった弁護士が国選付添人に選任
3月30日　弁護士、Hさんと面会
4月1日　弁護士、鑑定書を閲覧し、東京TSネットに協力を要請
4月2日　佐藤さん、更生支援コーディネーターへの就任を承諾
4月3日　佐藤さん、○○精神科病院にて本人と面会
4月9日　佐藤さん、○○精神科病院にて本人と面会
4月14日　佐藤さん、祖母と面談
4月15日　佐藤さん、○○精神科病院にて本人と面会
4月18日　佐藤さん、父親と面談
4月21日　佐藤さん、○○精神科病院にて本人および鑑定医と面会
4月26日　佐藤さん、父親と面談
4月27日　関係機関とのケース会議
4月30日　佐藤さん、○○精神科病院にて本人と面会
5月1日　佐藤さん、父親と面談
5月5日　佐藤さん、○○精神科病院にて本人と面会
5月12日　弁護士、更生支援計画書を裁判所に提出

Ⅲ 更生支援計画案の検討

佐藤さんは、他の支援者とも協力して、今回の事件が発生するまでのＨさんの生活の様子、事件時の状況について情報を収集・分析していきました。本件は医療観察法による審判の申立てがされた事件であり、精神科医による鑑定が実施されていましたので、その内容も参照し、鑑定医から意見聴取もしました。その結果、佐藤さんは、本件の背景について次のように理解しました。

鑑定書には本人の症状と薬の処方内容が適合していなかったことが指摘されており、不適切な服薬によって衝動的な暴力行為が誘発された可能性が高く、この点が今回の行為に至った背景に大きく影響していると考えられました。また、Ｈさんと同居している祖母との関係は不良でしたが、その原因としてＨさんの被害的な認知の偏りがあると考えられました。そして、いずれの点についても、適切な医療的支援を受けることが必要不可欠だと考えられました。

また、今回の事件では、Ｈさんの同居家族である祖母が被害者であったため、祖母はＨさんの受入れを拒否しました。また、Ｈさんも、「家には帰れないと思う」「家にいるのはつらい」と話しており、帰住先をどう確保するかが課題となりました。このように、帰住先の確保は優先順位の高い課題でした。そのため、本人の意向に沿って、これまで別居していたものの連絡をとり合っていた父親との同居に向けて活動し、父親も最終的に受入れを承諾してくれました。

このような活動を受けて、更生支援計画としては、父親宅への転居などによって居住環境を調整したうえで、医療の見直しを図り、それによってまずはＨさんの生活の安定をめざすことになりました。そのうえで、そのほかの目標に向けて支援することを確認しました。また、必要とされるサービスを利用するために精神障害者保健福祉手帳を取得する手続をとりました。

支援計画では、以下の点に焦点を当てました。

① 居住環境の調整

② 適切な医療の導入

③ Ｈさんの自尊心の回復に向けた働きかけを意識した日中活動の導入

Ⅳ 更生支援計画の例

H氏更生支援計画書

○○○○年５月12日作成

作成者

氏名　佐藤　和男

所属　一般社団法人東京TSネット

資格　社会福祉士・精神保健福祉士

1　はじめに（作成の経過）

⑴　依頼の経緯

付添人弁護士○○○○より東京TSネットへの相談

⑵　支援チームの構成

・社会福祉士・精神保健福祉士　佐藤和男（支援コーディネーター）

・医師　○○○○

⑶　行った活動

・本人との面会６回　※弁護士接見は除く

・祖母との面談１回

・父親との面談３回

・関係機関とのケース会議

４月27日、関係機関とのケース会議を実施した。出席者は以下のとおり。

・○○市障害福祉課

・○○市精神障害者地域生活支援センター

・弁護士　○○○○

・社会福祉士　○○○○

・父親

会議の内容は、今回の事件概要の共有、本人の問題行動の背景に関する意見交換、今後の支援に関する意見交換などであった。Ｈさんが精神障害者保健福祉手帳を取得し、今後○○市で暮らす場合には参加した関係者が支援を行う用意があること、審判後に再度情報交換のための会議を開催することを確認した。

⑷　収集した資料

・鑑定書

・通院していた精神科病院のカルテ（初診～現在まで一貫して「うつ病」の診断）

・事件記録一式

2　本人について

1　本人	氏名	H	性別	女性
	生年月日	○○○○年12月22日	年齢	32歳

<table>
<tr><td>2　障害程度・診断</td><td colspan="2">双極性障害
（精神障害者保健福祉手帳未取得）</td></tr>
<tr><td rowspan="10">3　成育歴</td><td>誕生</td><td>実父母の間に出生し、○○区で親子３人で暮らす。</td></tr>
<tr><td>５歳</td><td>両親が離婚する。○○市において、母親と祖母と３人で暮らす。父親とは不定期の面会交流を続け、概ね良好な関係を築いている。</td></tr>
<tr><td>６歳</td><td>小学校入学　普通学級在籍</td></tr>
<tr><td>12歳</td><td>中学校入学　普通学級在籍</td></tr>
<tr><td>15歳</td><td>商業高校入学</td></tr>
<tr><td>17歳</td><td>精神科病院に初診。うつ病との診断を受け、抗うつ剤を処方される。</td></tr>
<tr><td>18歳</td><td>商業高校卒業、地元のスーパー○○に就職するも、数カ月で退職する。</td></tr>
<tr><td></td><td>以降、26歳まで、数カ月ごとに退職と転職を繰り返す。</td></tr>
<tr><td>24歳</td><td>母親が出奔する。</td></tr>
<tr><td>26歳～</td><td>現在まで無職。</td></tr>
<tr><td>4　事件時の生活環境</td><td colspan="2">・祖母と２人暮らし
・精神科病院に通院し、抗うつ剤を服用
・無職</td></tr>
<tr><td>5　アセスメント結果</td><td colspan="2">【不適切な投薬の影響】
　以下、鑑定書を引用する。
「Ｈさんは、17歳の頃にうつ病と診断を受けて以来、抗うつ剤を服薬しつつなんとか社会生活を送っていたが、24歳の頃の母親出奔以降、夜に眠れず一晩中起きていたり、往来で通行人に対していきなり怒鳴ったりする、といった行動がみられるようになり、この頃から双極性障害に罹患していたものと考えられる。それにもかかわらず抗うつ剤の服薬を続けていたために、急激な躁転を繰り返していた。本件犯行も不適切な抗うつ剤の服用によって過度の興奮状態が引き起こされ、衝動的に暴力行為に出たものと考えられる」。
　上記のとおり、本人の症状と薬の処方内容が適合していなかったことが指摘されており、Ｈさんが今回の行為に至った背景にこの点が大きく影響していると考えられる。

【被害感情を抱きやすい傾向】
　祖母は、就労しようとしないＨさんの将来を心配する気持ちか</td></tr>
</table>

5　アセスメント結果	ら、「働いたほうがいいわよ」「私はいつまでも生きていないのよ」などとしばしば発言していた。一方、Ｈさんの言によれば、Ｈさんはこのような祖母の発言を「祖母に嫌われた」「祖母は私を追い出そうとしている」と被害的に受け止め、イライラを募らせていたようであり、祖母の意図と本人の認識との差異が激しい。 　このような被害的な認知のゆがみは双極性障害の特徴であることから、当該障害が今回の事件を起こした遠因になっていると考えられる。双極性障害への適切な治療とともに、将来的には就労により社会生活を営み、自尊心を回復していくことなどを通じて、被害感情を抱きやすい傾向を改善できるよう働きかけていくことが必要である。 **【今後の居住場所】** 　祖母との面談の結果、祖母は「Ｈさんのことは心配だが、Ｈさんが私に向かってナイフを投げつけたときのＨさんの顔や、あのときの恐ろしさが忘れられない」「当面の間は、Ｈさんと２人で生活することはできそうにない」ということであった。 　Ｈさんは今後の生活場所について、「家に帰れないのはわかっているし、自分も帰りたくない」「祖母と一緒にいるのはつらい」と話していた。そのうえで、「父親とはいろんな話もできるし、一緒にいると安心する。できれば父親と一緒に暮らしたい」「面会に来てくれているお医者さんの病院も父親の家から近いので、父親の家からのほうが通いやすい」との意向があった。 　そこで、父親と面会を行い、Ｈさんと一緒に暮らせないか打診した。父親は、「Ｈが精神不安定ということは知っていたが、まさか祖母を傷つけるとは思わなかった。普段は暴力的な様子は微塵も見せず、むしろ静かにしているタイプの子だ」「自分のマンションに引き取ることはできる。そこからＨを病院に通わせ、病気が治るのを助けてやりたい。もちろん、Ｈが暴力行為をしないように気をつけて見ていくつもりだ」と述べ、Ｈさんと一緒に暮らし、援助していく意思があることを確認した。 **【まとめ】** 　以上から、Ｈさんに対しては、①生活環境の調整（父親宅への転居、障害年金などの受給による経済基盤の確保）、②双極性障害に対する適切な医療、③適切な日中活動への導入のための支援、の３つが必要である。とくに、今回の事件の直接的な原因は、不適切な投薬

5　アセスメント結果	によって過剰な興奮状態が引き起こされたことであると考えられることから、②が提供されれば、元来穏やかな性格であるHさんが再び暴力行為に及ぶ可能性はきわめて低いであろうと考えられる。

3　支援について

1　今後の支援	短期 ・父親宅への転居 ・双極性障害への医療的対応（○○病院への通院、デイケアの利用） ・精神障害者保健福祉手帳の取得 ・障害年金の受給申請 中期 ・デイケアの継続的利用 ・地域活動支援センターの利用検討 長期 ・就労支援サービスの利用による、安定した就労と自尊心の回復 ・継続した就労による経済的基盤の確立 ・余暇活動による精神的な充足
2　支援体制	○○市障害福祉課、○○市精神障害者地域生活支援センターの職員、○○病院のワーカーを含む支援チームを組織し、今後もフォローアップ会議を行うこととした。
3　まとめ・処遇についての意見	本件は不適切な投薬によって引き起こされたと考えられる事件であり、双極性障害への医療的手当が行われれば、再び同様の行為をするような状況になることを回避できる可能性がきわめて高い事案である。 父親は双極性障害の治療の必要性を明確に認識しており、Hさんと同居し通院を積極的に援助する意思を示している。したがって、社会内において適切な治療を継続的に受けるための支援基盤は整っている。 また、Hさん本人にも病識があり、従前抗うつ剤を医師の指示に従って自発的に服薬していたことからも、医療観察法に基づく処遇によらず、社会内で医療を受けつつ就労経験を重ね、自尊心を回復していくことが、本人の更生のために最も望ましい処遇である。

支援コーディネーター	佐藤　和男 連絡先　電話（○○○-○○○○-○○○○）

添付資料

・○○病院のリーフレット

参考文献

茨木尚子・尾上浩二・北野誠一・竹端寛・大熊由紀子著**『障害者総合福祉サービス法の展望』**ミネルヴァ書房、2009年

浜井浩一・村井敏邦編著**『発達障害と司法――非行少年の処遇を中心に』**現代人文社、2010年

内田扶喜子・谷村慎介・原田和明・水藤昌彦著**『罪を犯した知的障がいのある人の弁護と支援――司法と福祉の協働実践』**現代人文社、2011年

小栗正幸監修**『行為障害と非行のことがわかる本（健康ライブラリーイラスト版）』**講談社、2011年

小栗正幸著**『青年期の発達課題と支援のシナリオ』**ぎょうせい、2012年

宮岡等・内山登紀夫著**『大人の発達障害ってそういうことだったのか』**医学書院、2013年

丸山泰弘著**『刑事司法と福祉をつなぐ（グリーンブックレット12）』**誠文堂、2015年

掛川直之編著**『不安解消！出所者支援――わたしたちにできること』**旬報社、2018年

スチュアート・マクミラン画／松本俊彦・小原圭司監訳／井口萌娜訳**『本当の依存症の話をしよう――ラットパークと薬物戦争』**星和書店、2019年

武内謙治・本庄武著**『刑事政策学』**日本評論社、2019年

野坂祐子著**『トラウマインフォームドケア――“問題行動”を捉えなおす援助の視点』**日本評論社、2019年

水藤昌彦編著／関口清美・益子千枝著／服止ネネ画**『当事者と援助者の「共助する関係」――刑事司法領域での対人援助の基本』**現代人文社、2020年

一般社団法人東京TSネット編**『障害者弁護ビギナーズ』**現代人文社、2021年

尾崎紀夫・三村將・水野雅文・村井俊哉編集**『標準精神医学〔第８版〕』**医学書院、2021年

青木志帆著**『相談支援の処「法」箋――福祉と法の連携でひらく10のケース』**現代書館、2021年

近藤直司著**『医療・保健・福祉・心理専門職のためのアセスメント技術を高めるハンドブック〔第３版〕――ケースレポートとケース記録の方法からケース検討会議の技術まで』**明石書店、2022年

書式集

※　以下の書式は現代人文社のホームページからダウンロードできます。

1　更生支援コーディネーター説明
2　フェイスシート
3　アセスメントシート
4　更生支援計画書
5　更生支援計画書（本人向け）

genjin.jp/news/n55278.html

用語集

あ

アセスメント　assessment
「評価」または「査定」などを意味し、平易な言葉では「見立て」ともいう。事前の情報収集や、事後あるいは途中での再情報収集により、対象者をとりまく状況を把握し、分析・整理し、支援方針（見直し方針）を立てることをいう。

一部執行猶予制度　いちぶしっこうゆうよせいど
→「執行猶予」

一般遵守事項　いっぱんじゅんしゅじこう
すべての保護観察対象者が保護観察期間中に守らなければならない事項。一般遵守事項・特別遵守事項に違反した場合は仮釈放取消しなどの「不良措置」がとられる。

参考▷特別遵守事項

一般調整　いっぱんちょうせい
特別調整でない従来の生活環境調整制度のこと。

参考▷特別調整

医療刑務所　いりょうけいむしょ
身体・精神上の疾病や障害がある受刑者を収容する施設。薬物やアルコールの依存症も対象となる。身体・精神疾患などのある人を収容する施設として東京都昭島市・大阪府堺市、精神疾患などのある人を収容する施設として愛知県岡崎市・福岡県北九州市の、全国４カ所に設置されている（2023年４月１日時点）。

医療保護入院　いりょうほごにゅういん
「精神保健福祉法」に定められている「精神障害者」の入院形態のひとつ。
精神障害があり、医療および保護のために入院を要すると精神保健指定医によって診断された場合、本人の同意がなくても、精神科病院の管理者が、家族などの同意に基づいて入院させることができる制度。入院期間の制限はない。

参考▷応急入院、措置入院、精神保健指定医

医療（学）モデル　いりょうもでる
「障害」について、疾病や外傷が身体の機能障害を招いて、日常生活の能力を阻害し、社会生活上の不利益を招くと捉える概念。
このモデルにおいて「障害」は、医師などの専門家による医療やリハビリによって治癒・改善する対象とされている。また障害のある人個人の努力によって直面する困難を軽減することが求められていることから「障害の個人モデル」ともいわれる。
社会福祉においては長年伝統的な概念であったが、障害のある人の被る不利益を個人の問題に留めていることや、さまざまな社会的・環境的要因を無視していることなどの批判が加えられ、「社会モデル」への転換が行われた。

参考▷社会モデル、ICF

エンパワメント　empowerment
その人が潜在的に持っている力や個性を引き出し活用して、自分自身の力で問題や課題を解決していくことができる能力を獲得すること。またそれらを促す支援方法。

援護の実施者　えんごのじっししゃ
介護給付費などを支給する旨の決定をする市町村のことを指す。援護の実施者は、「居住

地」の市町村（居住地を有する場合）または「現在地」の市町村（居住地を有しないか、不明の場合）である。居住地とは、住民票の所在の有無ではなく、将来にわたり起居を継続することが社会通念上期待できる場所である。

応急入院　おうきゅうにゅういん

「精神保健福祉法」に定められている「精神障害者」の入院形態のひとつ。

急速を要し、家族などの同意を得られない状態である場合に、精神保健指定医の診療によって72時間を限度に入院させる制度。

参考▷医療入院、精神保健指定医、措置入院

か

家庭裁判所調査官　かていさいばんしょちょうさかん

→「少年審判」

仮釈放制度　かりしゃくほうせいど

受刑者を刑期満了前に釈放し、円滑な社会復帰を促進することなどを目的とする制度。①有期刑３分の１、無期刑10年を経過していること、②改悛の状があることが要件となっており、「引受人」「帰住地」があることも重要な考慮要素となる。

参考▷保護観察、満期釈放

科料　かりょう・とがりょう

財産刑（財産の剥奪を内容とする刑罰）の一種。金額は1,000円以上10,000円未満であり、刑罰の中で最も軽い。科料を完納することができない者は労役場に留置され労役を行う。

参考▷労役場

観護措置　かんごそち

家庭裁判所が調査・審判を行うために、少年の心情の安定を図りながら、その身柄を保全するための措置（少年法17条１項）。観護措置には、家庭裁判所調査官の観護に付する措置と、少年鑑別所に送致する措置とがある。

参考▷少年審判、保護処分

鑑定　かんてい

専門性の高い分野について、特別に学識経験のある第三者に意見を求める手続。そのなかでも精神鑑定については、本書第１部第２章Ⅲを参照。

期日　きじつ

裁判所などで訴訟手続が行われる日。公判期日、公判前整理手続期日など種類はさまざまであるが、弁護士などは単に「期日」とだけ呼ぶことが多い。

起訴（公訴の提起）　きそ（こうそのていき）

検察官が裁判所に対して、被疑者が犯人だとして刑事裁判を求めること。「公訴の提起」ともいう。裁判にかけることを「起訴」、かけないことを「不起訴」という。起訴によって対象者が「被疑者」から「被告人」に変わる。

起訴猶予　きそゆうよ

不起訴処分の一種。起訴に十分な客観的な証拠があり、起訴する条件が揃っていても、被疑者の性格・年齢・境遇・情状などを考慮して、検察官の裁量で起訴しないこと。

参考▷不起訴

救護施設　きゅうごしせつ

社会福祉法２条によって定められた第一種社会福祉事業であり、生活保護法38条１項１号によって規定された保護施設のひとつ。身体上または精神上著しい障害があるために日常生活を営むことが困難な要保護者を入所させて、生活扶助を行うことを目的とする施設。

矯正施設 きょうせいしせつ
刑務所、少年刑務所、拘置所、少年院、少年鑑別所および婦人補導院の総称。婦人補導院は2024年に廃止。

参考▷刑事施設

居住支援法人 きょじゅうしえんほうじん
住宅セーフティネット法に基づき、都道府県から指定を受け居住支援を行う法人。
登録住宅の入居者への家賃債務保証、住宅相談など賃貸住宅への円滑な入居に係る情報提供・相談、見守りなど要配慮者への生活支援などを行うこととなっている。

共同生活援助（グループホーム） きょうどうせいかつえんじょ
障害のある人の共同生活の場。食事、日常生活上の相談支援が利用できる。
自治体や施設によっては、グループホーム（共同生活援助）の体験利用を活用できる場合もある。

居宅介護（ホームヘルプ） きょたくかいご
ホームヘルパーを派遣し、①身体介護、②家事介助、③通院などの乗降介助、④心配ごとの相談、話し相手などの相談支援の日常的ケアを行う。

禁錮 きんこ
自由刑（施設に拘禁して自由を剥奪する刑罰）の一種。懲役と違い義務としての刑務作業は課されない。ただし、本人の申出によって刑務作業に就くことは認められており、禁錮受刑者のほとんどが就業している。懲役と同様に「有期禁錮」と「無期禁錮」がある。過失犯に科される傾向が多い。

虞犯少年 ぐはんしょうねん
18歳未満で、罪を犯していないが、保護者の正当な監督に従わないなどの不良行為があり、その性格や環境からみて、将来罪を犯すおそれのある者。

参考▷触法少年、犯罪少年、特定少年、保護処分

訓練等給付 くんれんとうきゅうふ
→「自立支援給付費」

ケアマネジメント（ケースマネジメント）
利用者の自立生活支援に必要な各社会資源の調整機能であり、ニーズの充足、生活の維持や向上が図られる。高齢福祉領域ではケアマネージャーが、障害福祉領域では相談支援専門員がサービス等利用計画としてケアマネジメントを担う。

刑事裁判 けいじさいばん
刑事事件について、被疑者を検察官が起訴することによって始まり、起訴状に書かれた事実を証拠に基づいて判断し、被告人を有罪と認めたときは、どのような刑罰を科すのが適当かを審理する手続。

刑事施設 けいじしせつ
刑務所、少年刑務所および拘置所の総称。

参考▷矯正施設

検察官 けんさつかん
公益の代表者として訴訟手続に関与することを主たる任務とする公務員。刑事事件について、捜査と公判を行うことが最も大きな役割である。原則として、起訴する権限は検察官にしかない（起訴独占主義）。また、検察官は、犯罪が立証でき訴訟条件を具備することが明らかな場合でも、裁量で起訴猶予処分とすることができる（起訴便宜主義）。

検察官送致（＝逆送） けんさつかんそうち（＝ぎゃくそう）

少年の事件は基本的に家庭裁判所で審判が行われるが、死刑、懲役、禁錮にあたる事件で、裁判所の審判により、事件の性質や情状から保護処分には適さず、成人と同じような刑事処分が適当と判断した場合に、検察官に送致されること。「検察官送致」とも呼ばれる。送致された少年は成人と同じように公開の法廷で裁判が行われる。2000年の少年法の改正により16歳未満の少年でも逆送して刑事処分の対象となることが可能となった。審判時に少年が成人となった年齢超過の場合にも逆送される。

拘禁刑 こうきんけい

2022年の刑法改正で新設された刑。懲役刑と刑務作業を義務としない禁錮刑を一本化するもので、改善更生のための働きかけに力点を置くこととされている。

更生緊急保護 こうせいきんきゅうほご

満期釈放者などに対して、その者の申出に基づいて、食事・衣料・旅費などを与え、または更生保護施設に委託するなどの緊急の措置を講ずるもの。刑事上の手続または保護処分による身体の拘束を解かれた後６カ月を超えない範囲内において行われるが、とくに必要があると認めるときは、さらに６カ月を超えない範囲内において行うことができる。このような特別な保護を講じているのは、拘束を解かれて自由の身になっても、さまざまな事情により当座の衣食住にも窮して再び犯罪に陥る者が少なくないからである。

「更生緊急保護」の必要が認められるとき、または満期釈放者などが希望するときには、刑事施設の長などから「保護カード」が交付される。保護観察所長は、カードの交付を受けた者がこのカードを提示して更生緊急保護を申し出たときは、事情を調査して更生緊急保護の措置を選定する。

参考▷起訴猶予、執行猶予、満期釈放

更生支援計画 こうせいしえんけいかく

本書における更生支援計画は、ソーシャルワーカーの立場から、「支援目標」「医療面」「収入面」「居住・生活面」「就労（日中活動）」「支援関係者の連携」に関して、当面の支援目標（中期的支援）と今後想定される支援（長期的支援）を立案したものをいう。詳細は本文を参照。

参考▷個別支援計画、サービス等利用計画

更生保護 こうせいほご

罪を犯した人や非行のある少年が、再び罪を繰り返すことなく、社会内において善良な一員として自立できるように適切な処遇を行い、犯罪や非行に陥ることがないよう、改善更生を行うこと。保護観察、更生緊急保護、仮釈放、仮退院などの対象者への措置および諸活動を指す。社会内においてさまざまな関係者、社会資源などと連携して処遇されることから、「社会内処遇」ともいわれる。地方更生保護委員会・保護観察所の公的機関のみではなく、実質的な活動を担う更生保護法人および保護司の民間関係者、あるいはBBS会・更生保護女性会の民間ボランティアが協力した、「官民共働」による活動が大きな特徴である。

更生保護施設 こうせいほごしせつ

矯正施設退所者や保護観察を受けている人などのうち、頼るべき人がいないなどの理由で直ちに自立更生することが困難な人に対して、一定期間、宿泊場所や食事を提供したり、就職指導や社会適応のために必要な指導を行うなどして、円滑な社会復帰を手助けする施設。全国に103施設あり、法務大臣の認可を受けた民間の更生保護法人や社会福祉法人、NPO法人などによって運営されている(2023年現在)。

控訴 こうそ
→「裁判の仕組み」

拘置所 こうちしょ
主に被疑者、被告人などを収容する施設。
参考▷被疑者、被告人

拘留 こうりゅう
自由刑の一種。1日以上30日未満の間、刑事施設に拘置される。禁錮と同様に義務としての刑務作業は課されない。

勾留 こうりゅう
罪を犯したことが疑われ、かつ、①住居不定、②罪証隠滅を疑うに足りる相当な理由があること、③逃亡を疑うに足りる相当な理由があることのいずれかの要件を満たしたうえ、捜査を進めるうえで身体拘束が必要な場合に、検察官の請求に基づいて裁判官が勾留状を発付して行う強制処分。原則10日であり、やむをえないときは10日(内乱罪などの場合には15日)を限度に延長できる。

国選付添人制度 こくせんつきそいにんせいど
少年に弁護士である付添人がいない場合、一定の罪名にかかる事件につき、事案の内容、保護者の有無その他の事情を考慮し、審判の手続に弁護士である付添人が関与する必要があると裁判所が認めた場合に、国がその費用で付添人を選任する制度。国選弁護人と異なり、裁判所の裁量で選任されるところに特徴がある。

国選弁護制度 こくせんべんごせいど
被告人が貧困その他の理由で自ら弁護人を依頼できない場合に、被告人の正当な利益を保護するために、被告人からの請求によって国がその費用で弁護人を選任する制度。
参考▷被疑者国選弁護制度、当番弁護士制度

個別支援計画 こべつしえんけいかく
福祉サービスを提供するにあたり事業者が作成する、福祉サービスの種類、期間、目的などを記した書面。
参考▷アセスメント、モニタリング、更生支援計画

さ

サービス等利用計画 さーびすとうりようけいかく
障害者総合支援法に基づき、障害のある人の心身の状況、置かれている環境やニーズを把握し、本人の意向にあわせて、総合的な支援方針や解決すべき課題を踏まえ、最も適切なサービスの組合せなどについて検討した総合的な支援計画のこと。
参考▷個別支援計画、更生支援計画

裁判員裁判 さいばんいんさいばん
市民のなかから無作為に選任された裁判員が、裁判官とともに刑事裁判の審理に参加し、有罪かどうかの判断や、有罪であった場合の刑罰を決める制度。殺人や強盗致傷など、法律で定められた特定の重大犯罪につき、裁判員裁判が実施される。裁判員裁判対象事件と非対象事件とでは、手続の流れなどに違いがある。

裁判の仕組み さいばんのしくみ
日本では正しい裁判を実現するために、3つの審級の裁判所を設けて、当事者が望めば、原則的に3回までの反復審理を受けられる三

審制を採用している。事件の内容によって、地方裁判所、簡易裁判所、家庭裁判所で最初の裁判（第一審）が行われる。第一審の判決に不服のある者は上級の裁判所に不服申立てができ（第二審）、第二審の判決にも不服がある者はさらに上級の裁判所に不服申立てができる（第三審）。最高裁判所は終審の裁判所であるので、その裁判は最終のものとなる。第一審から第二審への不服申立てを「控訴」（少年法では「抗告」）、第二審から第三審への不服申立てを「上告」という。

再犯防止推進法　さいはんぼうしすいしんほう
正式名称は「再犯の防止等の推進に関する法律」。国は再犯の防止等に関する施策の推進に関する計画（再犯防止推進計画）を策定することが義務づけられ、再犯防止に向けた教育・職業訓練の充実、社会における職業・住居の確保等、再犯防止推進の人的・物的基盤の整備、再犯防止施策推進に関する重要事項の推進などを行うこととされている。また、都道府県および市町村は再犯防止推進計画を勘案して、地方再犯防止推進計画を定めるように努めることとされており、県によっては出所にあたって特別な支援が受けられる場合もある。

罪名　ざいめい
殺人罪、放火罪のように、犯罪の種類を表す名称。

差入れ　さしいれ
とくに、留置施設や拘置所に収容されている被疑者・被告人に対して物品を差し入れる手続を指す。施設によって差し入れることができる物品や時間帯、方法にルールがあるので、事前に確認する必要がある。

支給決定　しきゅうけってい
障害福祉サービスの必要性を総合的に判定するため、行政は提出されたサービス等利用計画（案）を踏まえ、サービスの支給決定を行う。障害のある人の心身の状況（障害支援区分）、社会活動や介護者の有無、居住などの状況、サービス利用の意向、訓練・就労に関する評価等の事情を把握したうえで、支給決定の判断をする。

試験観察　しけんかんさつ
少年に対する処分を直ちに決めることが困難な場合、適当な期間、家庭裁判所調査官の観察に付すこと。「在宅の試験観察」と、民間の篤志家や施設などに住み込みながら指導を受ける「補導委託」に分かれる。

示談　じだん
犯罪により生じた財産的・精神的被害の賠償について、当事者間で合意すること。損害賠償、謝罪などが受け入れられ、示談が成立している場合は、被害者が加害者を許していること（宥恕）の表れのひとつとして、被疑者・被告人に有利な量刑となりうる。

実刑　じっけい
執行猶予が付されていない刑罰のこと。自由刑（懲役、禁錮）の実刑判決が確定すると、未決算入によりすべての刑期が算入された場合を除き、刑務所などに収容されることとなる。また、保釈中の場合、実刑判決言渡しと同時に保釈の効力もなくなり直ちに収監される（上級審で再保釈が認められることはある）。

参考▷執行猶予、未決算入

執行猶予　しっこうゆうよ
裁判所が刑を宣告した場合において、刑の執行を一定期間猶予し猶予期間を無事経過したときは、その刑を免除する制度。執行猶予中は保護観察に付することもできる。

＊一部執行猶予制度　いちぶしっこうゆうよせいど

初入者および薬物使用者に対して３年以下の懲役または禁錮の言渡しをする際に、その一部の期間を刑事施設に収容して執行することとし、残りの刑の執行を１年以上５年以下の期間猶予する制度。仮釈放においては、一定の期間服役後、受刑者に「改悛の状」があるとき、地方更生保護委員会がその許否を決定するのに対して、刑の一部執行猶予においては裁判所が判決に際して言い渡す。刑の一部の執行猶予を取り消されることなく猶予期間を経過したときは、その刑の執行が猶予されていない期間を刑期とする懲役または禁錮の刑に減軽するとともに、当該期間の刑の執行が終了した時点で刑の執行を受け終わったものとされる。

たとえば、「懲役３年、うち１年を２年間保護観察付きの執行猶予」という宣告の場合、２年間を刑務所内で服役した後、一部執行猶予の期間である２年間を無事経過すれば、刑の執行を受け終わったものとされる。なお、執行猶予期間中の保護観察について、薬物使用者に対しては必ず付し、初入者に対しては付することができるものとされている。

参考▷更生緊急保護、保護観察

児童相談所　じどうそうだんじょ

「児童福祉法」に基づき、各都道府県および政令指定都市に設けられた児童福祉の専門機関。「児相」などと略称される。なお、自治体によっては名称が異なることもある。

児童に関するさまざまな問題に関して、①家庭や学校などからの相談、②児童およびその家庭の必要な調査ならびに医学的、心理学的、教育学的、社会学的および精神保健上の判定、③児童およびその保護者に対しての必要な指導、④児童の一時保護などを行う。

児童自立支援施設　じどうじりつしえんしせつ

不良行為を行った子どもや、家庭環境その他の理由により生活指導などを要する子どもを入所させ、その自立を支援することを目的とする施設。少年法による保護処分のひとつに「児童自立支援施設等送致処分」がある。

児童養護施設　じどうようごしせつ

保護者がいない、虐待されているなど、家庭における養育が困難で保護を必要としている子どもを入所させ、その自立を支援することを目的とする施設。少年法による保護処分のひとつに「児童自立支援施設等送致処分」がある。児童自立支援施設も児童養護施設も、いずれも児童福祉法上の施設であり、目的も共通しているが、入所の根拠となる条文が異なる。

社会モデル　しゃかいもでる

障害のある人が受ける社会生活上の不利益は、社会の環境によって招かれたものと捉える概念。

このモデルにおいて「障害者」とは、社会の障壁によって能力を発揮する機会を奪われた人であり、その問題の解決は「障害」を招いている社会全体の変革によって行われるとされている。個人の持つ障害によって社会的不利益がもたらされたとする「医療モデル」を批判の対象としている。

参考▷医療（学）モデル、ICF

社会復帰促進センター　しゃかいふっきそくしんせんたー

→「PFI刑務所」

社会復帰調整官　しゃかいふっきちょうせいかん

保護観察所において心神喪失者等医療観察法の対象者の生活環境の調整および精神保健観

察に従事する者。

参考▷心神喪失者等医療観察法

重層的支援体制事業　じゅうそうてきしえんたいせいじぎょう

2021年の社会福祉法改正により創設された事業。従来の制度の対象となりにくいケースや、複数の生活上の課題を抱えているケースについて、地域で包括的に支えるために「(属性を問わない)相談支援」「参加支援」「地域づくりに向けた支援」を各自治体において一体的に実施するもの。本書第１部第１章Ⅱ６を参照。

就労移行支援　しゅうろういこうしえん

就労を希望する人に、就労に必要な知識や能力の向上のための訓練や職場実習などを行う。

就労継続支援A型　しゅうろうけいぞくしえんえーがた

一般企業などで雇用されることが困難な人に働く場を提供するとともに、知識および能力の向上のために必要な訓練を行う。雇用契約に基づく就労が可能な知的・身体・精神障害のある人を対象とする。

就労継続支援B型　しゅうろうけいぞくしえんびーがた

一般企業などで雇用されることが困難な人に働く場を提供するとともに、知識および能力の向上のために必要な訓練を行う。就労移行支援事業などを利用したが、一般就労などに結びつかない人や、50歳に達している人などで、就労の機会を通じ、生産活動にかかる知識および能力の向上や維持が期待される人を対象とする。

受給者証　じゅきゅうしゃしょう

共同生活援助や就労継続支援など、障害者総合支援法に基づいたサービスを受けるためには、受給者証(障害福祉サービス受給者証)を取得する必要がある。受給者証を取得することにより、行政からの給付金を受けながら福祉サービスを利用することができるようになる。

参考▷障害支援区分

準抗告　じゅんこうこく

裁判官が行った決定などに対して不服を申し立てること。勾留決定や保釈決定に対する準抗告などがある。準抗告が認められた場合、裁判官が行った決定の効力が失われ、たとえば勾留決定に対する準抗告が認められれば、即時釈放されることとなる。

ショートステイ

→「短期入所」

障害基礎年金　しょうがいきそねんきん

心身に障害が生じ、一定の受給要件を満たした人に給付される国民年金。障害の程度により１級と２級とがある。知的障害など、国民年金加入前の20歳未満で障害が生じ、その状態が続いている人へは、20歳になった日から支給される。被用者年金制度(厚生年金保険、各種共済年金)に加入している人には、障害厚生年金または障害共済年金があわせて支給される。

参考▷国民年金、障害年金

障害者手帳　しょうがいしゃてちょう

障害のある人に対して発行される手帳の総称。障害種別に基づき、「身体障害者手帳」、「療育手帳」(知的障害者)、「精神障害者保健福祉手帳」に分かれ、それぞれの手帳には障害種別や等級が明記されている。これらの各種障害者手帳によって公共料金の減免などの優遇を受けることができる。

参考▷身体障害者手帳、精神障害者保健福祉

手帳、療育手帳

障害者総合支援法 しょうがいしゃそうごうしえんほう
地域社会における共生の実現に向けて、障害福祉サービスの充実など障害者の日常生活および社会生活を総合的に支援するため、2013年に施行された法律。同法により、従来の障害程度区分が廃止され、障害支援区分という概念が用いられている。

障害支援区分 しょうがいしえんくぶん
「障害者総合支援法」で用いられる障害者の心身の状態を総合的に示す区分。「認定区分」ともいう。市区町村がサービスの種類や量を決定する際に勘案する事項のひとつで、介護給付を利用する際に必要となる。障害程度の軽いほうから順に、区分1から区分6までの6段階に区分されており、その区分に応じて利用できるサービス種別やサービス量が異なってくる。

参考▷受給者証

障害等級 しょうがいとうきゅう
障害福祉サービスにおける障害支援区分や諸具合年金における等級とは異なり、「身体障害者手帳」や「精神障害者保健福祉手帳」で用いられる障害程度の基準として用いられている区分方法。「身体障害者手帳」は障害の重い順から1〜6級に区分され、さらに障害部位により視覚、聴覚、音声言語、肢体不自由、内部に細かく分けられている。「精神障害者保健福祉手帳」は、障害の重い順に1〜3級の3段階がある。

参考▷身体障害者手帳、精神障害者保健福祉手帳、療育手帳

障害年金 しょうがいねんきん
公的年金（国民年金、厚生年金保険、共済年金）に加入中、心身に障害が生じ、一定の受給要件を満たした人に給付される年金。受給資格のある全国民に給付される障害基礎年金（1〜2級）と、会社員が対象の障害厚生年金、公務員が対象の障害共済年金（1〜3級）の2階建て方式からなる。

参考▷国民年金、障害基礎年金

上告 じょうこく
→「裁判の仕組み」

少年院 しょうねんいん
家庭裁判所から保護処分として送致された少年などを収容し、矯正教育を実施する施設。児童自立支援施設などと異なり、強制的な収容となる。年齢、犯罪傾向の程度、心身の状況によって、第1種少年院から第5種少年院の5種類に分かれる。
在院者の成長発達を促し、社会生活に適応するための改善更生をめざす教育が中心となる。「生活指導」「職業補導」、義務教育や高校教育を行う「教科教育」などが実施され、円滑に社会生活に適応するための進路指導や各種心理療法も行われている。
少年院の収容期間は原則として20歳までであるが、個々の少年の収容期間は家庭裁判所からの勧告などを踏まえ、少年院で計画される。全国に44カ所（分院含む。うち女子の少年院9カ所）設置されている（2023年4月現在）。

少年鑑別所（鑑別所） しょうねんかんべつしょ
主として家庭裁判所から観護措置の決定によって送致された少年を収容するとともに、その心身の状態を科学的方法で調査・診断し、非行の原因を解明して処遇方針を立てるための法務省所管の施設。

少年審判 しょうねんしんぱん
非行少年（20歳未満の男女）は、14歳以上

20歳未満の刑罰法令違反者（犯罪少年）、14歳未満の刑罰法令違反者（触法少年）および将来刑罰法令に触れる行為をするおそれのある少年（虞犯少年）とに分かれる。また、2022年４月に施行された少年法改正によって、18〜19歳は特定少年として、その他の少年とは異なる取扱いを受けることとなっている。
すべての少年事件はいったん家庭裁判所に送られ（「家裁送致」）、更生のための処遇が決定される。担当の裁判官は心理学・社会学・教育学などの専門家である家庭裁判所調査官に命じ、少年の非行の動機や背景、家庭の問題などについて調査する。必要であれば少年鑑別所における「観護措置」も実施される。家庭裁判所は家庭裁判所調査官の調査や少年鑑別所の報告を総合し、「審判」によって少年の処分（保護処分）を決定する。

参考▷観護措置、検察官送致、審判、保護処分

少年友の会　しょうねんとものかい
裁判所と協力して非行少年の更生を援助するボランティアグループ。各地で活動が行われており、2009年には全国50庁すべての家庭裁判所に対応した少年友の会が設立された。

終局処分　しゅうしょくしょぶん
事件について必要な捜査を遂げた後に、検察官が起訴・不起訴など、公訴を提起するかどうかを最終的に決める処分。

触法少年　しょくほうしょうねん
実質的には罪を犯しているが、その行為のときに14歳未満であったため、刑法上、罪を犯したことにはならないとされている者。

参考▷虞犯少年、犯罪少年

自立訓練（生活訓練）　じりつくんれん（せいかつくんれん）
自立した日常生活や社会生活を営むことができるように、一定期間、生活能力の向上のための訓練などを提供する。地域生活を営むうえで、生活能力の維持・向上などのため、一定の支援が必要な障害のある人を対象とする。

自立訓練（機能訓練）　じりつくんれん（きのうくんれん）
自立した日常生活や社会生活を営むことができるように、一定期間、身体機能または生活能力の向上のための訓練などを提供する。地域生活を営むうえで、身体機能・生活能力の維持・向上のため、一定の支援が必要な人を対象とする。

自立支援給付費　じりつしえんきゅうふひ
障害者に対して福祉サービスを提供した際に、市町村から給付される費用。提供する福祉サービスの種別により「介護給付費」「特例介護給付費」「訓練等給付費」「特例訓練等給付費」などに区分される。

自立準備ホーム　じりつじゅんびほーむ
少年院出院者や刑務所出所者のうち身寄りのない者を受け入れる施設。保護観察所に登録されたNPO法人や社会福祉法人が出所者などを受け入れ、生活場所を提供する。サテライト型の更生保護施設として職員が巡回している。

参考▷更生保護施設

心神喪失者等医療観察法　しんしんそうしつしゃといりょうかんさつほう
正式には「心神喪失等の状態で重大な他害行為を行った者の医療および観察等に関する法律」。刑法39条では、善悪を判断して行動す

る能力がない（心神喪失）者の行為は「罰しない」、あるいはその判断能力が著しく欠けた者（心神耗弱）の者の行為は「刑を減軽する」と定めている。心神喪失者等医療観察法は、殺人・放火・強盗などの重大な他害行為を行い、心神喪失・心神耗弱を理由に無罪や不起訴などになった者の社会復帰を促進するための処遇を定めた法律。
処遇の判断には入院・通院・不処遇の３つがあり、処遇の要否や内容は裁判官と精神保健審判員（医師）の合議体が審判を行い決定する。検察官の申立てがなされると、対象者は鑑定その他医療的観察のために鑑定入院を命じられる。裁判所および精神保健審判員は鑑定の結果や生活環境を踏まえ、処遇を決定する。入院・通院中は厚生労働大臣が指定する指定医療機関で専門的な治療を行う。入院期間は標準18カ月程度、通院期間は原則３年とされている。裁判所は指定医療機関および保護観察所の申立てに基づき、対象者の退院・処遇終了・再入院などを決定する。処遇終了が決定されると、同法による処遇が終了する。

参考▷社会復帰調整官

審判 しんぱん
家庭裁判所における少年の処分を決定する手続。調査を行い必要と認められた場合に開催が決定される。成人の裁判に相当する。原則として単独の裁判官により非公開で行われる。審判では、少年が保護を必要としているか（要保護性）が中心に審査され、少年に対する処分（保護処分）が決定される。

参考▷観護措置、少年審判、保護処分

身体障害者手帳 しんたいしょうがいしゃてちょう
身体障害（児）者が福祉サービスを利用するときに必要な手帳。身体障害者手帳は、福祉事務所（障害者担当課）に申請して取得する。

ストレングスモデル strength model
病理や欠陥ではなく、その人の持つ「強み」に焦点を当てた援助方法のこと。長所や特性、潜在的能力、また人間関係や実績などの資源も含まれる。

生活介護 せいかつかいご
常に介護を必要とする障害のある人に対して、主に昼間に、入浴・排せつ・食事の介護等を行うとともに、創作的活動や生産活動の機会を提供する。介護給付に位置づけられるため、利用には障害支援区分が必要となる。

生活保護 せいかつほご
生活に困窮している国民に対して、困窮の程度に応じた保護を行って最低限度の生活を保障するとともに、その自立を助けるための制度。①生活扶助、②教育扶助、③住宅扶助、④医療扶助、⑤介護扶助、⑥出産扶助、⑦生業扶助、⑧葬祭扶助の８種類から構成される。
自治体の福祉事務所に保護申請を行い、預金・不動産などの資力調査、年金や就労収入の調査、就労の可能性の調査、親族の援助調査などを経た後、保護の要否が判定される。親族の援助調査はDVや虐待のある場合や利害関係がある場合など、一定の要件を満たせば調査が行われないこともある。
また、居宅において生活を営むことが困難な者を入所させ、保護を行う「保護施設」もある。

精神障害者保健福祉手帳 せいしんしょうがいしゃほけんふくしてちょう
一定の精神障害（てんかん、発達障害を含む）のあることを証明するもので、各種福祉サービスを受けやすくし、精神障害者の自立と社会参加の促進を図ることを目的に交付される手帳。障害の程度に応じて１～３級までの等級があり、数字が小さいほど障害が重い。有効期限は２年間。福祉サービスとしては、住民税などの控除、生活保護の「障害者加算」、公共交通機関の運賃の割引などがある。なお、知的障害は療育手帳の対象となり、この手帳の対象とはならない。

参考▷障害等級

精神保健福祉センター　せいしんほけんふくしせんたー

「精神保健福祉法」に基づき、都道府県および政令指定都市に設けられた、地域精神保健福祉活動の中核的な役割を担う専門機関。精神科医、ソーシャルワーカー、臨床心理士、保健師、看護師などが配置され、①精神保健福祉についての普及啓発、調査研究、②複雑困難な相談および指導などを行う。

精神保健福祉法　せいしんほけんふくしほう

正式名称は「精神保健及び精神障害者福祉に関する法律」。精神障害のある人の医療・保護、社会復帰の促進、自立への援助などを行い、その福祉の増進と国民の精神保健の向上を図ることを目的とする法律。1950年に「精神衛生法」として制定され、1995年の改正で現在の名称に改められた。

成年後見制度　せいねんこうけんせいど

認知症、知的障害、精神障害などによって物事を判断する能力が十分ではない人について、その財産管理、遺産分割の協議、各種の契約、福祉サービスや施設利用の支援など、本人の権利を守る援助者（成年後見人）を選ぶことで、本人を法律的に支援する制度。2000年に旧来の「禁治産・準禁治産制度」に代わって設けられた。

裁判所の審判による「法定後見」と、本人の判断能力が十分なうちに候補者と契約をしておく「任意後見」とがある。「法定後見」は本人の判断能力に応じて「成年後見」「保佐」「補助」の種類があり、援助者も「成年後見人」「保佐人」「補助人」に分かれる。

接見　せっけん

被疑者・被告人が弁護士または家族・知人などと面会すること。書類や物品の授受が認められている。しかし、逃亡または罪証隠滅のおそれがある場合には、裁判官の決定によって、弁護士以外の者の面会および物品の授受を禁止される（これを「接見禁止」という）。接見禁止決定に対しては、準抗告を申し立てて争うほかに、特定の人物に対してのみ裁判所の職権で接見禁止を解除するよう申し入れることもある。

弁護士以外の面会は、通常一般面会となり、警察官などの立会いがあるほか、面会時間も15分程度に制限されることが多い。面会時間を延長する場合には、事前に弁護士が拘置所などと交渉することになる。パソコンなどの電子機器の持込みも禁止されているため、手書きでメモをとる準備が必要となる。

前科　ぜんか

以前に有罪判決や刑罰を受けたこと。一定の前科がある人が再び罪を犯したときは、前科のあることが刑の加重の要件とされたり、執行猶予を付しえない要件となる。前科があることによって各種の資格（権利）が制限されることがあるが、一部の職種だけであり、法律上就職が制限されるということはほとんどない。なお、少年審判を受けたことは前科ではなく前歴となる。

前歴　ぜんれき

有罪判決や刑罰を受けるまでには至らないが、以前に捜査機関の捜査対象となったこと。たとえば、微罪処分や起訴猶予の場合でも、警察のデータベースには前歴として残る。前歴がある場合、検察官の起訴裁量や裁判での量刑に影響を与えることがある。

送検　そうけん
警察官が検察官に犯罪事件を申し送ること。検察官は捜査を行い、証拠に基づいて犯罪の成否、処罰などを考慮して事件を起訴するか不起訴にするかを決定する。逮捕後48時間以内に被疑者を捜査書類とともに送る「身柄送検」と、被疑者の逮捕・勾留が必要ないなどの理由により捜査書類のみを送付する「書類送検」に分かれる。

相談支援事業　そうだんしえんじぎょう
障害のある人が自立した地域生活ができるために、相談・情報の提供、助言、サービス利用、権利擁護などの包括的なサービスを提供する。相談内容により、「基本相談支援」「計画相談支援」「地域相談支援（地域移行支援、地域定着支援）」に区分される。

措置入院　そちにゅういん
「精神保健福祉法」で定められている「精神障害者」の入院形態のひとつ。直ちに入院させなければ、「精神障害のために自身を傷つけ、または他人に害を及ぼすおそれがある」と、２名以上の精神保健指定医の診察が一致した場合、都道府県知事または政令指定都市市長の命令により、当該精神障害者を指定病院などに入院させることができる制度。

参考▷医療保護入院、応急入院、精神保健指定医

た

逮捕　たいほ
被疑者が逃走を企てたり証拠を隠滅しそうな場合に、身体拘束をすること。逮捕した警察官は、逮捕後48時間以内に、被疑者を検察官に送検しなければならない。①通常逮捕、②緊急逮捕、③現行犯逮捕、④準現行犯逮捕の４種類がある。

宅下げ　たくさげ
留置施設や拘置所に収容されている被疑者・被告人から物品を受け取る手続を指す。被疑者・被告人が宅下げの手続をとってから、実際受け取るまで手続上時間がかかることがあるので、時間に余裕をもって依頼することが望ましい。なお、拘置所で書類の宅下げを受ける場合には、方法が郵送に限定される場合もあり、とくに注意が必要である。

ダルク　DARC：Drug Addiction Rehabilitation Center
覚醒剤、有機溶剤（シンナーなど）、市販薬、その他の薬物から解放されるためのプログラムを持つ民間の薬物依存症リハビリ施設。スタッフ全員が元薬物依存症者であり、同じ悩み（病気）を持つ仲間とのなかで新しい生き方を探る。

短期入所（ショートステイ）　たんきにゅうしょ
居宅で介護を行う人の疾病などの何らかの理由によって、支援施設などへの短期間の入所を必要とする者に、食事・排せつ・入浴の介護などを提供する。

地域生活移行個別支援特別加算　ちいきせいかついこうこべつしえんとくべつかさん
自治体によって要件や運用が異なるが、医療観察法の処遇決定を受けた人や刑事施設等から出所した人などが保護観察所や精神保健福祉センター等の関係機関等との調整により共同生活介護・共同生活援助・宿泊型自立訓練などの福祉サービスを利用することになった場合に、施設要件を満たした事業所に対して

行われる特別加算。

地域生活支援事業 ちいきせいかつしえんじぎょう
障害のある人が生活する地域の環境や、居住する人数、障害程度に応じ、市町村や都道府県が必要な支援を柔軟に行う事業。相談支援やコミュニケーション支援、日常生活用具給付または貸与、移動支援、成年後見制度利用支援などがあり、この事業の中心となるのが地域活動支援センターである。

地域生活定着支援センター ちいきせいかつていちゃくしえんせんたー
刑務所からの出所した高齢の人・障害のある人の社会復帰のコーディネート業務などを行う。全国の都道府県に設置されている。保護観察所からの特別調整協力等依頼を受け、コーディネート業務、フォローアップ業務、相談支援業務、被疑者等支援業務などを実施している。

地域包括支援センター ちいきほうかつしえんせんたー
市町村が行う高齢者の総合相談窓口。保健師、社会福祉士、主任ケアマネージャーなどの専門的なスタッフが配置され、地域の高齢者の心身の健康の保持、生活の安定のために、必要な援助を行うことにより、保健・医療の向上、福祉の増進を包括的に支援する。

知的障害者 ちてきしょうがいしゃ
厚生労働省の基準では、「知的機能の障害が発達期（おおむね18歳まで）にあらわれ、日常生活に支障が生じているため、何らかの特別の援助を必要とする状態にある者」とされている。そして、知的機能の障害の有無については、知能指数が概ね70までで判断され、日常生活の支障については、日常生活能力（自立機能、運動機能、意思交換、探索操作、移動、生活文化、職業など）の到達水準によって判断される。

参考▷療育手帳

知的障害者更生相談所 ちてきしょうがいしゃこうせいそうだんじょ
「知的障害者福祉法」に基づき、都道府県に設けられた18歳以上の知的障害のある人に関する専門機関。①知的障害のある人に関する相談・指導、②医学的・心理学的・職能的判定、③療育手帳の交付などを行う。

知的障害者福祉法 ちてきしょうがいしゃふくしほう
知的障害のある人の福祉の向上を図るために、1960年に施行された法律。知的障害のある人の自立と社会経済活動への参加を促進し、知的障害のある人を援助するとともに必要な保護を行い、知的障害のある人の福祉を図ることを目的としている。1960年に「精神薄弱者福祉法」として制定され、1988年の改正で現在の名称に改められた。

知能検査 ちのうけんさ
知能判定（IQ測定）に使用される知能検査のことを指す。個別式知能検査で、日本では「ウェスクラー式知能検査（児童にはWISC、成人にはWAISが用いられる）」「鈴木・ビネー式」「田中・ビネー式」がよく使われている。検査の結果によって直ちに知的障害や発達障害と診断されるわけではないが、判断材料のひとつとして用いられている。

付添人 つきそいにん
少年審判手続において、少年の立場から意見を述べ、環境調整を行うなどの活動を行う者。弁護士に限られず、教師などがなる場合もある。少年審判は、刑事裁判と構造が異なるので、刑事弁護人と役割が完全に一致するわけではないが、少年に法律的なアドバイスを行い、手続の適正を図るという点では刑事弁護人と共通する。

当番弁護士制度　とうばんべんごしせいど

被疑者や家族などからの求めにより、初回無料で弁護士を派遣する制度。一定以上の罪で起訴された被告人については国選弁護制度があるが、起訴前は自費で選任するしかなかったことから、1992年に日本弁護士連合会によって提唱・設置された。申出を受けると各地の弁護士会から派遣された当番弁護士が接見し、権利の説明や助言を行う。初回以降の費用については日本弁護士連合会からの援助を受けることができる場合もある。

参考▷国選弁護制度、被疑者国選弁護制度

特定少年　とくていしょうねん

2022年４月に改正された少年法により創設された。民法上の成年（18歳）と考えを合わせて、原則として成人に近い取扱いをする。具体的には、逆送事件の拡大、刑罰・保護処分が明確な期間を示して言い渡される、虞犯により少年審判に付されない、実名で報道される可能性があるなど、17歳未満とは異なる取扱いとなる。

参考▷検察官送致、非行少年

特別支援教育　とくべつしえんきょういく

2006年の「学校教育法」の改正により位置づけられた、障害のある幼児・児童・生徒の教育に関する制度。これによりすべての学校において、障害のある幼児・児童・生徒の支援をさらに充実していくこととなった。「盲学校」「聾学校」「養護学校」に区分されていた制度が、「特別支援学校」に一本化され、従来の「特殊学級」に代わって「特別支援教室」という新しい制度となった。

特別遵守事項　とくべつじゅんしゅじこう

個々の保護観察対象者ごとに定められる遵守事項。一般遵守事項・特別遵守事項に違反した場合は仮釈放取消しなどの「不良措置」がとられる。

参考▷一般遵守事項

特別障害給付金　とくべつしょうがいきゅうふきん

国民年金が任意加入だった時代に未加入のまま障害を負ったため、障害基礎年金を受け取れない無年金の障害のある人を救済するための仕組み。2005年より制定された。

参考▷国民年金、障害基礎年金

特別障害者手当　とくべつしょうがいしゃてあて

20歳以上の在宅で生活する、精神または身体に著しい重度の障害のある人を対象に支給される手当。本人や扶養義務者の所得に応じて支給制限がある。

特別調整　とくべつちょうせい

刑務所や少年院に入っている者のうち、帰る場所がなく、かつ高齢や障害といった問題を抱える人について、退所後に福祉的な支援を受けることができるよう、各関係機関が連携して特別の手続により社会復帰のための調整を行い、その再犯を防ごうとするもの。

参考▷一般調整

な

二次障害　にじしょうがい

疾病および外傷そのものである「一次障害」をもとに生じるさまざまな障害のこと。たとえば、肢体不自由の人の場合に加齢に伴って関節痛、手足のしびれを生じることや、発達障害のある人の場合に過大なストレスを感じたりトラウマ体験をすることで、身体症状（頭痛、チックなど）、精神症状（不安、うつなど）を生じ、場合によっては引きこもりや自傷などの行動として現れることなどを指す。

法テラス（日本司法支援センター）　ほうてらす（にほんしほうしえんせんたー）
総合法律支援法に基づき国により設立された法人。裁判その他の法による紛争解決のための制度の利用をより容易にするとともに、全国に事務所を設置して弁護士や司法書士など法律の専門家のサービスをより身近に受けられるよう総合的な支援を実施している。主に「情報提供業務」「民事法律扶助業務」「司法過疎対策業務」「犯罪被害者支援業務」「国選弁護等関連業務」の５つを業務とし、無料法律相談・裁判費用立替や刑事手続弁護支援などを行っている。

任意入院　にんいにゅういん
精神科病院への入院のうち、本人の同意に基づくもの。
参考▷医療保護入院、応急入院、措置入院

は

罰金　ばっきん
財産刑（財産の剥奪を内容とする刑罰）の一種。金額は１万円以上。罰金を完納することができない者は労役場に留置され労役を行う。
参考▷労役場

発達障害　はったつしょうがい
生まれつきみられる脳の働き方の違いや脳機能の発達の偏りによって生じる障害。自閉スペクトラム症、注意欠如・多動症などがある。
参考▷発達障害者支援センター、発達障害者支援法、二次障害

発達障害者支援センター　はったつしょうがいしゃしえんせんたー
発達障害のある人とその家族が豊かな地域生活を送れるように、保健、医療、福祉、教育、労働などの関係機関と連携し、地域における総合的な支援ネットワークを構築しながら、発達障害のある人とその家族からのさまざまな相談に応じ、指導と助言を行う機関。都道府県などが指定した社会福祉法人、特定非営利活動法人などが運営主体。

発達障害者支援法　はったつしょうがいしゃしえんほう
2005年に施行された、発達障害のある人の援助などについて定めた法律。長年にわたって福祉の谷間で取り残されていた発達障害のある人の定義と社会福祉における位置づけを確立し、生活全般にわたる支援を図ることによって福祉の増進に寄与することを目的としている。

犯罪少年　はんざいしょうねん
罪を犯した14歳以上20歳未満の者。
参考▷虞犯少年、触法少年

被疑者　ひぎしゃ
犯罪の嫌疑を受け、捜査機関による捜査の対象とされているが、まだ検察官によって起訴されていない者。「容疑者」は俗称。
参考▷被告人

被疑者国選弁護制度　ひぎしゃこくせんせいど
国民に公正な裁判を受ける権利を保障するため、被疑者に資力がない場合に勾留時から国費で弁護人を付けることができる制度。
参考▷国選弁護制度、当番弁護士制度

被告人　ひこくにん
起訴されたが、その裁判が確定していない者。刑事裁判では「被告人」が使われる。なお、

民事・行政裁判では、訴えを起こされた側を「被告」、訴えた側を「原告」という。

参考▷被疑者

微罪処分　びざいしょぶん

処分の必要がないと検察官に指定された軽微な犯罪について、被疑者を送検せず、警察段階で刑事司法手続を終了させること。

不起訴　ふきそ

ある事件について検察官が起訴をせず、刑事司法手続を終了させること。①嫌疑なし、②嫌疑不十分、③起訴猶予（犯罪の嫌疑はあるけれども、起訴の必要がないと検察官が判断し、起訴を猶予する場合）の３種類がある。

参考▷起訴猶予

福祉事務所　ふくしじむしょ

「社会福祉法」に基づき、都道府県・市（町村）・特別区に設けられた社会福祉行政機関。正式には「福祉に関する事務所」という。生活保護の支給をはじめ福祉六法に定める援護や育成、更生の措置に関する事務、老人福祉サービス、身体障害者・知的障害者福祉サービスに関する調整などの業務を行う。

参考▷生活保護

福祉ホーム　ふくしほーむ

家庭環境や住宅事情などの理由で家族との同居や住宅確保の難しい人に、低料金で共同生活の場を提供する。

不定期刑　ふていきけい

刑期を定めず、その執行状況に応じて刑期を満了させるもの。日本では刑事処分の対象となった少年に、懲役や禁錮という処罰を科す場合にのみ採用されている。具体的には刑期の上限と下限のみを決めて宣告し、受刑者の改善具合をみて上限と下限の範囲内で刑を執行するもので、少年の教育的保護を目的としている少年法の精神に基づき採用されている。

弁護人　べんごにん

刑事司法手続において、専門家として、被疑者・被告人の防御を助ける者。通常は弁護士のなかから選任される。被告人など私人が選任した場合は私選弁護人、裁判所・裁判長が選任した場合には国選弁護人と呼ばれる。

保健師　ほけんし

看護師および保健師の国家資格を有する専門職。主に保健所や市区町村などの自治体に勤務しており、保健、医療、福祉、介護などの分野で必要な保健サービスを提供している。

保健所　ほけんじょ

「地域保健法」に基づく、地域住民の健康や衛生を支える行政機関。都道府県、政令指定都市、中核市、その他指定された市または特別区に設置されている。医師、保健師、助産婦、看護師などが配置され、①地域住民の健康増進、②疾病予防、③衛生上の試験・業務、④環境衛生などを実施する。一部の自治体では、精神障害のある人が福祉サービスの申請を行う際には、障害福祉課ではなく地域の保健所の保健師が受付窓口となっている場合もある。

保護カード　ほごかーど

→「更生緊急保護」

保護観察　ほごかんさつ

犯罪者や少年の改善更生と社会復帰を目的として、社会の中で生活を営ませつつ、遵守事項を守るよう指導・監督し、必要な補導・援護を行うこと。

保護観察は「指導監督」と「補導援護」の実施

形態で行われる。「指導監督」は面接などにより保護観察に付されている者の行状の把握とともに、所定の遵守事項を守るように指導を行う。「補導援護」は更生に必要な教養、医療、保養、宿泊、宿所、職業などを得るように援助し、家庭環境調整のためのアドバイスを行う。なお、特定少年の場合は保護観察期間が明確に定められているなど、18歳未満の少年と扱いが異なっている。

号種	保護観察対象者	保護観察期間
1号観察	家庭裁判所で保護観察に付された少年	20歳までまたは2年間
2号観察	少年院からの仮退院を許された少年	原則として20歳に達するまで
3号観察	刑事施設からの仮釈放を許された人	残刑期間
4号観察	裁判所で刑の執行を猶予され保護観察に付された人	執行猶予の期間
5号観察	婦人補導院からの仮退院を許された人	補導処分の残期間

参考▷特定少年

保護観察官　ほごかんさつかん

保護観察所に配置されている、心理学、教育学、社会学、その他の更生保護に関する専門的知識に基づいて、更生保護および犯罪予防に関する事務にあたる国家公務員。

保護観察所　ほごかんさつじょ

法務大臣のもとに各地方裁判所の所在地ごとに設置される機関。保護観察の実施のほかに、犯罪予防のための世論の啓発指導、地域住民の活動の助長などを行う。保護観察官が置かれ、保護司の協力を得て活動する。

保護司　ほごし

犯罪や非行をした人の立ち直りを地域で支えるボランティア。法務大臣から委嘱を受け、非常勤の国家公務員とされているが、給与は支給されない。保護観察官と協働して、保護観察、刑事施設や少年院に収容されている人の帰住先の生活環境の調整を行うほか、関係機関団体と連携して犯罪予防活動を行っている。全国で約46,705人が委嘱されている(2022年時点)。

保護施設　ほごしせつ

「生活保護法」に基づき設置される施設の総称。生活保護は居宅での現金支給を原則としているが、それによって保護の効果が期待できない者を収容し保護を行う施設。利用は福祉サービスにおける「契約」ではなく「保護」によって行われる。また、障害種別によって対象が規定されていない。

救護施設	身体または精神上著しい障害があるために、日常生活を営むことが困難な要保護者を入所させて、生活扶助を行う
更生施設	身体上または精神上の理由により、養護および生活指導を必要とする要保護者で、近い将来社会復帰できる見込みのある人を入所させ、その保護を図る
授産施設	身体上もしくは精神上の理由または世帯の事情により、就業能力の限られる要保護者に対して就労または技能の修得のために必要な機会および便宜を与えて自立助長を図る
医療保護施設	医療を必要とする要保護者に対して医療の給付を行う
宿所提供施設	住居のない要保護者に対して住居を提供する

保護処分　ほごしょぶん

家庭裁判所が非行少年に対して行う少年法上の処分。少年法においては、少年は成人と比べると人格的に発展途上にあるため、改善更生の可能性(可塑性)を有していること、また環境からの影響を大きく受けるため、本人の責任に帰すべきものが小さいことから、犯罪の事実に対する刑罰よりも、少年の成長発達に対する援助が重視されている（保護主義）。「保護処分」とは、このような観点から行われる、少年の非行性を除去し、犯罪の危険性から少年を保護することを目的とした、福祉的・教育的な措置処分であり、刑罰ではない。保護観察、少年院送致、児童自立支援施設等送致の３種類がある。なお、場合によっては成年と同じように刑事処分を受ける場合がある。

参考▷児童自立支援施設、少年審判、保護観察

保釈　ほしゃく

釈放後の住居の制限などの条件の下に、勾留中の被告人の身体拘束を解くこと。被告人にのみ行われ、起訴する前の被疑者段階では認められていない。保釈時には一定額の保釈保証金を納付し、理由なく裁判所の出頭に応じない場合や付された条件を守らなかった場合には没取される。

参考▷勾留、被告人

補導委託　ほどういたく

→「試験観察」

補導援護　ほどうえんご

→「保護観察」

ま

満期釈放　まんきしゃくほう

拘禁すべき期間の満了により身体拘束を解く処分。主に、懲役刑・禁錮刑（拘禁刑）の刑期終了により釈放される場合を指す。受刑者の場合、刑期満了日の翌日の午前中に釈放すべきとされている。

参考▷仮釈放制度、更生緊急保護

マック　まっく

アルコール、薬物、ギャンブルなどの依存症の人の回復を支援する依存症回復施設を運営する団体。依存症からの回復に関する各種プログラムの運営や福祉施設の運営などを行っている。

未決拘禁者　みけつこうきんしゃ

逮捕され、裁判が確定するまでの間、逃亡や証拠隠滅のおそれがあるとして、身体拘束されている被疑者・被告人のこと。拘置所や警察署内の留置施設などに収容される。

参考▷拘置所、留置施設

未決算入　みけつさんにゅう

勾留によって拘禁された日数を刑に算入すること、または算入される日数をいう。算入された日数について、罰金額や刑期から控除される。未決勾留日数として算入される期間が定められた刑よりも長期にわたった場合、刑が満つるまで算入され、即日（あるいは罰金の支払いがなく）釈放される場合もある。これは「満つるまで算入」と表現されることもある。

民生委員・児童委員　みんせいいいん・じどういいん

「民生委員法」に基づき市町村の区域に配置されている民間の奉仕者。社会奉仕の精神を持って、住民の立場になって相談に応じ、必要な援助を行い、社会福祉の増進に努めることを任務としている。民生委員は児童委員を兼ねる。

無期刑　むきけい

刑期を定めずに刑事施設に拘禁する刑罰。無期懲役と無期禁錮がある。無期懲役・無期禁錮いずれの受刑者も、執行刑期10年経過後に本人の改悛の情があるときに仮釈放が認められるとされているが、近年の実務では30

年を経過しなければ仮釈放されない運用となっている。

モニタリング　もにたりんぐ
ケアマネジメントの一過程であり、経過観察とも呼ばれる。支援開始後の経過を観察・評価することで、支援やサービス提供がきちんと行われているか、クライエントの取組みがどのように進んでいるのかの確認が行われる。

参考▷ケアマネジメント

ら

略式手続　りゃくしきてつづき
50万円以下の罰金または科料にあたる罪について、簡易裁判所が公判を開くことなく行う簡略化された裁判の手続。

留置施設　りゅうちしせつ
都道府県の警察署内に設置され、警察に逮捕された被疑者を収容する施設。勾留された者についても、起訴されるまでの間は引き続き収容される場合が大半である。留置場、留置所ともいう。

療育手帳　りょういくてちょう
児童相談所または知的障害者更生相談所において、知的障害の認定に基づいて交付されるもの。手帳には判定結果の障害の程度が表示されるが、等級・名称は自治体によって異なる。「A1(最重度)、A2(重度)、B1(中度)、B2(軽度)」の４段階、「A、B1、B2」の３段階などで記載される。

参考▷知的障害者、児童相談所、知的障害者更生相談所

累犯　るいはん
一般的には、犯罪を反復累行すること。刑法においては、懲役に処せられた人が、その刑の執行を終わり、または執行を免除された日から５年以内の再犯を行った場合に、刑の加重をすることとされている。入所度数では「累○入」と記載される。

レジリエンス　れじりえんす
自己の置かれた困難な状況にさらされ、ネガティブな心理状態に陥っても、それに対して自分自身を修復し、回復できる個人の心理面での回復力、弾力性のこと。ネガティブな心理状態からの回復の結果だけを指すだけでなく、ネガティブな心理状態から回復するプロセスや、回復に寄与する心理学的機能などを含めた複合的な概念。

労役場　ろうえきじょう
罰金または科料を完納することができない人を留置して労役を課す場所。刑事施設に附置される。

参考▷科料、罰金

英

AA・NA　アルコホーリクス・アノニマス、ナルコティック・アノニマス
12ステップの理念に基づいて依存症からの回復をめざす団体。ミーティングには、自由意志に基づいて誰もが匿名で参加することができる。

CAPAS(Correctional Association Psychological Assessment Series) 能力検査　きゃぱすのうりょくけんさ
成人受刑者の作業能力や学力を測定するために、財団法人矯正協会によって開発された検査。検査は集団で実施される主に作業適正や思考判断能力を測定する能力検査Ⅰと、個別に実施される基礎学力を測定する能力検査Ⅱ

に分かれる。刑事施設に入所した人の処遇を決定する際にCAPAS能力検査の結果が参考にされる。IQに類似する能力検査値（旧称「IQ相当値」）が統計的に算出される。

DSM（Diagnostic and Statistical Manual of Mental Disorders）

精神疾患に関するガイドライン。精神科医が患者の精神医学的問題を診断する際の指針を示すためにアメリカ精神医学会が定めたもので、WHOによる国際疾病分類とともに、世界各国で用いられている。現在は第5版本文改訂（DSM-5-TR）が最新版となっている。邦訳は2023年6月に出版されている。

ICD（International Classification of Diseases：国際疾病分類）

WHOによって公表された死因や疾病の国際的な統計基準。死因や疾病の統計などに関する情報の国際的な比較や、医療機関における診療記録の管理などに活用される。1900年に第1回国際死因分類として国際統計協会により制定され、以降10年ごとに見直しがされている。第7版からは死因だけでなく疾病の分類が加えられ、医療機関における医療記録の管理に使用されるようになった。最新版は第11版（未翻訳）（2023年時点）。

ICF（International Classification of Functioning、Disability and Health：国際生活機能分類）

2001年に「国際障害分類（ICIDH）」を改訂して作成された、人間の生活機能と障害の分類法。「心身機能・身体構造（生物レベル）」「活動（生活レベル）」「参加（社会レベル）」の3つの次元と、それらに影響を与える「環境因子」「個人因子」なども含めた総合的な視点から捉えることを目的としている。「障害（疾患）」に着目するマイナス面の分類から「生活機能」というプラス面に着目する分類への転換が図られるとともに、環境因子の視点が加わった。

参考▷社会モデル

PFI（Private Finance Initiative）刑務所

民間の資金と経営能力・技術力（ノウハウ）を活用し、公共施設などの建築、維持管理、運営などを行う公共事業の手法。矯正事業では、「美祢社会復帰促進センター」（山口県）、「島根あさひ社会復帰促進センター」（島根県）、「播磨社会復帰促進センター」（兵庫県）、「喜連川社会復帰促進センター」（栃木県）がPFI事業を用いて運営されている（2023年時点）。島根あさひ、播磨、喜連川においては、障害のある人を対象とした特化ユニットを設置しており、特化ユニットにおいては、作業療法士、社会福祉士、精神保健福祉士などの福祉専門職が処遇の担当をして、ソーシャル・スキル・トレーニング（SST）などを取り入れた専門的処遇を行っている。

SST（Social Skills Training：社会生活技能訓練）

障害のある人を生活者として捉え、個人の持ち味や長所に焦点を当て、本人自身がストレス状況に対処できる技能を身につけるための体系的・構造的プログラム。本人のストレス状況を再現し、それを支援者とともに検証し、検証した結果、本人がストレス状況を解決するためにできる行動をロールプレイにて訓練する。

【監修】

水藤　昌彦　みずとう・まさひこ

山口県立大学社会福祉学部、同大学院健康福祉学研究科教授。専門は司法福祉、フォレンジック・ソーシャルワーク。モナシュ大学大学院修了。2001年からビクトリア州政府ヒューマン・サービス省にて、障害のある犯罪行為者への対応などに関わる。2008年より社会福祉法人北摂杉の子会勤務を経て、2011年より山口県立大学社会福祉学部准教授。2017年より現職。地域生活定着支援センター、障害福祉サービス事業所、学校などへのコンサルテーションにも関わっている。

主な共著書に『刑事司法と福祉』(中央法規、2021年)、『当事者と援助者の「共助する関係」』(現代人文社、2020年)、『「司法と福祉の連携」の展開と課題』(現代人文社、2018年)、『罪を犯した知的障がいのある人の弁護と支援』(2011年、現代人文社)などがある。

【編者】

一般社団法人東京TSネット

2013年5月に任意団体として発足、2015年4月から一般社団法人。

「TS」は、「トラブル・シューター(問題を解決する人)」の略称。地域で暮らす障害のある人が直面するトラブルについて、地域で暮らすトラブル・シューター(TS)がその人に寄り添いつつ、さまざまな関係者を巻き込みながら問題を解決していくというイメージを活動の軸としている。そして、そのようなトラブルのなかでも、現在まで、とくに刑事事件・加害トラブルを中心に対応している。

「罪」と「障害」という2つのスティグマによって社会から排除されがちな、罪に問われた障害のある人たちを支援し、誰もが共に生きることができる社会をめざして活動する。

編書に『障害者弁護ビギナーズ』(2021年、現代人文社)がある。

https://tokyo-ts.net

【執筆者】(50音順)

宇野　洋太　うの・ようた(児童精神科医師／よこはま発達クリニック)

金子　毅司　かねこ・つよし(社会福祉士・精神保健福祉士／新潟医療福祉大学)

酒井　昂杜　さかい・あきと(精神保健福祉士／東京TSネット)

佐々木康栄　ささき・こうえい(公認心理師・臨床心理士・精神保健福祉士／よこはま発達クリニック)

中田　雅久　なかた・まさひさ(弁護士／立川アジール法律事務所)

野原　郭利　のはら・ひろとし(弁護士／弁護士法人東京パブリック法律事務所)

羽毛田幸子　はけた・ゆきこ(精神保健福祉士・社会福祉士／武蔵野大学)

長谷川　翼　はせがわ・つばさ(弁護士／弁護士法人東京パブリック法律事務所)

水藤　昌彦　みずとう・まさひこ(山口県立大学)

山田　恵太　やまだ・けいた(弁護士・公認心理師・臨床心理士／Mieli法律事務所)

【初版】

監修：堀江まゆみ、水藤昌彦

執筆者：浦﨑寛泰、及川博文、髙橋春菜、長岐和恵、中田雅久、堀江まゆみ、牧田史、水藤昌彦、山田恵太

更生支援計画をつくる　第2版

罪に問われた障害のある人への支援

2016年３月４日　第１版第１刷発行
2024年１月30日　第２版第１刷発行

監修者　水藤昌彦
編　者　一般社団法人東京TSネット
発行人　成澤壽信
編集人　西村吉世江
発行所　株式会社 現代人文社
東京都新宿区四谷2-10 八ッ橋ビル７階（〒160-0004）
Tel.03-5379-0307（代）　Fax.03-5379-5388
henshu@genjin.jp（編集部）　hanbai@genjin.jp（販売部）
http://www.genjin.jp/
発売所　株式会社 大学図書
印刷所　株式会社 平河工業社
装　幀　Malpu Design（宮崎萌美）

ISBN978-4-87798-849-4 C2032